V.

3270

BIBLIOTHÈQUE

CHRÉTIENNE ET MORALE

PUBLIÉE AVEC APPROBATION

DE MONSEIGNEUR L'ÉVÊQUE DE LIMOGES.

TRAITÉ ÉLÉMENTAIRE
D'ARCHÉOLOGIE CLASSIQUE.

TRAITÉ ÉLÉMENTAIRE

D'ARCHÉOLOGIE

CLASSIQUE

PAR

AMAND BIÉCHY,

Professeur de Philosophie, auteur de plusieurs ouvrages d'éducation

A LIMOGES

CHEZ BARBOU FRÈRES, IMPRIMEURS-LIBRAIRES

1846

INTRODUCTION.

L'ARCHÉOLOGIE (1) est une science qui comprend l'étude de l'antiquité, non plus dans les faits et dans les événements, mais dans les monuments : elle a pour but de faire servir la connaissance de ces monuments à l'explication des faits de l'antiquité.

Cette science, fort vaste, se divise en un grand nombre de parties, selon les divers points de vue sous lesquels on

---

(1) Archéologie vient de deux mots grecs : ARCHAIOS, *ancien*, et LOGOS, *discours* ou *science*.

la considère. C'est ainsi qu'il y a une archéologie pour chaque pays : une archéologie grecque, ou égyptienne, ou romaine, ou française; ou encore, au point de vue de la religion, une archéologie païenne et une archéologie chrétienne.

La première de ces deux dernières divisions peut encore, comme chacune des autres, subir un grand nombre de subdivisions, indiquées par la multitude de religions païennes que les peuples privés de la véritable lumière ont imaginées. Nous avons choisi la plus importante de ces subdivisions pour en faire l'objet de cet ouvrage.

Nous nous sommes proposé d'initier la jeunesse, pour laquelle nous écrivons plus spécialement, à la connaissance d'une science intéressante, à laquelle il nous avait semblé qu'elle demeurait, en général, trop étrangère. Les études classiques nous font connaître beaucoup mieux les hommes que les monuments de l'antiquité : ceux-ci restent toujours plongés pour nous dans une certaine ombre, dans laquelle un petit nombre de savants pénètrent seuls, sans grand profit pour la vulgarisation de cette partie des connaissances humaines; et ce n'est point émettre un paradoxe que de dire que l'antiquité monumentale est à peu près inconnue de la généralité des lecteurs.

Ce n'est pourtant pas faute d'excellents ouvrages sur cette matière; mais peut-être manquait-il un livre élémentaire, fait spécialement pour la jeunesse, et qui n'eût pas d'autre but que de l'introduire aux abords de cette science, de lui en donner une idée générale, et surtout de lui inspirer le goût de l'approfondir. C'est là le but que nous nous sommes proposé dans ce livre : nous avons tenté de résoudre le difficile problème d'intéresser en instruisant, en esquissant les principales parties de l'archéologie classique. Ce problème, qu'il nous soit permis de le dire ici, n'était pas d'une solution fort aisée : l'archéologie, belle et intéressante dans ses résultats, est aride et austère dans ses détails. Il en est de cette science comme de toutes : si les fruits en sont doux, les racines en sont amères. Nous avons dû nous efforcer, pour être fidèle à notre plan, de tempérer cette amertume, autant que la chose pouvait se faire. Dans ce but, nous avons introduit dans notre exposition autant de détails historiques ou anecdotiques que notre sujet et les limites de cet ouvrage le permettaient; nous les avons multipliés dans la première partie plus que dans les autres, parce que c'est surtout aux débuts d'une étude nouvelle qu'on éprouve le besoin d'être soutenu et encouragé ; plus tard, comme on a déjà recueilli quelques fruits de son travail, on a pu y prendre goût, et ces secours étrangers ne sont plus aussi nécessaires.

Cet ouvrage est divisé en deux parties bien distinctes. Dans la première, nous nous occupons de ce qui concerne plus intimement les hommes : de leurs meubles, de leurs costumes, de toute cette partie de l'archéologie qui regarde la vie pratique, en tant qu'elle est en rapport avec les arts. Dans la seconde partie, nous nous occupons des monuments et des arts qui s'y rapportent, tels que l'architecture, la sculpture, la peinture, la numismatique et la paléographie.

Par sa nature même, un livre de ce genre est et ne doit être que le résumé succinct et général de tous les travaux spéciaux qui ont été faits par tous les savants qui se sont occupés spécialement de chacune des matières qui y sont traitées. Nous avons dû en consulter les principaux, et nous n'avons pas manqué de le faire. Il est inutile d'énumérer ici les noms de tous les auteurs que nous avons mis à contribution ; qu'il nous suffise d'indiquer ceux que nous avons pris pour guides, et sur l'autorité desquels nous nous sommes appuyé le plus souvent. Pour la première partie, c'est M. le comte de Clarac (MUSÉE DU

Louvre); pour l'architecture, M. le docteur Batissier, de Caylus (Sur l'Architecture des Anciens, Mém. de l'Académ. des Inscript., T. XXI); Lebrun (Théorie de l'Architecture grecque et romaine, Paris, 1807, in-f°), etc.: pour toute la seconde partie en général, et spécialement pour l'Egypte, les savants ouvrages de M. Champollion-Figeac; pour la culture des arts dans la Grèce, M. Raoul Rochette, etc. Une dernière observation sur ce sujet : si nous n'avons pas cité plus souvent les noms de ces divers auteurs et de tous ceux auxquels nous faisions des emprunts, ce n'est pas que nous ayons, en quoi que ce fût, voulu les frustrer de ce qui leur était dû; mais le nombre des notes et des citations qui hérissent le bas de cet ouvrage est déjà tellement considérable que nous avons dû nous faire une loi d'en supprimer autant que possible, pour éviter de rendre encore plus déplaisant l'aspect de pages déjà fort sérieuses, si l'on considère le but de cet ouvrage.

PREMIÈRE PARTIE.

DU COSTUME.

L'une des principales différences du costume des anciens et de celui des modernes, c'est que ceux-là, sauf de très-rares exceptions, n'avaient point, pour se couvrir la partie inférieure du corps, de vêtements distincts ou séparés de ceux de la partie supérieure; l'habillement était continu dans toute sa hauteur, et ne marquait les formes du corps que lorsqu'il en était rapproché par une ceinture, et que la finesse et la souplesse de l'étoffe lui en faisaient suivre les contours. Ils différaient encore des modernes par leur constance dans les modes, dont les mouvements peu fréquents intéressaient la matière ou les tissus des étoffes beaucoup plus que la forme du vêtement. Celle-ci variait peu; et si l'on trouve, dans les auteurs, des dénominations différentes pour chaque espèce de vêtements, il faut attribuer ces diversités à celle des pays où ces vêtements étaient portés, ou de la matière première dont ils étaient faits, et encore aux personnes qui y avaient ajouté quelque particularité remarquable.

Pendant long-temps le costume dorien fut le plus usité chez les Grecs; il était plus simple que celui des Ioniens, qui avait quelque chose des habillements longs et flottants de l'Orient, et qui ne s'établit généralement dans la Grèce qu'après les conquêtes d'Alexandre et les établissements que ses lieutenants formèrent en Asie et en Afrique. Les Ioniens portaient les manches fort longues; celles du costume dorien étaient, au contraire, fort courtes; souvent même elles manquaient. Ce costume, qui laissait beaucoup plus de parties du corps à découvert que celui des Ioniens, avait d'ailleurs un caractère plus mâle que l'autre; les Spartiates furent les derniers en Grèce à le quitter, et les Romains l'adoptèrent dans la suite presque intégralement.

La nudité plus ou moins complète choquait beaucoup moins les anciens qu'elle ne fait les modernes; outre que la chaleur du climat rendait les vêtements moins nécessaires et souvent à charge, l'homme libre était entouré d'esclaves qu'il regardait à peine, et dont la nudité blessait d'autant moins ses regards qu'il y était habitué,

On peut se rendre compte de cette absence des sentiments de la pudeur lorsque l'on a habité les pays chauds où il y a des esclaves ou des sauvages ; au bout de très-peu de temps, on se familiarise avec le spectacle de la nudité, au point d'en être beaucoup moins frappé que des haillons dont ils se couvrent quelquefois. La religion chrétienne a donné au sentiment de la pudeur une intensité et une délicatesse que les anciens ne connurent jamais.

Les vêtements, chez les anciens, pouvaient se classer en deux grandes divisions, à chacune desquelles se rattachaient de nombreuses ramifications : il y avait d'abord les vêtements fixes (1), qui, tels que chez nous les robes et les habits, formaient le fond du costume ; puis venaient les parties accessoires de l'habillement, qu'on prenait et qu'on quittait plusieurs fois dans le jour, tels que pour nous les manteaux, les schalls, les voiles (2).

I

DES VÊTEMENTS FIXES.

La *tunique* était le vêtement fondamental des anciens ; les Grecs et les Romains s'en servaient également. Elle était formée ordinairement de deux pièces d'étoffe, coupées en carré long, qui se réunissaient sur les épaules par des agrafes. Au lieu de manches, elle n'avait

---

(1) Endumata.
(2) Periblèmata. *Voir* Isidore de Séville, XIX, 22.

le plus souvent que deux ouvertures pour les bras. Celles-ci étaient quelquefois fort grandes, et disposées de manière à ce que les bras fussent recouverts jusqu'aux coudes; elles étaient alors fermées en partie par des boucles et des agrafes, assez éloignées l'une de l'autre pour laisser voir les bras. La tunique descendait un peu au-dessous du genou; elle se fixait autour du corps au moyen d'une ceinture, qu'on ne quittait que dans un extrême négligé. Ceux qui faisaient peu d'usage de leur ceinture affectaient par-là un air de négligence et de mollesse. Il n'y avait que les hommes d'humble condition et les esclaves qui ne portassent d'autre vêtement que la tunique : toute autre personne n'eût osé paraître en cet état dans les rues de Rome.

La tunique était commune aux deux sexes; mais les femmes la portaient plus ample et plus longue que les hommes. Les Romains ne mirent d'abord qu'une seule tunique; mais, par la suite, ils imitèrent les Grecs, qui en portaient jusqu'à quatre à la fois. L'empereur Auguste se fit reprocher cette habitude comme un acte de mollesse. On les distinguait alors en *tunique intérieure* et en *tunique extérieure*. Il y avait d'ailleurs plus de quarante variétés de ce vêtement. Les plus remarquables étaient :

La *camisia* (chemise), que l'on mettait la nuit au lit; les femmes la portaient aussi de jour, immédiatement sur le corps (1).

---

(1) Du mot grec *kami*, chambre à coucher.

La *myote*, faite de la peau de certains rats; elle était en usage en Arménie.

L'*orthostade* ou *tunique droite* était faite toute d'une pièce, et se portait avec ou sans ceinture. Elle était munie de manches longues, et fut pendant long-temps regardée comme un costume barbare, efféminé et théâtral. La *dalmatique*, dont l'usage fut reproché aux empereurs Commode et Elagabale, avait à peu près la forme de l'orthostade.

L'*athoné*, tunique en *byssus* (toile de coton).

La *régilla*, tunique royale ou tunique blanche à bandes de pourpre, que les Romains portaient le jour de leur mariage. Elle était en tricot, et sans ceinture. Les fiancées devaient faire elles-mêmes leur régilla, et y travaillaient debout, comme avaient fait les inventeurs de l'art du tisserand.

Le *schistos*, tunique ouverte de côté, portée par les jeunes filles doriennes.

La *stola*, tunique royale des Orientaux, et encore tunique ionienne, à manches longues et étroites. Elle descendait jusqu'aux talons. Il fut un temps où une dame romaine n'eût point osé se présenter en public sans stola. Elles étaient ornées de broderies et de bandes d'or dans le bas.

La *synthèse*, tunique légère que l'on portait dans les repas de famille : il eût été inconvenant de s'en servir en public, et l'on en reprochait l'usage à Néron. Plût à Dieu qu'il n'eût jamais mérité de reproche plus grave!

II

DES VÊTEMENTS NON FIXÉS AU CORPS.

Homère mentionne trois vêtements de ce genre : la *chlœné*, le *pharos* et le *peplon*.

La *chlœné*, nommée *lœna* par les Romains, était le vêtement le plus simple qu'on pût imaginer : ce n'était qu'un grand morceau carré d'étoffe chaude, souvent à longs poils, qu'on mettait par-dessus les autres pour se garantir du froid et de la pluie. On en faisait de teintes en pourpre, qu'on donnait en prix aux athlètes vainqueurs. La chlœné ne s'introduisit à Rome qu'au second siècle avant Jésus-Christ. Ce ne fut d'abord qu'un habit de campagne.

Le *pallium* était un carré long qui s'ajustait comme la toge (1), et s'attachait sur l'épaule. Il traînait quelquefois jusqu'à terre. La décence exigeait qu'au moins une des mains fût cachée sous ce vêtement. Les philosophes cyniques affectaient de le porter en mauvais état : Antisthène s'était fait une déchirure à son pallium, et la montrait à tout le monde. « Je vois ta vanité, lui dit Socrate, à travers les trous de ton manteau (2). »

Il y avait deux sortes de *peplon :* le grand et le petit. Le

---

(1) Voir plus bas.
(2) Diogène Laërce, Vie de Socrate.

grand était un manteau fort riche, que l'on désignait même sous le nom de *brillant* : il était en carré long, et était porté par les femmes. Homère donne aux Troyennes l'épithète de *traînant un peplon*. Le petit était plus court que la tunique, et s'attachait sur l'épaule avec une agrafe. On ne négligeait rien pour donner à ce vêtement toute la richesse et tout l'éclat possibles.

Le *pharos* était une autre espèce de manteau. On voit, dans Homère, Calypso s'envelopper d'un pharos blanc, très-ample, léger et brillant, qu'elle fixe avec une agrafe d'or.

L'*amiculum*, autre espèce de surtout, était formé de deux pièces carrées, beaucoup plus larges que le corps, et qui, cousues des deux côtés par le bas jusqu'à une certaine hauteur, étaient fixées dans le haut sur les épaules par deux agrafes ou fibules : c'était une espèce de mantelet, qui ne descendait que jusqu'au milieu du corps, et dont les coins étaient garnis de glands; quelquefois cependant il était fort long.

L'*égide*, dont le nom désigna aussi une espèce de bouclier, était un vêtement à l'usage des bergers et des gens de la campagne; il était fait d'une peau de bouc, à laquelle on laissait son poil, et avait tantôt la forme d'un manteau, tantôt celle d'une tunique.

La *lacerne* fut d'abord portée, au centre de l'Italie, par les soldats et les gens de la campagne : c'était une sorte de manteau munie d'un capuchon. Du temps de Cicéron, elle devint vêtement de ville, et, au second siècle, finit par remplacer la toge. L'empereur Alexandre-Sévère en portait une de pourpre.

La *palla* était pour les dames romaines ce que la toge était pour les hommes : c'était un grand manteau qu'elles mettaient par-dessus la *stola*, et qui, très-ample et très-long, les couvrait jusqu'aux pieds, dont une femme qui se respectait ne laissait paraître que l'extrémité.

La *chlamyde* différait de la chloené en ce que, bien que toutes deux fussent des manteaux, celle-là affectait par en bas la forme ovale. Il y en avait de deux sortes : la petite, qui n'allait qu'aux genoux, et la grande, surtout en usage en Macédoine, qui descendait jusqu'à terre. On l'attachait autour de son cou avec des agrafes, qui se plaçaient à quelque distance des deux angles supérieurs; ceux-ci retombaient ainsi en formant des plis devant et derrière, ce qui donnait beaucoup de grâce à ce vêtement. On se servait parfois de la chlamyde en guise de bouclier, en s'en enveloppant le bras gauche.

La chlamyde était ornée de franges et de fourrures; c'était le vêtement des divinités jeunes et imberbes et des héros; c'était enfin un habit de combat; aussi fut-elle adoptée par les Romains. Les Spartiates la portaient rouge, afin que l'on y vît moins les traces du sang.

Le *paludamentum* ou *chlamyde* des Grecs était le manteau militaire, celui des empereurs et des généraux romains, qui ne le portaient qu'à la guerre; il en était tellement le symbole distinctif qu'il n'était pas permis, même aux triomphateurs, de s'en revêtir dans Rome; et qu'ils l'ôtaient pour prendre la toge avant d'y entrer. Il était en laine blanche, que l'on teignait en pourpre dans l'occasion, et s'attachait sur l'épaule droite.

La *pénula* ou *gauzapé* était une espèce de sac en étoffe de laine, où l'on ne laissa d'abord d'ouverture que pour la tête; quand on voulait faire usage de ses mains, on relevait la pénula. Plus tard on y fit des ouvertures pour les bras. C'était un vêtement de ville à l'usage de toutes les classes de la population de Rome, et qui finit par se substituer à la toge.

La *toge* est le vêtement le plus majestueux qui ait existé ; il était propre aux Romains, qui l'avaient emprunté aux Etrusques. On ne la portait qu'en ville, et elle était interdite aux militaires en fonction; on ne s'en servait même pas chez soi, et on la remplaçait alors par la lacerna. Elle fut commune aux deux sexes pendant assez long-temps; mais les femmes honnêtes la quittèrent, et il n'y eut plus que celles de mauvaises mœurs qui en firent usage. Il était défendu aux esclaves de s'en vêtir, et, pendant les saturnales, où tous les rangs étaient confondus, personne ne la portait. Les suppliants la rejetaient sur l'épaule; les bannis et les condamnés la quittaient. L'usage de ce vêtement tomba peu à peu en désuétude; déjà du temps d'Auguste on fut obligé de le prescrire aux chevaliers et aux premiers magistrats de la république.

La *toge* formait une vaste draperie qui s'attachait, au moyen d'une agrafe, sur l'épaule droite, d'où elle descendait sur la hanche droite, et laissait à découvert et libre dans ses mouvements le bras de ce dernier côté. Elle était fort longue, et touchait presque à la cheville des pieds; aussi, pour la commodité de la marche, la relevait-on, en l'attachant à la ceinture; mais, dans les situations qui exigeaient de la tenue, on en lâchait les plis. Comme les Romains ne portaient point de coiffure en ville, ils relevaient leur toge sur la tête, pour se garantir des ardeurs du soleil. On s'en servait encore pour se voiler le visage en signe de douleur. La toge était faite de laine blanche, à laquelle on avait laissé sa couleur naturelle; c'était ce qu'on appelait la toge pure (toga pura). On lui donnait une couleur blanche plus éclatante et artificielle quand on se mettait sur les rangs pour une magistrature; la toge devenait alors *candida* (blanche), d'où l'on a fait le mot *candidature*. Dans le cas d'accusation, on se présentait avec une toge ternie et sordide (toga sordida); la toge de deuil était noire ou de couleur sombre. Sous l'empire, cette couleur fut adoptée pour l'usage ordinaire, comme d'un usage plus économique que celui de la *toge pure*.

On distinguait à Rome la qualité et la richesse des personnes à la finesse et à l'ampleur de leur toge. Dans certaines circonstances, on ne mettait point de tunique sous la toge, et, comme celle-ci était ouverte par-devant, on se bornait à mettre une espèce de tablier, ce qu'on appelait se *ceindre à la façon des Gabiniens* (1). Les Gabiniens étaient d'anciens peuples du Latium qui, ayant été surpris par des ennemis dans le temps qu'ils faisaient

---

(1) Cinctus Gabinus.

des sacrifices en robes longues, marchèrent à eux sur-le-champ, en nouant à la hâte leurs robes.

La toge fut toujours le vêtement distinctif des Romains, qu'on appela pour cette raison la *nation vêtue de toges*, *gens togata*, comme on appelait les Grecs, et en général tous les peuples qui n'étaient pas Romains, *nation vêtue de la palla*, *gens palliata*. La Gaule Cisalpine, étant devenue romaine, reçut le surnom de *Gallia togata*, *Gaule vêtue de la toge*.

Quand on voulait se préparer au travail, on relevait sa toge, et on l'attachait autour des reins, ce qu'on appelait *se ceindre pour le travail* (1). On la quittait aux repas, pour prendre une robe particulière, appelée synthésis.

Les augures, les pontifes, quelques magistrats et les jeunes gens au-dessous de dix-sept ans portaient une espèce de toge blanche bordée de pourpre, que l'on nommait robe prétexte. Le préteur la portait sur son tribunal; mais il la quittait pour prendre le laticlave, au moment de prononcer une sentence de mort. Les jeunes gens l'échangeaient contre la toge pure lorsqu'ils avaient atteint l'âge de dix-sept ans : ce changement de costume était comme l'acte de leur émancipation, et était l'occasion d'une fête de famille. Le jeune homme déposait la bulle d'or (2) qu'il avait jusqu'alors portée au cou, et la sus-

---

(1) Operi se accingere.
(2) Les jeunes garçons portaient une boule creuse en or, qui était pendue à leur cou et descendait sur la poitrine. Cette boule était en

pendait au cou d'un lare; il recevait la robe virile, *toge pure*, et allait en grande pompe offrir sa prétexte au Capitole, au milieu d'un sacrifice; puis son père le présentait au Forum, où il recevait les félicitations des clients et des amis de sa famille, et était salué du titre glorieux de citoyen romain. Les jeunes gens de distinction n'habitaient plus la maison paternelle quand ils avaient pris la robe virile; néanmoins ils avaient coutume, durant la première année, de se couvrir, par modestie, le bras droit avec leur toge.

On appelait à Rome *laticlave* une large bande de pourpre cousue au milieu de la tunique des sénateurs; ce mot désignait aussi la tunique elle-même et la dignité de sénateur. Les chevaliers portaient cette bande plus étroite. Auguste donna aux enfants des sénateurs le droit de porter le laticlave dès qu'ils auraient pris la robe virile; il les fit aussi tribuns et préfets de l'armée, d'où vint, pour ceux de ces officiers qui devaient leur grade à cette disposition, le nom de *tribuns* et de *préfets du laticlave*.

Les Grecs et les Romains ne connaissaient pas l'usage des pantalons ou des culottes; cependant les personnes d'une faible santé et les hommes efféminés s'enveloppaient les jambes de pièces de drap semblables à celles dont il est fait mention dans quelques endroits de l'Ecriture sainte (1). Ils avaient aussi des mentonnières pour

---

forme de cœur. Les enfants des affranchis et des pauvres n'en avaient qu'une en cuir.

(1) Exode, XXVIII, 42; Lévitique, VI, 10; XVI, 4; Ezéchiel, XLIV, 18.

garantir du froid la gorge et le menton : les orateurs faisaient principalement usage de ce vêtement.

III

COIFFURE.

La coiffure fut toujours considérée comme une partie importante du costume, et l'on sut, dès la plus haute antiquité, mettre beaucoup d'art et de variété dans la manière de tirer parti d'une belle chevelure, d'en combiner l'ajustement avec des ornements divers, ou d'en réparer et d'en dissimuler les imperfections naturelles. Les voiles, les bandelettes, l'or, les pierres précieuses, les fleurs et les parfums, tout était mis en usage pour orner la chevelure; et, dans les poèmes, les déesses, aussi bien que les mortelles, ne négligent rien de ce qui peut ajouter de nouveaux charmes à leur beauté. Dans Homère, Junon ne dédaigne point de mettre à sa toilette autant de soin que si elle n'eût pas possédé de célestes attraits; et Pandore, dans Hésiode, bien que douée de tous les charmes dont les dieux s'étaient plu à l'embellir, ne devient la plus décevante des créatures que lorsque Minerve a répandu sur sa tête toutes les séductions de la parure.

Le plus ancien genre de coiffure fut sans doute celle dont la chevelure seule faisait tous les frais, ou lorsque celle-ci n'était ornée tout au plus que de feuillages ou de fleurs. Le besoin de se préserver des intempéries de l'air dut suggérer ensuite l'idée d'enveloppes diverses pour la tête.

Dans les premiers temps, les Romains et les Grecs avaient toujours la tête nue; il en était de même des Egyptiens, et l'on raconte à ce sujet une anecdote assez remarquable.

Après la bataille où Cambyse, roi de Perse, vainquit les Egyptiens, les morts des deux partis furent laissés sur le champ de bataille, mais séparés les uns des autres; et Hérodote, qui parcourut et visita ces lieux plus d'un demi-siècle après, rapporte que les crânes des Egyptiens étaient si durs qu'on ne pouvait, sans une peine extrême, les briser à grands coups de pierres; et ceux des Perses si mous qu'on les perçait avec la dernière facilité. La raison de cette différence, c'était que les Egyptiens allaient, dès le plus bas âge, la tête nue et rasée, au lieu que les Perses l'avaient toujours couverte de longues tiares (1).

Les riches Egyptiens ne suivaient point généralement cette coutume austère; ils prenaient, au contraire, un grand soin de leur chevelure, qu'ils divisaient en une multitude de mèches très-fines, roulées en spirales, ou de tresses qu'ils étageaient et qui formaient plusieurs rangs serrés et très-réguliers. On retrouve cette coiffure dans les figures des monuments et dans les momies. L'arrangement de cette coiffure demandait un temps con-

---

(1) Hérodote, III, 12.

sidérable et une grande patience, et l'on conçoit que l'on ait eu recours à des chevelures artificielles : aussi trouve-t-on dans les tombeaux des rois d'Egypte des perruques très-bien faites.

On attachait, en Grèce, beaucoup de prix à la chevelure. Les jeunes gens des deux sexes la laissaient croître jusqu'à leur adolescence; ils la coupaient alors, pour l'offrir à quelque divinité. Les Romains suivirent cet exemple; aussi les statues des dieux étaient-elles souvent couvertes de ces offrandes, ce qui devait produire un assez mauvais effet, et Lucien tourne-t-il avec raison en plaisanterie cet usage de défigurer ainsi les idoles, qu'il n'était plus possible de reconnaître.

C'était un signe de deuil pour les femmes grecques de se couper et de s'arracher les cheveux, et, pour les hommes, de les laisser croître. Ceux-ci faisaient tant de cas de la chevelure de leurs épouses qu'ils juraient par cet ornement.

La manière de disposer les cheveux variait naturellement suivant l'âge et la condition des personnes. Les jeunes filles rassemblaient les leurs sur le haut de la tête; les femmes les partageaient sur le front et les rassemblaient, derrière la tête, en tresses qui recouvraient, avant d'être réunies, le haut des oreilles. Cependant, si l'on remonte à une haute antiquité, l'on ne retrouve plus cette simplicité dans la coiffure : on voit alors la chevelure disposée, sur le devant et sur les côtés, en une infinité de petites boucles alongées, ou de torsades et de tresses d'une grande régularité, qui rappellent celles des Egyptiens. Une bandelette étroite les réunit au-dessus de la nuque, et elles tombent en pointes sur le dos.

Pendant long-temps les hommes, en Grèce, ne portèrent d'autre coiffure que celle dont ils se servaient à la guerre; mais, vers l'époque de l'invasion des Doriens, ils abandonnèrent cet usage, et adoptèrent celui des bonnets et des chapeaux. Ces chapeaux étaient en feutre et avaient à peu près la forme des nôtres. Les marins et les agriculteurs les portaient sans rebords; les bergers et les voyageurs, ainsi que les habitants des villes, lorsqu'ils allaient à la campagne, faisaient usage d'un chapeau rond, à larges bords, que l'on fixait au moyen de cordons qui passaient sous le menton; ces cordons, en s'alongeant, permettaient aussi de rejeter le chapeau en arrière, entre les épaules, quand on voulait marcher tête nue.

L'invention du casque doit être contemporaine des premiers temps où les hommes furent assez malheureux pour se faire la guerre. On se couvrit d'abord la tête de la dépouille des animaux féroces, dont le crâne desséché formait une espèce de casque : c'était autant comme armure que comme trophée qu'Hercule, Thésée, Adraste, portaient la dépouille des lions et des sangliers qui étaient tombés sous leurs coups. D'abord le crâne, couvert encore de la peau, ne fut point isolé du reste de la peau; mais, plus tard, on voulut l'en dégager, afin d'avoir pour la tête une armure qui ne tînt point à celle qui défendait le corps. Plus tard, quand l'industrie eut fait de nouveaux progrès, on fit des casques en cuir, et enfin en métal. Les casques grecs n'avaient point de visière mobile, comme ceux du moyen-âge. Les Romains adoptèrent cette armure, mais les athlètes seuls eurent des casques munis de visière. On trouve cependant chez les Grecs des casques avec une visière; mais celle-ci n'était point mobile, et n'était guère qu'un appendice muni d'ouvertures pour les yeux, la bouche et le nez. D'autres casques se font remarquer par une particularité dont on retrouve des exemples au moyen-âge : au lieu d'une visière percée d'ouvertures, ils ne sont en avant terminés que par une languette étroite qui couvre le nez et le garantit.

Par sa forme même, le casque semble appeler les ornements, ainsi que la variété des formes. Les anciens n'avaient rien négligé sous ce rapport : tantôt ils surmontaient le cimier de panaches, ou de crêtes fixées dans les rainures de la bombe, et faites de crins de cheval de diverses couleurs; tantôt ils ombrageaient le casque de deux ou trois de ces crêtes très-fournies, en forme de panaches. La crête du milieu était alors plus élevée que les autres, et se terminait par une longue touffe de crins que le vent agitait. On n'a point oublié, à ce propos, ce trait charmant des adieux d'Hector et d'Andromaque, dans Homère : au moment où ce chef va quitter sa femme et son jeune enfant Astyanax, il veut prendre celui-ci dans ses bras; « mais l'enfant se retire, en criant, vers le sein de sa nourrice à la belle ceinture, effrayé par le regard de son père bien-aimant, et redoutant l'airain et le panache en crins de cheval, qu'il voyait s'agiter d'une manière terrible sur le sommet du casque. Son père bien-aimant et son auguste mère sourirent alors ; et aussitôt l'illustre Hector prit son casque de dessus sa tête, et le posa resplendissant sur la terre, et, après avoir embrassé son fils chéri, il adressa cette prière à Jupiter et aux autres dieux (1). »

Quelquefois les panaches étaient soutenus par des figures en relief, telles que des sphynx, des serpents, des chevaux ; on ornait encore les casques avec des ailes ou des plumes qui s'adaptaient, de chaque côté, dans des coulisses, comme aujourd'hui nos plumets.

Lorsque les Romains étaient en marche, ils portaient leur casque suspendu à leur côté ; les Grecs le tenaient plus ordinairement à la main. Quand les chefs de deux parties adverses se rencontraient dans le combat, et qu'ils entraient en pourparler, c'était une politesse et une marque de confiance que de quitter son casque et son bouclier.

De tous les peuples *barbares*, les Phrygiens étaient celui qui avait donné au casque la forme la plus gracieuse : cette forme était celle de leur bonnet ; le cimier, au lieu d'être sphérique, en est terminé en une pointe recourbée en avant ; cette pointe était parfois ornée de deux ou trois cornes aiguës, qui pouvaient servir de défense, et qui donnaient au guerrier un aspect plus effrayant.

Les Romains portaient des casques en cuivre ou en fer, qui descendaient jusqu'aux épaules, mais qui laissaient

---

(1) Homère, Iliade, VI, 466—475.

la figure découverte; ce qui explique l'ordre que César donna à ses soldats, le jour de la bataille de Pharsale, de frapper leurs adversaires au visage. L'armée de ceux-ci était composée, en grande partie, de jeunes gens d'un rang distingué, qui craignaient autant que la mort d'avoir le visage défiguré par une blessure.

La coiffure des Perses portait le nom de *cidaris* : c'était un bonnet de feutre, de forme conique. Le roi seul avait le privilége de le porter droit, et ses sujets devaient l'avoir incliné. Le roi portait en outre la tiare, bandeau royal qui tenait lieu de couronne, et qui entourait le bas de la cidaris : la tiare était blanche et rayée de bleu de ciel; elle était en outre chargée d'ornements d'or et de pierres précieuses. La tiare était encore désignée sous le nom de mitre : ce genre de coiffure était commun à presque tous les rois de l'Orient.

Mais l'ornement le plus général de la royauté était dans l'antiquité, comme de nos jours encore, la *couronne*. Rien n'est plus ancien et plus naturel que l'usage des couronnes, sinon de métal, du moins de fleurs et de feuillage. Il n'y avait pas de fêtes ni de festins sans couronnes : elles accompagnaient et embellissaient les prières et les plaisirs; leur doux parfum ou leur fraîcheur tempérait les ardeurs du vin; c'étaient, on le croyait du moins, des amulettes contre l'ivresse et les folies de Bacchus; l'Amour et l'Hymen en ornaient la couche des nouveaux époux; on en parait les autels, et l'on y déposait celles dont on s'était ceint la tête. Les rois, les héros, les vainqueurs dans les combats ou dans les jeux solennels, portaient la couronne, comme l'insigne le plus honorable de leur puissance et de leurs exploits; et, si l'on en offrait aux dieux protecteurs sur le berceau de l'enfant à son entrée dans la vie, on en consacrait aussi sur la tombe des morts, comme pour honorer et charmer leurs mânes, et comme une image de la brièveté de la vie (1).

Le mot de *stéphanè*, qui signifie couronne en grec, n'est employé qu'une seule fois par Homère dans ce sens (2); partout ailleurs ce poète n'applique ce mot qu'à la partie de devant du casque. Nulle part encore il ne fait mention de l'usage des couronnes de fleurs; ce qui prouve que cet usage, qui fut si répandu par la suite, l'était bien peu de son temps. Hésiode parle cependant d'une couronne d'or, et il en orne la tête de Pandore.

Dans les cérémonies religieuses, les couronnes des prêtres étaient munies de bandelettes, dont l'extrémité supérieure servait à attacher à la couronne des fleurs et des feuillages, et dont l'extrémité inférieure retombait, libre et flottante, sur les épaules. Ces bandelettes, qu'on nommait *lemnisques* ou *stemmata*, donnaient aux couronnes un caractère sacré. Elles étaient d'étoffe précieuse, souvent même de feuilles d'or, ou de l'écorce de certaines plantes, que l'on travaillait avec une grande délicatesse.

L'art de fabriquer des couronnes était devenu l'objet d'une industrie considérable à Athènes, bien que ce fût

---

(1) Musée du Louvre, Sculpture, par M. de Clarac, 4e Livraison.
(2) Dans la Description du Bouclier d'Achille, morceau d'une authenticité contestable.

de toutes la moins lucrative, à cause du grand nombre de personnes qui s'en occupaient. C'étaient surtout les femmes qui s'y livraient, et l'on en vit plusieurs se rendre célèbres par leur talent en ce genre, témoin la jeune Glycère, dont les historiens nous ont conservé le nom, et que les poètes ont chantée.

A la couronne se rattache le diadème, qui n'était autre chose qu'un bandeau dont on se ceignait la tête : c'était l'attribut distinctif de la royauté et de la divinité : aussi est-ce un bandeau de ce genre que Junon offre à Pâris pour le décider en sa faveur, lors de sa fameuse querelle avec Minerve et Vénus, au sujet de la pomme d'or. Les deux extrémités du diadème étaient unies derrière la tête par des rubans, dont les bouts retombaient sur les épaules. Cet ornement était en horreur à Rome : on alla jusqu'à reprocher à Pompée de s'être ceint les cuisses de bandelettes blanches, qui avaient quelque rapport avec le diadème ; les empereurs les plus absolus n'osèrent pas le porter, et Aurélien fut le premier qui en fit usage.

Outre les couronnes dont on se couvrait la tête, on en portait encore autour du cou et sur les épaules, surtout dans les festins. Elles étaient ordinairement de myrte et de violette, et, outre le parfum qu'elles exhalaient, on leur attribuait, évidemment à tort, la propriété de garantir de l'ivresse.

L'*infula* était une espèce de diadème fort en usage à Rome, et formé d'un cylindre en laine, serré de distance en distance par des fils, qui lui donnaient une forme de chapelet, dont les grains, fort gros, s'alongeaient en ovale comme des olives. Cet ornement ne servait pas seulement pour les hommes et les femmes, mais on en parait les autels, et l'architecture en décorait ses monuments. Ces bandelettes ayant un caractère sacré, et servant dans les expiations, c'était, pour ainsi dire, mettre les temples et les édifices sous la protection des dieux, et les entourer d'une sorte d'amulette qui devait les faire respecter.

Parmi les coiffures remarquables, on ne saurait omettre le *galerus*, ou bonnet des prêtres de Jupiter à Rome : il était fait, suivant saint Isidore, de la peau des victimes, et le haut en était terminé par une touffe de laine nommée *apex*. On donnait aussi ce nom de *galerus* à une espèce de perruques. Les Romaines avaient, en général, les cheveux noirs; aussi les cheveux blonds et même roux étaient-ils fort recherchés. Elles employaient, pour leur donner cette couleur, des pommades et de certaines herbes de Germanie. On voit, dans Juvénal, l'impératrice Messaline cacher sa chevelure noire sous une perruque blonde. Les cheveux de ces perruques étaient fournis par la Gaule et la Germanie. On donnait enfin encore le nom de *galerus* aux chapeaux que les Romains portaient à la campagne et dans les jeux publics, et qui, demi-sphériques et à bords très-larges et en cercle, ressemblaient parfaitement à ceux des charbonniers de la halle de Paris.

On appelait *oncos* une touffe élevée ou un toupet de cheveux, auquel on donnait la forme de la lettre grecque *lambda* Λ. C'était une coiffure qu'employaient les acteurs dans les tragédies, et on la faisait plus ou moins haute, selon la complexion et le caractère du personnage. Celui qui était blond et d'un caractère doux et facile portait un oncos d'une grandeur médiocre; celui qui était fier et emporté, et qui avait les cheveux noirs, avait un oncos très-élevé. Aussi l'épithète d'*hypéroncos*, *à toupet élevé*, se donnait-elle aux personnes hautaines et fastueuses.

La *sphendoné* ou *fronde* était un bandeau qui avait la forme d'une fronde et dont on plaçait la partie large sur le devant du front, les extrémités étroites se nouant par-derrière. Mais des acteurs comiques ayant imaginé d'intervertir cet ordre, et de mettre ces extrémités sur le front, cette bizarrerie fut goûtée, et du théâtre elle passa dans la mode. Les femmes l'adoptèrent, et finirent même par porter à la fois deux sphendonés, l'une à l'ancienne manière, et l'autre à la nouvelle.

IV

DES BOUCLES D'OREILLES.

L'usage des boucles d'oreilles remonte à la plus haute antiquité : l'Ecriture sainte en fait déjà mention, et nous voyons dans la Genèse (1) qu'Eliezer en donne à Rébecca, ainsi que des bracelets. Homère en parle comme faisant partie de la parure des femmes; et *Junon*, dit-il, *suspend*

---

(1) XXIV, 22, 30, 45, 47.

aux lobes de ses oreilles, percées avec art, ses boucles à trois pendants, d'un travail achevé, qui dardent un vif éclat (1).

La manière de les porter différait cependant : tantôt on se perçait les lobes des oreilles, et, comme dit Pline, on incrustait dans sa chair de l'or et des pierres précieuses ; tantôt on se contentait d'attacher ces ornements, sans percer les oreilles. Cette manière est encore pratiquée par les femmes juives de la Pologne ; elles portent leurs boucles d'oreilles aux extrémités de leurs bonnets, qu'elles chargent, en outre, de chaînes d'or et de perles. Quant aux filles, qui ne portent point de bonnets, elles attachent leurs boucles au moyen d'un cordonnet qui tourne autour de l'oreille.

Les hommes, chez les Grecs, portaient aussi quelquefois des boucles d'oreilles ; et Tertullien cite une statue d'Achille qui représentait ce héros avec les oreilles percées. Mais on peut aussi attribuer cette circonstance au séjour qu'Achille fit à la cour de Lycomède, roi de Scyros, caché par sa mère parmi les jeunes filles de ce prince, sous le nom de Pyrrha. L'empereur Alexandre-Sévère interdit cet ornement aux hommes.

Les boucles d'oreilles devinrent l'objet d'un luxe prodigieux : on vit des femmes suspendre à leurs oreilles la valeur de deux ou trois riches patrimoines. Elles en avaient de si pesantes que leurs oreilles en étaient souvent

---

(1) Iliade, XIV, 162 et 183.

blessées, et qu'il dut se former une classe de femmes dont l'unique industrie était de soigner les lobes des oreilles des élégantes romaines.

Nous mentionnerons, en terminant cet article, une coutume singulière des Grecs, chez lesquels, d'après le témoignage de saint Isidore, les enfants ne portaient de boucles d'oreilles que du côté droit.

V

DES COLLIERS.

Les anciens faisaient grand usage de colliers; ils en avaient de diverses espèces, dont les désignations variaient selon la partie du cou qu'ils occupaient: il y avait, en effet, des colliers qu'on ne mettait qu'autour de la partie supérieure du cou, d'autres autour de la partie inférieure, d'autres enfin au milieu. A Rome, les jeunes filles ne portaient point de colliers : c'est ce qui fait dire à Tertullien que le mot latin *monile*, qui signifie collier, avait été tiré du verbe *monere* (avertir), parce que le collier était destiné à avertir la femme qu'elle était mariée, et ceux qui l'approchaient, qu'ils devaient respecter les liens qui l'unissaient à son mari.

Les hommes portaient aussi des colliers, mais ce n'était pour eux que des récompenses militaires, ou des signes de servitude. Au nombre des premiers était le *torques*, collier d'or ou de bronze, nommé ainsi parce que, dans l'origine, c'était un cercle en or *tordu*, fait en manière de corde à trois brins. Il n'était point à charnière, et se maintenait fermé par la seule force de son élasticité. Les deux extrémités en étaient terminées en forme de gland, par allusion au courage qui avait mérité cette distinction, la plus haute récompense du courage étant la couronne de feuilles de chêne. On pouvait obtenir plusieurs de ces *torques*, et un historien ancien parle d'un Lucius Siccius Dentatus qui en avait reçu quatre-vingt-trois, outre huit couronnes d'or. Quelquefois ces *torques* étaient d'un tel poids qu'évidemment ils n'étaient point destinés à être portés : tel était celui de cent livres d'or que, au rapport de Quintilien, les Gaulois avaient donné à Auguste.

Le *circulus* ou *cercle* était une espèce de *torques* fait d'une lame plate, comme les carcans. C'était aussi une distinction militaire, mais beaucoup moins recherchée que le premier.

On donne encore ce nom de *circulus* à l'anneau avec lequel on attachait les prisonniers : lorsqu'un prisonnier était confié à la garde de deux soldats, il était lié avec une chaîne fixée, par un anneau ou *circulus*, à son poignet droit; à l'autre extrémité de la chaîne, le soldat était aussi attaché par le poignet gauche. Lorsqu'il y avait deux soldats de garde, le prisonnier était placé entre eux, et ils étaient enchaînés avec lui, pour mieux répondre de sa personne. « Mais, la nuit même de devant le jour qu'Hérode avait destiné à son supplice, disent les Actes des Apôtres (XII, 6 et 7), comme Pierre dormait *entre deux soldats, lié de deux chaînes*, et que les gardes qui étaient devant la porte gardaient la prison, un ange du Seigneur parut tout-à-coup; il remplit le lieu de lumière, et, poussant Pierre par le côté, il lui dit : Levez-vous. Au même moment, *les chaînes* lui tombèrent des mains. »

Nous remarquerons encore parmi les colliers celui qu'on appelait *tantheuristos*, c'est-à-dire le *trembleur*. Les ornements, en or ou en pierres fines, en étaient montés de manière qu'ils tremblaient au moindre mouvement; on produisait cet effet au moyen de petits ressorts très-flexibles ou de spirales élastiques.

VI

DES BAGUES.

Prométhée, attaché, par ordre de Jupiter, sur un rocher du Caucase, et condamné à y être la proie d'un vautour, qui, symbole du remords, lui dévorait le cœur, fut enfin délivré de ce supplice, qui lui avait été infligé pour avoir dérobé le feu du ciel; mais le dieu, en lui faisant grâce, aurait, dit-on, imposé au célèbre Titan l'obligation de porter sans cesse au doigt un anneau de métal, pour lui rappeler le châtiment terrible qu'il avait subi. Ainsi l'anneau et la pierre qui y est enchâssée offriraient un double souvenir, et de la chaîne de Prométhée et des roches du Caucase. Aussi dit-on encore que les premières bagues furent en fer, pour avoir plus de conformité avec les chaînes d'acier dont il avait chargé le Titan.

Telle est la fable ingénieuse sous les voiles de laquelle les Grecs ont raconté l'invention des bagues, les représentant comme ayant été, dans l'origine, des signes de servitude et des liens. Cependant rien n'est plus simple et plus naturel que cette invention; et les doigts en donnent si bien l'idée qu'il n'était pas besoin du génie de Prométhée pour la concevoir. Aussi aucun ornement ne remonte-t-il à une plus haute antiquité. Il en est fait mention dans la Bible, et l'on voit Pharaon remettre à Joseph son anneau comme signe de la puissance qu'il lui confiait. Il en existe même des monuments plus anciens encore, et l'on voit au musée Charles X des bagues égyptiennes d'une authenticité incontestable, et qui remontent au règne du roi Mœris, dix-huit siècles avant la naissance de Jésus-Christ. L'usage de cet ornement est beaucoup moins ancien en Grèce; il était peu répandu au temps d'Homère et d'Hésiode, puisque aucun de ces deux poètes n'en fait mention; quant à la fable de Prométhée, telle qu'elle a été racontée ci-dessus, elle est d'une invention fort postérieure.

Les Grecs appelaient *sphendonè* ou *fronde* la partie de l'anneau où s'enchâsse la pierre. Cette pierre, gravée, servait de cachet et de sceau. Avant que l'art de la gravure ne fût connu et perfectionné, on employait, pour le même usage, de petits morceaux de bois rongés ou percillés par une espèce particulière de vers; et, comme il était bien difficile de trouver deux de ces morceaux rongés de la même manière, on avait un moyen aussi facile que sûr d'empreindre son cachet sur la cire ou sur d'autres matières molles.

Les Romains placèrent d'abord les bagues près de l'ongle, à la première phalange. Pendant long-temps les sénateurs mêmes n'en avaient pas en or, et il n'était permis d'en porter de ce métal qu'aux ambassadeurs qui se rendaient dans les pays ou régnait un certain luxe, afin qu'ils n'y parussent pas dans une tenue inférieure à leur haute condition.

Les bagues d'or étaient aussi des récompenses que la république accordait à ceux qui lui avaient rendu d'éminents services; et encore ne se portaient-elles qu'en public, et ceux qui les avaient obtenues reprenaient-ils, quand ils rentraient chez eux, la bague de fer que portaient les autres citoyens. Les triomphateurs, sur la tête desquels on tenait suspendue une couronne d'or, n'avaient au doigt qu'une bague de fer, sans doute pour leur rappeler qu'ils ne devaient pas trop s'enorgueillir de leur triomphe. Plus tard, quand les mœurs se furent corrompues à Rome, et qu'un luxe effréné s'y fut introduit, en souvenir de cette antique simplicité, on donnait à sa femme, le jour du mariage, une bague de fer, et, pendant tout le jour, elle ne devait pas en porter d'autre.

Ce ne fut que sous le règne de Justinien qu'il fut permis à tous les citoyens indistinctement de porter des bagues d'or : jusqu'alors les sénateurs et les chevaliers en avaient seuls eu le droit.

D'abord on n'en mit qu'une seule, au doigt annulaire

de la main gauche ; plus tard on en mit plusieurs, et des personnes d'une élégance extrême allèrent jusqu'à en mettre cinq, et même davantage. On quittait les bagues avant d'entrer dans le bain ; les suppliants et les personnes en deuil les ôtaient aussi. On en chargea même les doigts des pieds. On en mit à chaque phalange, et des personnes en avaient jusqu'à trois au petit doigt. On s'abstenait néanmoins, en général, d'en mettre au doigt du milieu, que l'on appelait *digitus infamis*, doigt infâme. Sur le point d'expirer, on disposait de son anneau en faveur de quelque personne, et c'était là lui donner le signe de la plus tendre affection. Alexandre mourant donna son anneau à Perdiccas, et l'on considéra cette action comme l'indice que le conquérant avait voulu transmettre au général la régence de son immense empire.

On se servait du chaton des bagues comme de sceau. Dans les affaires peu importantes, c'était la coutume de s'engager en remettant son anneau, qu'on ne pouvait retirer qu'après avoir accompli son engagement.

On faisait graver sur ce chaton le portrait de quelque personne chère ou célèbre, ou l'image d'un dieu. Pompée avait fait graver sur son anneau trois trophées, en mémoire des victoires qu'il avait remportées en Europe, en Asie et en Afrique ; César avait fait mettre sur le sien l'image d'une Vénus armée. Auguste eut successivement trois sceaux de ce genre : le premier portait un sphinx ; le second, la figure d'Alexandre ; le troisième, la sienne : ses successeurs continuèrent à se servir de ce dernier anneau.

Les Romains finirent par mettre un luxe prodigieux dans les bagues. On eut des bagues d'été et des bagues d'hiver, plus pesantes que les premières. Celes-ci, fort légères, étaient creuses et faites d'une lame d'or très-mince. C'étaient les seules que le flamine (prêtre) de Jupiter eût le droit de porter : l'usage des bagues massives lui était interdit. On rapporte que le sénateur Nonius fut proscrit par Marc-Antoine parce qu'il avait à une de ses bagues une pierre précieuse du prix de vingt mille sesterces.

Ceux qui pensent que les révolutions des empires et les plus grands événements politiques n'ont, la plupart du temps, pour cause que des circonstances futiles, souvent même les caprices et les fantaisies de quelques individus, peuvent citer, à ce sujet, une bague dont la vente dans un encan devint l'occasion de l'une des plus terribles révolutions qui agitèrent la république romaine. Deux grands personnages, Drusus et Cépion, dont le premier fut le défenseur et l'autre l'adversaire du sénat dans la lutte qui s'engagea entre ce corps et celui des chevaliers, après la mort de Caïus-Gracchus, renchérirent l'un sur l'autre, dans une vente publique, pour l'achat d'une bague, et se piquèrent si vivement au jeu qu'ils se brouillèrent et devinrent depuis ennemis acharnés. Ils cherchèrent, par la suite, toutes les occasions de se nuire et de se traverser dans leurs desseins, et cette ardente rivalité fut l'une des principales occasions qui firent éclater la terrible guerre sociale.

VII

DES BRACELETS.

Le bracelet était en usage chez les Grecs et chez les Romains, et même beaucoup plus que chez nous; les hommes le portaient, ainsi que les femmes; les jeunes filles seules ne pouvaient en mettre qu'après avoir été fiancées. On s'en servit aussi en Egypte, et l'on en trouve sur des statues d'une très-haute antiquité.

Il n'en fut pas de même chez les Grecs, où l'usage n'en remonte pas à des temps fort reculés. On n'en trouve point de trace dans Homère et dans Hésiode, et les Athéniennes n'adoptèrent cet ornement que lorsqu'elles quittèrent la tunique ionienne à longues manches pour la tunique dorienne, qui, laissant les bras nus, provoquait l'usage d'un ornement qui relevât la couleur monotone et les formes de ces membres.

A Rome, ce furent les hommes qui les premiers portèrent des bracelets, moins comme ornement que comme distinction et comme récompense militaire. Des bras des hommes, les bracelets passèrent à ceux des femmes; mais ce ne fut que fort tard, lorsque le luxe et la corruption se furent introduits dans la république. Aussi Tertullien vit-il avec indignation que l'on eût transporté à des ornements de femme le nom d'un objet jadis honorable, et qui annonçait des services rendus à son pays par de courageux exploits (1).

VIII

DES ANNEAUX DES JAMBES.

En général, chaque fois que, dans le costume d'un peuple, une partie un peu considérable du corps est laissée à découvert, on cherche à en couper les teintes uniformes, en lui donnant en ornements ce qui lui manque en vêtements ; c'est ainsi que les peuples de l'antiquité, habitués à avoir les jambes nues, outre le soin tout particulier qu'ils donnaient à leur chaussure, en complétaient l'ornementation en en entourant la partie inférieure, au-dessus des chevilles, d'anneaux d'or finement travaillés, souvent enrichis de perles, de pierres gravées et d'émaux. Ces anneaux sont connus dans la science sous le nom de périscélides (2). Postérieurs à Homère et à Hésiode, en Grèce, ils furent en usage dès la plus haute antiquité en Egypte et dans l'Orient.

---

(1) On est partagé sur l'étymologie du mot *armilla*, qui en latin signifie bracelet. Les uns la font venir des mots *ab armorum virtute*, parce qu'on obtenait l'*armilla* par le courageux usage de ses armes ; et les autres d'*armus*, qui signifie épaule, parce que l'on plaçait d'abord le bracelet au haut du bras.

(2) De deux mots grecs, *peri*, autour, et *skelos*, jambe.

Ils étaient faits ou de petites chaines, ou en bandeau et à charnières, comme les bracelets. Ils étaient souvent fort larges, et se mettaient à toutes les hauteurs de la jambe; ce qui ne laissait pas d'être fort utile, et de réparer, en partie du moins, l'excessive insuffisance des vêtements, surtout à Sparte, où les jeunes filles portaient des tuniques qui, ouvertes sur le côté, mettaient leurs jambes à découvert du haut en bas.

IX

DES CEINTURES.

On a pu voir plus haut que la ceinture était un complément indispensable non-seulement du costume des femmes, mais encore du costume civil des hommes, chez les Grecs et les Latins. Leurs habillements n'étant point, comme les nôtres, adaptés au corps par suite de leur forme même, avaient besoin de l'être au moyen d'un secours étranger. Ce secours était la ceinture.

La ceinture était indispensable à l'homme qui voulait se livrer à un travail manuel; de là cette expression énergique et pittoresque dans l'Ecriture sainte : « Ceignez vos reins comme un homme fort (1); » et cette expression latine devenue proverbiale : *se ceindre*, pour se préparer à agir. Les femmes plaçaient la ceinture sous le sein; les

---

(1) Job, XXXVIII, 3.

hommes, sur la hanche. La première de ces places suggère au grand étymologiste une explication remarquable du mot grec *zônè*, qui signifie *ceinture* : il le fait venir de *zoô, je vis*, parce que, dit-il, la partie sur laquelle on appliquait la ceinture, le cœur et la poitrine, était le siége de la vie. Ainsi ce serait la partie du corps qui aurait donné le nom au vêtement; chez nous c'est le contraire, et c'est le vêtement qui a donné son nom à la partie du corps qu'il couvre.

X

DES BORDURES ET FRANGES.

Les bordures étaient les principaux ornements des vêtements, et il y en avait une fort grande variété. La couleur pourpre et ses diverses nuances y étaient le plus ordinairement employées.

On attachait une si grande importance à ce genre d'ornement que l'on donnait différents noms aux vêtements auxquels il était adapté, selon la forme qu'il affectait, ou la manière dont il était attaché.

On ne voit pas de franges aux vêtements des statues grecques, et il n'y en a qu'à ceux des rois, des prêtres ou des dieux étrangers. Cependant Homère, dans l'Iliade, fait mettre à Héré (Junon des Latins) sa ceinture à cent *thysanos* (franges) d'or. De même cent thysanos d'or massif et bien tressés ornaient l'égide (bouclier) de

Minerve; et, lorsqu'ils étaient agités par le vent, ils brillaient d'un éclat qui inspirait l'effroi. Il est donc vraisemblable que les Grecs faisaient usage de ce genre d'ornement bien que leurs statues n'en portent point de traces. Cet usage est en effet d'une haute antiquité, et d'ailleurs fort naturel. L'histoire sainte en fait mention, et, chez les Juifs, les vêtements du grand-prêtre étaient ornés de franges d'or. On trouve dans les tombeaux égyptiens des morceaux d'émaux de deux à trois pouces de longueur, et qui, percés de part en part, et affectant assez l'aspect d'une poire, pendent, en forme de franges, au bas des vêtements des momies.

Outre les bandes de couleur dont on ornait le bas des vêtements, on en appliquait aussi sur le reste, soit de brodées, soit de teintes, soit de tissues avec l'étoffe. On y brodait aussi des lettres, les initiales du nom de famille ou de celui du pays, et l'on sait que le célèbre peintre Zeuxis avait fait ainsi mettre son nom en lettres d'or sur son manteau.

XI

DES CHAUSSURES.

Pline l'Ancien attribue, mais à tort, l'honneur d'avoir inventé la chaussure au Béotien Tychius d'Hylé, le seul ouvrier, avec Icmalius, dont parle Homère (1). Ce poète,

---

(1) Iliade, VII, 220, et Odyssée, XX, 57.

dans un autre passage, donne des détails intéressants sur l'industrie du cordonnier. Lorsque Ulysse, déguisé, arrive chez Eumée, il trouve celui-ci découpant une peau de bœuf *colorée*, et s'en formant des chaussures. Le pâtre hospitalier se lève, et, allant au-devant du voyageur, il écarte à coups de pierres les quatre dogues préposés à la défense des troupeaux du roi d'Ithaque, et qui, ne le connaissant point, couraient sur lui et voulaient le déchirer. Remarquons ici, en passant, l'épithète de *colorée* qu'Homère donne à la peau que découpait Eumée : on voit qu'elle n'était pas crue, et qu'elle avait été préparée et teinte. Telle est la plus ancienne mention que l'on trouve dans l'antiquité grecque sur la chaussure.

Homère et les autres poètes grecs donnaient des chaussures aux dieux et aux déesses. Bion, dans l'églogue célèbre où il raconte l'histoire d'Adonis et de Vénus, dit que cette déesse, poursuivant son époux à travers les forêts, se blesse parce qu'elle a perdu ses sandales.

On distinguait chez les Grecs trois espèces principales de chaussures : les premières consistaient en une semelle plus ou moins épaisse, attachée par des courroies, et qui laissait une grande partie du pied à découvert ; les secondes avaient beaucoup d'analogie avec nos souliers, et les dernières, avec nos bottines. On appelait celles-ci *creuses*, tandis que les premières portaient le nom de *découpées*, que les Romains rendaient par celui de *fenêtrées*, comparant à des fenêtres les ouvertures carrées que les courroies, en se croisant, laissaient entre elles, et à travers lesquelles on voyait la jambe et le pied. Ces courroies devinrent, à Rome, des objets de luxe, où l'on faisait briller l'or et les pierres précieuses, et même des perles. On ne se contentait plus, au dire de Pline, de parer ses oreilles et son cou de perles ; il fallait les fouler aux pieds, et marcher à travers ces joyaux.

Les anciens n'employaient pas seulement les cuirs à la confection des chaussures ; le bois, les feuilles de certains arbres, la paille, de riches étoffes, des métaux, l'or même, étaient mis à contribution. Les personnes de distinction, à Athènes, ornaient leurs souliers d'un croissant en or ou en ivoire, semblable à nos boucles.

Nos connaissances sur la chaussure des anciens ne sont point assez précises pour nous permettre de déterminer avec quelque netteté la différence qui existait entre la chaussure des Grecs et celle des Romains, ni même à quelles diversités de forme correspondent les diversités nombreuses des noms de chaussures de l'antiquité. Elles se rapportent d'ailleurs toutes aux trois types généraux qui ont été indiqués tout à l'heure. Quelques remarques de détail compléteront ce que les limites de cet ouvrage nous permettent de dire à ce sujet.

La chaussure la plus usitée à Rome était l'*aluta*, brodequin en peau très-souple, qui montait jusqu'au milieu de la jambe, en faisant des plis à la hauteur de la cheville. Les femmes mêmes la portaient, mais de couleur blanche, tandis que celle des hommes était noire.

En hiver, on portait, de préférence, surtout à la campagne, une chaussure dont le nom variait selon les pays, qui était faite en feutre ou en laine, ou en cuir très-épais, et à laquelle on s'efforçait de donner la propriété de recevoir le moins possible l'humidité. Elle était déjà connue du temps d'Hésiode, qui en recommande fort l'usage aux agriculteurs.

Les *baxeæ* étaient une espèce de pantoufles, dont plusieurs écoles de philosophie avaient adopté l'usage. C'était une chaussure de ce genre que le philosophe Empédocle avait dû laisser au bord du cratère de l'Etna, lorsque, selon certaines traditions, il se précipita dans ce volcan pour mieux en sonder les mystères. Les *baxeæ* ne furent d'abord que de simples sandales; elles finirent par couvrir le pied tout entier, à l'exception du talon. Les Egyptiens les faisaient en papyrus. Elles devinrent plus tard la chaussure des empereurs romains, qui eurent seuls le droit de les porter couleur de pourpre. Alexandre-Sévère fut le seul qui en porta de blanches, et cette innovation fut vue avec déplaisir et n'eut point d'imitateurs.

Dans les premiers temps de la république, ceux des Romains, et c'était le plus petit nombre, qui n'allaient pas pieds nus, et ne dédaignaient pas d'enfermer leurs pieds dans des chaussures, ce que l'on regardait comme une habitude molle et efféminée, ceux-là se servaient principalement du *calceus*. Ce n'était qu'un morceau de cuir informe dont on s'enveloppait le pied, et qu'on fixait avec des lanières. Mais quand, par le progrès de l'industrie et de la civilisation dans la république naissante, des cordonniers se furent enfin établis à Rome, le *calceus* prit une forme de plus en plus élégante. Les rois de Rome le portaient en peau couleur de pourpre, enrichie d'or; après leur expulsion, cette chaussure devint, sous le nom de *mulleus*, la chaussure privilégiée des magistrats qui avaient le droit de s'asseoir sur la chaise curule. Romulus avait prescrit que les sénateurs portassent un C sur leur *calceus*, en mémoire de leur nombre qui était de *cent* dans les commencements. Le *calceus* des sénateurs se distinguait encore de celui des simples particuliers en ce qu'il se liait avec quatre courroies, tandis que celui-ci n'en avait qu'une. Enfin cette chaussure sénatoriale se terminait par une pointe longue et relevée en haut.

Quant à sa forme, le *calseus* ressemblait assez au soulier moderne, sauf que, sur le cou-de-pied, il était fendu dans toute sa longueur.

La *caliga* était la chaussure des soldats romains. Le jeune Caïus, fils de Germanicus, voulant plaire aux soldats de son père, l'avait adoptée; ce qui lui avait fait donner par eux le surnom de Caligula, sous lequel il est si tristement connu dans l'histoire. La *caliga* devint, par la suite, sous le nom de *campagus*, la chaussure des empereurs en temps de guerre, à l'armée : il recevait, dans ce cas, de brillants ornements. On vit des soldats romains, ne sachant que faire de l'or qu'ils avaient pillé, pousser la profusion au point de couvrir de ce métal les semelles de leur *caliga*; et Poppée, femme de Néron, fit ferrer ses mules en argent, et même en or. Comme les clous étaient une dépense au compte des soldats, des empereurs leur en firent quelquefois distribuer sous forme de largesse.

Le *cothurne* servait, comme chaussure, à divers usages; c'était la chaussure des voyageurs, des chasseurs, des héros représentés sur les statues et au théâtre. C'était une espèce de brodequin, qui montait à mi-jambe, se laçait sur le devant, et laissait les doigts de pieds à découvert. Sophocle introduisit le cothurne sur la scène tragique : pour élever la taille des acteurs (1), on donnait à cette chaussure des semelles de quatre doigts d'épaisseur. On exagéra ensuite cette épaisseur, et quelques auteurs assurent que plusieurs personnes qui avaient adopté le cothurne, et s'en servaient hors de la scène, en portaient de si élevés qu'ils faisaient la moitié de toute la taille. On sait d'ailleurs qu'à Venise, au commencement du siècle précédent, les femmes élégantes portaient des bottines dont les semelles avaient trois pieds d'épaisseur; ce qui les obligeait de se faire soutenir par des suivantes lorsqu'elles voulaient marcher. Pline l'Ancien raconte (2) qu'il vit un nommé Athanatus, faiseur de tours de force, se présenter sur le théâtre chaussé de deux cothurnes

---

(1) C'était une opinion reçue chez les anciens, que les *héros* avaient eu la taille plus qu'humaine : ce vers de Virgile y fait allusion :

*Grandia*que effossis mirabitur ossa sepulcris.

Et il verra avec étonnement les *grands* os, les sépulcres étant ouverts. (Géorgiques, I.)

(2) VII, 19.

pesant chacun cinq cents livres, et vêtu d'une cuirasse du même poids. Les cothurnes du théâtre se mettaient également à l'un et à l'autre pied; c'est pourquoi l'on donnait le nom de cothurnes aux personnes qui changeaient fréquemment d'opinion, selon les circonstances.

On appelait *phellos* une chaussure semblable à la *caliga*, et faite en partie en linge; quand elle était tout entière en linge, on l'appelait *pantophellos*, d'où vient le mot français *pantoufle*.

Le petit peuple, à Rome, portait une espèce de bottines nommées *pérones*, faites de peau munie encore de son poil, et dont l'usage avait été emprunté aux Herniques, qui avaient la singulière coutume de ne mettre cette chaussure qu'à la jambe gauche, en laissant la droite nue.

Il y avait une chaussure spéciale pour les acteurs qui jouaient la petite comédie : c'était le *soccus*, qui, au contraire du cothurne, était fort bas. Il était fermé, mais laissait le talon à découvert. Les personnes riches et élégantes en portaient dans leur intérieur.

La *solea* n'était proprement que la *sandale*, une simple semelle, qui laissait le pied à découvert. Les dames romaines l'adoptèrent les premières, et l'empruntèrent aux Grecques ; mais les hommes ne la portaient que dans leur intérieur : ils n'auraient pas osé se montrer en public ainsi chaussés; on les eût trouvés efféminés. On voit, par des passages de plusieurs écrivains, et notamment de Tertullien, qu'en général, chez les anciens, les chaussures ouvertes, du genre de la *solea*, étaient considérées comme beaucoup plus élégantes et plus propres que les chaussures fermées. Tertullien trouvait qu'il était beaucoup plus de la dignité des hommes d'avoir les pieds nus et libres que de les garrotter dans les liens de la chaussure. Il est vrai que ce que l'on trouvait convenable pour les hommes ne paraissait pas décent pour les femmes, et l'on exigeait qu'elles fussent bien chaussées. On tenait beaucoup à cette partie de la toilette, et l'on avait grand soin que les attaches des chaussures emboîtassent bien le pied et qu'elles ne fussent pas lâches, ce qui était le signe d'une grande négligence.

XII

DÉTAILS SUR LA TOILETTE.

Lucien, dans un de ses Dialogues, donne une description élégante des divers détails qui concernaient les dames grecques. « A peine sorties du lit, dit-il, elles se retirent dans leur cabinet de toilette pour se farder, avant d'avoir été vues de personne. » Il entre ensuite dans le détail des vases d'argent, des aiguières, des miroirs, des fioles, des flacons, qui contenaient des essences et des parfums d'autant d'espèces qu'il y avait de parties du corps auxquelles on les appliquait.

« L'Athénienne, dit Aristophanes, se parfume les mains et les pieds avec des essences d'Egypte, versées dans un bassin incrusté d'or; les joues et la poitrine avec des odeurs de Phénicie; les cheveux avec de la marjolaine; les jambes avec de l'eau de serpolet. »

« Que peuvent faire les femmes de grand ou de réfléchi? dit ailleurs le même poète au sujet des Athéniennes de son temps : leur vie se passe à rester assises, enluminées de vermillon, vêtues d'une tunique couleur de safran, bien peignées et bien frisées. Toutes, à la vérité, n'avaient point ces tristes habitudes, et Elien oppose à ce luxe la simplicité de Mélite, femme de Phocion. « Son principal vêtement, dit-il, était la cape de son époux; elle n'avait besoin ni de la robe couleur de safran, ni du manteau qu'on attache avec une écharpe, ni du vêtement rond, ni du réseau, ni du voile, ni de la coiffe couleur de feu : elle se montrait enveloppée de sa seule modestie, et elle composait son ajustement de tout ce qu'on lui présentait. »

Si les Athéniennes savaient, par leur toilette, faire ressortir leurs avantages, elles avaient aussi des ressources variées pour suppléer à ce que leur beauté pouvait laisser à désirer, ou pour dissimuler leurs défauts physiques. « Une jeune fille est-elle petite, dit Alexis, poète comique, on rehausse sa taille au moyen de semelles de liége qu'on ajoute à sa chaussure; est-elle trop grande, on lui fait prendre des chaussures minces, et elle marche la tête penchée... Est-elle trop brune, on passe de la céruse sur son visage; a-t-elle le teint pâle, on lui donne des couleurs au moyen du fard. »

« A leur lever, dit Lucien, les Athéniennes sont entourées de vieilles femmes et d'une troupe de jeunes esclaves, toutes occupées à leur plâtrer le visage de diverses matières. Ces servantes forment une espèce de procession autour de leur maîtresse, les unes portant des bassins d'argent, des aiguières, des miroirs et des boîtes remplies de mixtions dégoûtantes; les autres sont occupées à lui nettoyer les dents, ou à noircir ses sourcils. C'est surtout à l'arrangement de la chevelure qu'elles déploient tout leur talent. Les femmes qui préfèrent les cheveux noirs consomment la fortune de leur mari à les parfumer avec les plus rares essences de l'Arabie ; ensuite, à l'aide d'un fer chauffé à un feu lent, elles roulent les cheveux en boucles, qui, se partageant sur le front, descendent avec un art admirable jusque sur les sourcils, tandis que ceux de derrière, frisés avec le même soin, flottent épars sur les épaules. Après cela, elles mettent leurs souliers, dont chaque paire a son pied de droite et son pied de gauche ; puis elles se revêtent d'un manteau dont la finesse laisse apercevoir les proportions du corps... Des pierres orientales sont attachées à leurs oreilles ; des serpents d'or (et plût aux dieux qu'ils fussent naturels!) entortillent leurs bras et leur poignets ; enfin l'or, descendu à l'état le plus abject, brille à leurs pieds, en servant d'ornement à leurs talons, qu'elles laissent à découvert. » Les femmes de distinction faisaient, en outre, porter sur leur tête un parasol; il y avait même à Athènes une procession des parasols en l'honneur de Minerve, au mois de mai. Les filles des étrangers qui obtenaient de l'Aréopage la permission de s'établir à Athènes étaient obligées de porter le parasol devant les matrones dans les cérémonies religieuses.

Les anciens, selon toute vraisemblance, ne faisaient pas usage de mouchoirs ; ils regardaient comme d'une haute inconvenance de se moucher en public, ou de s'essuyer la sueur du front : une dame qui l'eût fait eût été regardée, par ce seul fait, comme en état de maladie, et condamnée à garder la chambre, et une jeune fille qui se serait servie d'un mouchoir aurait éloigné d'elle, comme d'un objet hideux, tous ceux qui aspiraient à sa main. On voit, dans Juvénal, un mari répudier sa femme parce qu'elle se mouchait trop souvent. Quant à la sueur, on l'essuyait avec le pan du manteau. Ainsi Néron ne monta jamais sur la scène avant d'avoir essuyé la sueur de son visage avec les manches de sa tunique, pour que les spectateurs ne s'aperçussent pas que le *divin chanteur* avait besoin de se moucher ou de cracher, ou qu'il suait. On voit par une épigramme de Martial que les anciens se mouchaient avec les doigts.

Les Athéniennes portaient des cigales d'or dans les cheveux, et en suspendaient aux anneaux qui tombaient sur le front. Elles avaient, ainsi que les dames romaines, de longues aiguilles, soit pour séparer les cheveux sur la tête, soit pour les fixer après les avoir réunis en nattes ou en tresses derrière la tête. Chez les anciens Romains, le jour des noces, on séparait avec la pointe d'une lance les cheveux de la jeune fiancée, pour indiquer que d'elle naîtraient des hommes courageux. Les aiguilles servaient aussi d'ornements, et l'on en mêlait souvent un grand nombre dans les cheveux ; quelques-unes de celles-ci étaient surmontées de petites figurines, très-bien travaillées, de Vénus et d'autres divinités. Ces ornements se changèrent souvent, entre les mains de femmes orgueilleuses et cruelles, en instruments de supplice et de mort. Les Athéniennes en firent un usage barbare envers un soldat qui, ayant apporté la nouvelle que les troupes d'Athènes avaient été vaincues par les Eginètes, mourut des piqûres que les femmes lui firent avec ces aiguilles. Les dames romaines s'en servaient pour tourmenter ou punir les esclaves qui étaient à leur service : ces infortunées étaient obligées d'assister à la toilette de leur maîtresse le sein et les bras nus, afin de leur offrir le moyen d'exercer leur mauvaise humeur sur ces parties délicates.

Les femmes portaient généralement le voile : dans la haute antiquité, il était blanc ; saint Clément d'Alexandrie dit que, de son temps, il était de couleur rouge.

A Rome, les dames, au premier siècle après Jésus-Christ, disposaient leur chevelure en forme de casque. En ce temps de corruption extrême, le soin de la parure faisait leur principale occupation ; aussi appelait-on la toilette d'une femme et ses bijoux *son monde (mundus muliebris)*. Elles recherchaient beaucoup la couleur jaune brillante pour les cheveux, et la leur donnaient en les lavant avec certaines compositions, ou avec de la lessive ; mais elles n'employaient jamais de poudre (1). Elles avaient des esclaves chargés spécialement du soin de les friser. La moindre maladresse dans l'arrangement

---

(1) Cette mode est très-récente ; elle date de 1593.

d'une seule boucle exposait ces malheureux à de rudes châtiments : ils étaient flagellés, ou on leur jetait à la tête le miroir, qui était en métal poli. Les bandelettes étaient l'ornement exclusif des femmes modestes et de haute condition.

Le principal objet de la sollicitude des dames opulentes de Rome, au temps de l'empire, c'était le soin de leur peau. Elles ne négligeaient rien à cet égard, et allaient jusqu'à se couvrir la figure d'une pâte épaisse qui la préservait du contact de l'air, et qu'elles gardaient toute la nuit, et même le jour, dans leur intérieur, en présence de leur mari et de leurs enfants. Poppée, femme de Néron, inventa une espèce de pommade pour conserver la fraîcheur de la peau, et eut l'honneur de lui donner son nom. Cette même dame se baignait chaque jour dans du lait d'ânesse : cinq cents ânesses étaient nourries dans son palais pour cet objet.

On employait beaucoup la pierre-ponce pour se rendre la peau douce. On se teignait la peau en blanc avec de la céruse, et en rouge avec du minium. On peignait les bords des paupières avec de la poudre noire ou de la suie. Les femmes qui voulaient cacher quelque difformité sur la figure se servaient de mouches. Sous Domitien, le célèbre jurisconsulte Régulus se présentait au prétoire avec un cercle noir autour de l'œil droit, lorsqu'il devait plaider pour le demandeur, et avec un cercle noir autour de l'œil gauche, lorsque c'était pour le défendeur.

Les Romains prenaient grand soin de leurs dents.

Quand ils en perdaient, ils les remplaçaient par des dents d'ivoire; quand elles s'ébranlaient dans leurs alvéoles, on les assurait par des fils d'or. Une disposition de la loi des Douze-Tables, tout en défendant d'employer sous aucune forme l'or dans les funérailles, permet cependant, si le mort a les dents entrelacées de fils d'or, de les y laisser.

Les Romains ignorèrent, jusqu'au règne de Justinien, l'art de préparer et de tisser la soie : ce furent deux religieux qui le leur firent les premiers connaître à Constantinople. Jusqu'alors la soie se vendit au poids de l'or en Europe, et bien plus cher encore. Pendant long-temps on la mêlait avec d'autres étoffes, parce qu'on la regardait comme trop précieuse pour la porter pure. Les étoffes de soie que l'on faisait venir de l'Inde étaient effilées, et les fils en étaient travaillées de nouveau, et, mélangés avec du lin ou de la laine, servaient à former un tissu si fin et si léger qu'on voyait le corps à travers. L'empereur Aurélien refusa à sa femme une robe tout entière de soie, à cause de son prix exorbitant. Hélagabale fut le premier qui en ait porté une semblable.

C'était surtout dans l'usage des bijoux et des pierres précieuses que les anciens, et principalement les Romains de la décadence, déployaient le plus grand luxe et faisaient les dépenses les plus considérables. Mais il n'y avait rien en ce genre qu'ils préférassent aux perles. Ces productions élégantes de la mer, que l'on regardait comme les filles de l'Océan et de la lumière céleste, et dont le doux et changeant éclat rivalise, dans la parure, avec le feu des pierres précieuses, étaient appréciées dans l'antiquité autant que dans les temps modernes, et peut-être encore plus recherchées. L'Ecriture sainte n'en fait point mention; on n'en trouve non plus de trace ni dans Homère ni dans les monuments de l'Egypte. On connaissait probablement déjà celles de la mer Méditerranée, mais on en faisait peu de cas. Ce ne fut que lorsque l'on connut enfin celles que l'on pêchait dans l'Inde, sur les rivages de la Taprobane et du golfe Arabique, que ce bijou devint l'objet de la recherche la plus ardente. On ne mit point de bornes dans les folles dépenses où entraînait le désir de s'en procurer, et l'on est effrayé des sommes que l'on voit prodiguer par les anciens pour en acquérir, et en orner les agrafes, les colliers, les boucles d'oreilles, et même les chaussures.

Les horribles calamités du cinquième siècle ne purent même calmer cette passion, et l'on voit avec surprise saint Jérôme obligé, de son temps encore, de reprocher aux femmes de Rome de fouler aux pieds les perles, et de suspendre à leurs oreilles la valeur de plusieurs riches patrimoines.

Jules-César donna à Servilie, sœur de Caton d'Utique, une perle qui lui avait coûté douze cent mille francs. On dit que Cléopâtre, reine d'Egypte, ayant fait le pari d'avaler dans une seule coupe une valeur de deux millions, fit fondre dans du vinaigre une perle de ce prix, et l'avala (1). Le triomphe de Pompée fit entrer une im-

---

(1) On a contesté l'authenticité de cette anecdote.

mense quantité de perles à Rome : on y vit trente couronnes qui en étaient couvertes, et son buste qui en était tout incrusté. On nommait *uniones* les plus grosses perles, à cause de la grande difficulté qu'on avait de les appareiller. C'était peu que les perles fussent d'une rondeur parfaite et de l'orient le plus pur ; il fallait encore qu'elles fussent d'un volume considérable. On en vint à les prodiguer. Dans un jour ordinaire et sans cérémonie, Lollia Paulina, femme de l'empereur Caligula, portait dans sa parure pour près de huit millions de francs en perles, en émeraudes et en autres pierres précieuses. Les chaussures de son mari étaient à peu près tissues de perles. Néron en chargea les sceptres, les masques de ses histrions et les lits (1) sur lesquels il s'enivrait avec eux. Les femmes opulentes ornaient de perles leurs chaussures les plus communes, et même leurs bottines de campagne, portant ainsi l'extravagance jusqu'à faire briller les perles dans la boue. Enfin le comédien Clodius voulut renouveler l'exploit insensé de Cléopâtre, et avala aussi une perle d'un prix énorme. L'histoire ne fait point mention de traits de prodigalité semblables attribués aux Grecs (2).

---

(1) On mangeait couché.
(2) Ces détails ont été principalement empruntés à l'excellent ouvrage déjà cité plus haut, et qui a été mis à contribution très-fréquemment dans tout le cours de ce chapitre, savoir : Musée du Louvre, par M. le comte de Clarac ; Sculpture, 4e Livraison.

XIII

DES REPAS.

Les anciens Grecs blâmaient l'usage de manger copieusement le matin ou dans le courant de la journée : ils pensaient qu'il suffisait de prendre un seul bon repas après la fin des travaux. Ils n'avaient donc, à proprement parler, qu'un seul repas complet, qui se faisait le soir ; en attendant, ils prenaient des collations. C'est ainsi que, le matin, ils trempaient un peu de pain dans du vin pur ; ils mangeaient de même fort peu à midi. Cependant les pauvres, qui n'avaient que des aliments peu nourrissants, étaient obligés de faire deux repas par jour ; mais les riches n'en faisaient qu'un seul. Il en était de même chez les Romains. Ceux-ci nommaient ce repas *cœna*, souper : ils le prenaient à trois heures de l'après-midi en été, et à quatre heures en hiver. On eût regardé comme une intempérance de le commencer plus tôt (1). Quand le luxe se fut introduit à Rome, on prit l'habitude de passer, après le souper, dans une autre pièce, pour manger quelques friandises en buvant. Cette collation se nommait *comessatio*, et, comme elle se prolongeait souvent fort avant dans la nuit, et dégénérait

---

(1) *Cœna* vient du mot grec *koinos*, qui signifie *commun* : repas en commun, que l'on fait en famille où avec des amis.

en excès, on appela les débauchés *comessatores*. Cicéron qualifie ainsi les partisans de la conjuration de Catilina.

Dans les premiers siècles de la Grèce, les banquets étaient, pour l'ordinaire, la suite de quelque acte de dévotion envers les dieux. On ne faisait un usage libre du vin que dans ces occasions solennelles; mais, comme on était persuadé que les dieux assistaient, invisibles, à ces repas, cette persuasion inspirait aux convives une conduite décente, et les retenait dans les bornes de la tempérance.

Le luxe et la prodigalité s'introduisirent bientôt dans les repas; déjà même, du temps d'Homère, on en trouve des traces. Il y avait alors déjà deux sortes de banquets: ceux dont un seul des convives faisait les frais, et ceux où chacun contribuait pour sa part. Dans ceux-ci, les poètes, les chanteurs et tous ceux dont les talents servaient à divertir l'assemblée prenaient part sans fournir à la dépense.

Quelques villes étaient dans l'usage de donner des festins publics, dont les frais étaient à la charge des convives, ou du trésor, ou de l'un des plus riches de la ville. Cette institution, originaire d'Italie, était due à Italus. Minos l'introduisit en Crète, et Lycurgue, à Sparte. Ce dernier législateur rendit ces repas obligatoires pour tous les citoyens, et surtout pour les jeunes gens, qui devaient profiter de la conversation et de l'exemple des vieillards. Les rois eux-mêmes étaient tenus d'y assister, et le roi Agis, au retour d'une expédition glorieuse, ayant voulu s'en dispenser pour manger avec la reine sa femme, fut réprimandé et puni.

Les syssities ou repas en commun des Spartiates étaient célèbres dans toute l'antiquité. Toute la population mâle de la ville y prenait part, divisée en un certain nombre de tables, de quinze personnes chacune. Chacun apportait par mois, outre la viande et le gibier, un boisseau de farine, huit mesures de vin, cinq livres de fromage, deux livres et demie de figues, et quelque peu de monnaie pour les frais d'apprêt et d'assaisonnement. Le pauvre et le riche mangeaient ensemble et des mêmes mets. Le régime de ces repas était austère, et un étranger qui avait vu des Spartiates étendus autour de leurs tables et sur le champ de bataille trouva plus aisé de supporter un telle mort qu'une telle vie. Le principal mets de ces repas était le fameux brouet noir. On présume qu'il se faisait avec le jus exprimé d'une pièce de porc, auquel on ajoutait du vinaigre et du sel, les seuls assaisonnements que les cuisiniers des Spartiates pouvaient employer. C'était une sauce dans laquelle les Spartiates trempaient leur pain, et qu'ils préféraient aux mets les plus exquis. Denys, tyran de Syracuse, en ayant entendu parler, voulut en enrichir sa table. Il fit venir un cuisinier de Lacédémone, et lui ordonna de ne rien épargner. Le brouet fut servi; le roi en goûta, et le rejeta avec indignation. — Seigneur, lui dit alors l'esclave, il y manque un assaisonnement essentiel. — Et lequel? demanda le prince. — Un exercice violent avant le repas, répliqua l'esclave.

Les anciens Grecs s'asseyaient pour prendre leur repas; plus tard ils adoptèrent l'usage de se coucher ; cependant les enfants étaient tenus de s'asseoir. En Macédoine, c'était une position d'honneur que d'être assis, et l'on n'était déclaré digne de la prendre qu'après avoir tué un sanglier à la chasse, sans le secours des filets. A Rome, les personnes d'un rang inférieur que des hommes considérables appelaient à leur table y demeuraient assises et non couchées. Les Spartiates étaient couchés sur des lits de bois de chêne nu, le coude appuyé sur une pierre ou sur un morceau de bois.

Autour de la table du banquet s'élevaient, dans les siècles de luxe, des lits couverts d'étoffes ou de riches tapis. Les convives se plaçaient sur ces lits, la tête appuyée et relevée sur leur bras gauche, les jambes étendues ou légèrement pliées. Des carreaux les soutenaient mollement par derrière. Le même lit supportait souvent cinq convives à la fois.

Dans les repas, la place de chaque convive se réglait d'après son rang; la place la plus élevée était aussi la plus distinguée. Dans les festins d'Homère, les héros s'asseyaient sur de longues files, dont le plus distingué occupait la tête. On ne connaissait point l'usage du linge sur les tables; on se contentait de les laver avec des éponges. Les riches ornaient leurs tables de plaques d'argent et même d'or.

Le respect profond des anciens pour les dieux les empêchait de commencer un repas sans leur en offrir d'abord les prémices. Cette coutume était rigoureusement observée; y manquer eût été une profession d'athéisme. On offrait les prémices des mets à Vesta, déesse du foyer domestique, et ensuite à tous les autres dieux, et l'on terminait cette cérémonie pieuse par des libations, en versant quelques gouttes de vin en l'honneur des dieux. Les convives ne se présentaient à un banquet où ils avaient été invités qu'en robes blanches, ou d'une couleur claire; ils se couronnaient de fleurs, que le maître de la maison leur faisait apporter, et en ornaient leur tête, leurs bras, leur cou, et le lit sur lequel ils allaient se coucher. On attribuait l'invention des guirlandes à Prométhée, en souvenir des liens avec lesquels il avait été attaché pour avoir trop aimé les hommes. Parmi les fleurs de ces guirlandes se trouvaient toujours des roses, que l'on considérait comme l'emblème du silence : la présence de cette reine des fleurs rappelait aux convives que les doux épanchements nés de la liberté qui règne dans les banquets devaient être sacrés, et que les propos de table ne devaient jamais franchir le seuil de la salle.

Les convives, dans les festins, se partageaient différentes fonctions : la principale était celle du *roi*, que l'on élisait ordinairement par le sort; il était chargé de maintenir le bon ordre et de régler le nombre des coups que devait boire chaque convive. Il y avait aussi le distributeur, chargé de découper les mets et de veiller à ce qu'ils fussent distribués par parts égales aux convives. Cet usage remontait, dit-on, à l'époque où le gland fut abandonné pour le blé. Celui-ci, assez rare alors, devenait l'occasion de disputes fréquentes dans les festins : pour prévenir ces disputes, un homme fut chargé de distribuer à chacun sa portion ; de là l'expression de *daïs aïsê*, repas à portions égales, que l'on trouve fréquemment dans Homère. Dans les premiers temps, les convives les plus distingués avaient droit aux meilleurs morceaux.

Dans les siècles héroïques, les fonctions d'échanson étaient confiées aux hérauts ; plus tard, ce furent des jeunes gens de l'un et l'autre sexe, souvent même de toute naissance, qui en furent chargés. La beauté et l'adresse étaient les conditions exigées pour cet emploi : on voulait que, par leur présence, les yeux fussent charmés, comme les autres sens l'étaient par le repas. Les coupes étaient fort grandes; vers la fin du repas, on en changeait, pour en prendre de plus grandes encore. Elles étaient en corne, en argent ou en or, selon la richesse de l'amphitryon. On les ornait de guirlandes, et il était d'usage de les remplir jusqu'au bord. Le maître de la maison buvait successivement à la santé de chacun de ses convives, ce qu'il faisait en effleurant d'abord sa coupe de ses lèvres, et en l'envoyant ensuite à celui à la santé duquel il buvait, et qui devait répondre à cette politesse en buvant à son tour un peu de cette coupe ; on buvait aussi à la santé des amis absents, ou en l'honneur des dieux, des trois Grâces ou des neuf Muses : on vidait alors sa coupe complètement, ce qui se répétait à chaque santé pareille. Les convives disputaient parfois entre eux le prix de l'intempérance. On voit, d'après ces usages, que les Grecs étaient, en général, fort adonnés à la boisson; aussi quelques législateurs firent-ils des lois à ce sujet. A Athènes, une loi de Solon permit de mettre à mort un archonte surpris en état d'ivresse, et les citoyens convaincus de l'habitude d'ivrognerie étaient punis par l'Aréopage. Lycurgue, pour mieux maintenir les Spartiates dans les bornes de la tempérance, défendit, par une loi, de faire porter un flambeau devant soi à la sortie d'un repas. Le spectacle dégoûtant d'un esclave qu'on enivrait à dessein, et qu'on leur jetait quelquefois sous les yeux lorsqu'ils étaient encore enfants, leur inspirait en outre une profonde aversion pour l'ivresse. Leur âme était d'ailleurs trop fière pour consentir jamais à se dégrader. Tel est l'esprit de la réponse d'un Spartiate à quelqu'un qui lui demandait pourquoi il se modérait dans l'usage du vin : « C'est, lui dit-il, pour n'avoir jamais besoin de la raison d'autrui (1). » Quelques autres législateurs, plus indulgents, permirent de vider jusqu'à trois coupes dans un repas : la première, pour apaiser la soif; la seconde, pour exciter à la gaîté; la troisième, pour disposer au sommeil.

Loin de rechercher, comme les modernes, à maintenir le vin frais pour le boire tel, les anciens, et surtout les Romains, le faisaient chauffer, en y mêlant des épices. Les vins les plus estimés étaient, chez les Grecs, ceux de Crète, de Chypre, de Lesbos et de Chio; et chez les

---

(1) V. Barthélemy, Voyage du jeune Anacharsis, tome IV, p. 172, édit. de 1822, in-8°.

Romains, ceux de Cécube, de Calène, de Massique, de Formies et de Falerne. Celui-ci, quand il était vieux, était trop fort pour être servi pur, et on le coupait toujours soit avec de l'eau, soit plutôt avec d'autre vin, auquel il communiquait son parfum. Ce n'était pas à la cave, mais au grenier, qu'on conservait les vins : on parvenait à le faire arriver ainsi à l'âge de cent ans et davantage. Pline dit même qu'il en but qui avait deux cents ans, et qui avait pris le goût du miel.

Dans les premiers temps, le vin était fort rare à Rome, et n'était guère d'usage que dans les cérémonies religieuses. Il était alors défendu aux jeunes gens d'en boire avant trente ans; quant aux femmes, il y avait peine de mort pour celle qui en buvait. Ces dispositions furent abrogées de bonne heure.

Les personnes qui venaient à un repas sans avoir été invitées, mais amenées par l'un des invités, s'appelaient *ombres*. Il y en avaient d'autres qui faisaient profession de se présenter aux banquets et à la table des riches, et qui vivaient à leurs dépens. Il n'y avait guère de personnes opulentes qui n'en eussent plusieurs d'attachés à leur personne. Ces malheureux payaient la triste hospitalité qu'ils recevaient par leurs bons mots, par leurs bouffonneries et par leur patience à supporter les railleries, les mépris et souvent les coups du maître de la maison et de ses convives.

En entrant dans la maison où se donnait le repas, les convives étaient reçus et salués par le maître. On se saluait en se donnant réciproquement la main droite. Une autre espèce de salut consistait encore à baiser les lèvres, les mains, les genoux ou les pieds de la personne que l'on saluait, selon le plus ou moins de respect qui lui était dû. Le salut que l'on faisait à la personne que l'on abordait en suppliant consistait à lui prendre le menton. On embrassait les enfants en les prenant et en les tenant par les deux oreilles.

Les convives ne se plaçaient point à table dès leur arrivée, ce qui eût été un signe de mauvaise éducation. Ils se promenaient d'abord quelque temps dans la salle en considérant les apprêts du festin, et en donnant à leur hôte des éloges sur la distribution du local et des ameublements.

C'était une coutume d'avoir dans les salles à manger de vastes buffets, sur lesquels on étalait des vases précieux et une grande quantité d'argenterie.

On ne se présentait à un festin qu'après s'être frotté d'huile et de parfums. On se lavait les mains après chaque service. Chez les riches, on faisait usage de serviettes, tantôt en lin, tantôt en laine; chaque convive apportait la sienne, ce qui donnait lieu à une grande rivalité de luxe. Chez les autres gens, et dans la haute antiquité, on s'essuyait les mains avec de la mie de pain.

Le nombre des convives était, d'ordinaire, peu nombreux. A Athènes, une loi défendait d'en réunir plus de trente et un. Les femmes n'assistaient jamais aux banquets des hommes.

Vers la fin du repas, on introduisait de jeunes filles et des joueuses d'instruments, et l'assemblée entière commençait à danser. Cet exercice était un délassement pour lequel les Athéniens étaient passionnés. On servait alors certaines friandises réservées pour ce moment : des cigales confites, des tranches de radis confits dans le vinaigre et la moutarde, des olives, etc. Ce nouveau service était accompagné de larges coupes de vin que l'on faisait circuler.

Dans les premiers siècles, lorsque les chants et les danses étaient terminés, les convives se livraient aux exercices de la lutte, de la course, du disque ou de l'équitation.

A Rome, on commençait le repas par des œufs, et on le terminait par des fruits. Les grands repas étaient ordinairement de deux services; il y en avait cependant qui étaient de trois, quatre, et même huit services.

Au premier service, on servait des mets destinés à aiguiser l'appétit, et du vin mêlé avec du miel.

Les pauvres se nourrissaient de sauterelles et de feuilles d'arbres; quant aux riches, le catalogue de leurs mets s'étendit avec le progrès de la corruption. L'orateur Hortensius fit paraître, le premier, sur sa table un paon. Le faisan, le rossignol, la grue, la poule de Guinée, les chevreaux d'Ambracie, et surtout les poissons, ornaient les tables somptueuses. Parmi ceux-ci, la murène et la lamproie, et les huîtres de Brindes, étaient mises au premier rang.

Nous n'avons plus aujourd'hui de notions bien précises sur les espèces de poissons que les anciens désignaient par les noms de murènes et de lamproie : on sait seulement que les Romains en faisaient le plus grand cas, qu'ils en nourrissaient dans des viviers, et, chose horrible à dire, qu'ils donnaient en proie à ces poissons des malheureux qu'ils faisaient jeter dans leurs viviers, sous les plus frivoles prétextes. Antonia, femme de Drusus, avait pris une sorte de passion pour une de ses murènes; elle ornait de boucles d'oreilles d'or les ouïes de ce poisson. On sait que l'orateur Hortensius, l'émule de Cicéron, pleura la mort d'une murène chérie, qu'il eut le malheur de perdre dans sa piscine de Bauli, près de Baïa.

Les riches Romains avaient coutume de faire apporter sur leurs tables des poissons vivants, qu'ils se plaisaient à voir expirer lentement sous leurs yeux.

Qui ne connaît l'histoire du fameux poisson de Domitien? Des pêcheurs avaient pris un turbot d'une taille monstrueuse; ils l'apportèrent au maître d'hôtel de Domitien. Ce présent mit ce prince dans un embarras extrême : aucun vase n'était assez vaste pour contenir ce poisson, soit pour l'y faire cuire, soit pour l'apporter sur la table. Domitien, qui détestait le sénat romain, et qui ne laissait échapper aucune occasion pour lui faire éprouver les effets de sa haine ou de son mépris, saisit celle que lui offrait l'embarras où le jetait ce turbot, et il ne craignit pas de proposer cette difficulté à résoudre à l'auguste assemblée. Mais le sénat était tombé dans un tel état de dégradation et de prostration morale qu'il ne s'y trouva pas une voix qui osât s'élever contre l'indigne humiliation que le prince infligeait au premier corps de l'État; et l'on vit les successeurs des Caton et des Brutus délibérer gravement sur la manière d'apprêter un turbot.

Nous nous ferions difficilement aujourd'hui une idée du luxe que les Romains des derniers temps de la république et sous l'empire déployaient dans leurs repas, et des excès horribles auxquels ils se portaient. On vit couvrir les tables de nappes en lin, rayées de pourpre, et même en drap d'or. Les repas se prolongèrent pendant des journées entières, d'un coucher de soleil à l'autre. Quand un convive se sentait rassasié, il prenait d'un vin léger et fade, que l'on tenait prêt à cet usage, et qui, en provoquant un vomissement, le mettait en état de recommencer, comme s'il n'avait ni bu ni mangé. Un simple particulier, Apicius, dépensa en excès de table la somme énorme de onze millions six cent vingt-cinq mille francs : voyant qu'il ne lui restait plus que dix-neuf cent trente-sept mille cinq cents francs, il prit le parti de s'empoisonner, ne se considérant plus comme ayant de quoi vivre. Un acteur fameux, nommé Esopus, servit un jour dans un festin un plat qui avait coûté près de vingt mille francs. Les frais d'un repas ordinaire de Lucullus, même lorsqu'il n'avait que peu de monde à table, s'élevaient à près de quarante mille francs. Cicéron et un de ses amis, ne pouvant croire à une telle prodigalité, voulurent s'en assurer par leurs propres yeux. Ils se rendirent un jour chez le célèbre vainqueur de Mithridate, sans l'en avoir fait prévenir, et arrivant chez lui quelques instants avant qu'il ne se mît à table, ils lui demandèrent à souper. Lucullus ne commanda rien de plus que son ordinaire à son maître d'hôtel; il se contenta de lui ordonner de servir dans la salle dite d'*Apollon*. Cicéron et son ami y trouvèrent un repas d'une magnificence extraordinaire; ils n'avaient point vu cependant Lucullus donner d'ordre à ses gens pour qu'ils ajoutassent à l'éclat de son ordinaire. Dans l'excès de leur surprise, ils ne purent s'empêcher de lui témoigner leur sentiment à cet égard. « Quand j'ordonne de servir dans la salle d'Apollon, leur répondit-il, cela signifie que les frais du repas doivent s'élever à quarante mille francs. » Son maître d'hôtel servit un jour un souper de moindre valeur, sous prétexte qu'il n'avait point d'invités ce jour-là : « Ne sais-tu pas, lui répondit l'opulent romain, que Lucullus soupe aujourd'hui avec Lucullus (1)? »

Le jeune Hélagabale dépensa à un seul souper une somme de près de six cent mille francs; et Caligula, deux millions. Qui n'a entendu parler de l'effroyable voracité de l'empereur Vitellius? Il avait inventé un mets extraordinaire, composé de l'assemblage de tous les mets les plus rares et les plus délicats, et pour lequel il avait fait fabriquer un plat spécial, d'une énorme dimension, qu'il appela le bouclier de Minerve. Lors de son entrée à Rome, son frère lui donna un repas où l'on servit, entre autres mets, deux mille poissons des plus rares et sept mille oiseaux. Aucun de ses repas ne coûta jamais, depuis son

---

(1) On sait que c'est à Lucullus que nous devons les cerises, qu'il apporta de Cérasonte, dans le Pont, au bord de la mer Noire.

arrivée au principat, moins de soixante-dix-sept mille francs; et, pendant le peu de mois que dura son règne, il dépensa pour sa table la somme prodigieuse de cent soixante-quatorze millions.

Des lois somptuaires essayèrent, à plusieurs reprises, de remédier à ces effroyables abus; mais que peuvent les lois quand ceux qui sont chargés de les faire observer les violent les premiers ?

DEUXIÈME PARTIE.

DES MONUMENTS.

CHAPITRE PREMIER.

DE L'ARCHITECTURE CHEZ LES GRECS.

On divise généralement l'histoire du développement des beaux-arts chez les Grecs en trois époques principales, empruntées aux caractères divers qu'ils affectèrent dans chacune de ces époques.

La première, qu'on peut appeler celle de *l'ancien style*, s'étend depuis la naissance de l'art jusqu'à Phidias;

La seconde, qui est celle du *grand et du beau style*, s'étend de Phidias à Praxitèle;

Enfin la troisième, celle du *style gracieux*, va de Praxitèle à Lysippe et à Apelles.

Après cela, il n'y a plus proprement d'époque pour l'art, parce qu'il ne produit plus rien de nouveau ni d'original, et qu'il n'offre plus que des répétitions ou des réminiscences, plus ou moins estimables, des chefs-d'œuvre des époques antérieures.

La première époque de l'art doit elle-même se subdiviser en deux périodes différentes.

On conçoit en effet que les travaux des sociétés naissantes appartiennent plutôt à l'industrie, inspirée par les besoins de la vie matérielle, qu'à l'art, qui est toujours l'expression d'une civilisation avancée. L'industrie n'exige que de l'instinct et de l'intelligence; l'art procède à la fois de l'imagination, de l'étude et du génie. Avant d'élever des temples à Dieu et de les orner des productions de la nature et de l'art, les premiers hommes durent songer à se construire des habitations pour se mettre à l'abri des intempéries des saisons, et à se fabriquer des ustensiles de travail, pour se procurer des aliments. De là, pour l'art en général, et pour l'art grec en particulier, une première époque de tâtonnements et d'informes essais, qui n'ont avec l'histoire de l'art d'autre rapport que celui de titres généalogiques. La seconde période renferme la suite et le développement de ces travaux, produits sous des inspirations plus heureuses, au moyen d'études et de procédés plus habiles. La première de ces périodes s'étendrait jusqu'au temps de Crésus et de Polycrate; la seconde, depuis cette époque jusqu'à celle des guerres médiques.

PREMIÈRE ÉPOQUE DE L'ART GREC.

PREMIÈRE PÉRIODE :

ORIGINES.

Les plus anciens monuments artistiques de la Grèce sont attribués aux Pélages, l'un des trois peuples qui s'établirent les premiers dans la Grèce (1). Ces monuments sont connus sous le nom de *monuments cyclopéens* ou *pélasgiques*. Ils se font reconnaître à des caractères particuliers : tantôt les blocs en sont bruts, tantôt les pierres en sont taillées; mais ni les uns ni les autres ne sont unis par du ciment, et ils présentent partout des polygones irréguliers. On étend d'ailleurs, en outre, la dénomination de monuments cyclopéens à tous les ouvrages où l'on trouve des formes hardies et gigantesques, des matériaux d'une dimension extraordinaire, des blocs qui semblent n'avoir pu être mus et placés que par une force surhumaine, par une mécanique plus puissante que la nôtre. Mais on restreint la dénomination de pélasgiques à ceux de ces monuments où l'on trouve des pierres taillées en polygones irréguliers. On rencontre de ces monuments dans toutes les contrées de la Grèce.

---

(1) Les deux autres peuples sont les Hellènes et les Curètes.

Quelques détails sur les principales de ces constructions ne paraîtront peut-être pas sans intérêt.

Parmi ceux-ci, il faut placer en premier lieu, comme chez tous les peuples, les tombeaux que les Pélasges élevèrent, dès les plus anciens temps, aux personnages dont ils voulaient conserver ou consacrer la mémoire. Ce ne furent d'abord que des monceaux de terre; plus tard on les revêtit de pierre et de marbre. Ceux que l'on cite sont au nombre de quatre, seuls monuments de ce genre que nous ait transmis la période pélasgique, bien qu'elle eût duré quatre siècles environ : ce sont ceux de Phoronée, de sa femme Cerdo et de son fils Argus, à Argos, et celui de Kar, fils de Phoronée, entre Argos et Mégare. Les temples pélasgiques sont encore moins nombreux. Une esclave égyptienne, vendue en Thesprotie par des marchands phéniciens, établit en Grèce le plus ancien oracle et le plus ancien temple, à une époque si reculée que les Pélasges n'avaient pas même encore donné de noms à leurs dieux, ou plutôt que, conservant encore les souvenirs fidèles de la première croyance des hommes, ils ne reconnaissaient pas de pluralité des dieux. Cet oracle n'était qu'une chaire grossière, et ce temple, une chapelle de branches et de feuillage.

Outre les quatre tombeaux et deux temples pélasgiques que le temps a respectés, on trouve encore sur ce sol de la Grèce, malgré toutes les révolutions qui y ont passé, plusieurs autres monuments importants de cette époque : tels sont la tour d'Ogigès à Thèbes; une portion des murs des deux Orchomènes de Béotie et d'Arcadie, et de ceux d'Argos, de Tyrinthe, de Mycène, etc.

Les premières idoles de la Grèce furent des pierres qu'on supposait tombées du ciel. Ces pierres, révérées à ce titre comme des manifestations ou des images de la divinité, étaient de véritables aérolithes, que l'on révéra toujours sous cette forme primitive, même à côté des chefs-d'œuvre de Phidias et de Praxitèle.

A côté de ces pierres brutes, se distinguaient, par le même mérite de vétusté, des souches de bois grossièrement façonnées, véritables fétiches, par lesquelles le culte des anciens Pélasges pouvait s'assimiler à celui des Samoyèdes. C'est ainsi que la fameuse Junon d'Argos était faite d'un tronc de poirier sauvage et d'une médiocre grandeur. Au second siècle de notre ère, cette idole informe recueillait encore les hommages de la Grèce, à côté de la Junon de Polyclète, colosse d'or et d'ivoire, chef-d'œuvre de l'art et de son auteur.

Sans doute aux motifs de superstition qui faisaient ainsi conserver à travers tant de siècles ces simulacres informes se joignait, chez les Grecs, un sentiment de complaisance et de vanité nationale, lorsque, considérant la première ébauche de l'art placée près d'un de ces chefs-d'œuvre, ils embrassaient d'un coup d'œil l'espace immense qu'ils avaient parcouru dans le domaine de l'imitation.

Une autre source à laquelle on peut encore peut-être rattacher l'origine de la statuaire en Grèce consiste, du moins pour une certaine classe d'antiquaires, dans les colonnes que les Phéniciens dressaient à l'entrée de leurs factoreries, et auxquelles ils attachaient l'idée de leur dieu national *Thot* ou *Theut*. Les Grecs mirent une tête sur ce pilier, et formèrent ainsi leur Hermès. Et, comme l'Attique avait, plus que toutes les autres parties de l'antique Hellade, reçu de ces factoreries phéniciennes, elle fut aussi, plus qu'aucune autre, remplie de ces statues : elles devinrent, sous les Pisistratides, le principal ornement d'Athènes, au point que cette ville en fut nommée *la ville des Hermès*, et que le mot *hermoglyphe* (*sculpteur d'Hermès*) y fut long-temps le seul mot employé pour désigner toute espèce de statuaire.

Plus tard, cette forme d'idoles se compliqua : on plaça deux têtes sur un même socle : une tête d'homme et une tête de femme, le *soleil* et la *lune*, *Zan* et *Zana*, vieux mots grecs, dont les Romains firent Janus et Diane. Cette forme antique et simple encore se modifia par la suite, et de nouvelles associations de deux têtes sur le même tronc se formèrent, principalement avec celle d'Hermès; et l'on eut les Hermathènes (*Hermès* et *Athènè*, nom grec de Minerve); les Herméraclès (*Hermès* et *Héraklès* ou Hercule); les Hermérotes (*Hermès* et *Héros*, l'Amour); les Hermaphrodites (*Hermès* et *Aphrodité*, nom grec de Vénus). Puis, par un progrès merveilleux, l'union de la statue d'Hermès avec celle de Vénus ne se fit plus dans une statue à deux têtes, mais dans une statue à une seule tête, où se fondent et s'amalgament dans une même physionomie les propriétés diverses, les caractères distincts du visage de l'homme et de celui de la femme.

Des combinaisons plus étranges se formèrent encore, sous la double influence de l'imagination et de cette maladie de l'âme humaine que l'on nomme l'idolâtrie : de même qu'en Egypte, on associa la forme humaine avec celle de l'animal. Mais ici apparaît une différence bien remarquable entre l'art égyptien et l'art grec : dans celui-là, c'est toujours la tête de l'animal qui est placée sur le corps humain, tandis que, au contraire, dans les productions de l'art grec, c'est une tête humaine placée sur un corps d'animal qui constitue l'idole ; ce qui sauve, en partie du moins, la difformité la plus choquante de ces monstrueuses combinaisons, et permet même de produire, au moyen d'une foule de gradations et de nuances délicates, l'apparence d'êtres simples et réels, doués de tous les organes de l'intelligence, et presque vraisemblables. C'est ainsi que, dans ses représentations, l'art grec laisse toujours dominer l'homme dans le mélange des deux natures, à la différence des Egyptiens, qui mettaient l'homme en bas, et la bête en haut. Une seule image fait exception à cette règle, c'est l'image du Minotaure ; mais cette image n'est point d'origine grecque, elle a été puisée aux mêmes sources que l'art égyptien : dans les mythes de l'Orient.

Tels furent les premiers pas de la Grèce dans la carrière des arts plastiques : dans l'architecture, des constructions gigantesques mais grossières ; dans la sculpture et la peinture, des statues formées d'une ou deux têtes placées sur un tronc d'arbre à peine dégrossi, sans distinction de bras ni de jambes. Plus tard, c'est-à-dire vers le quatorzième siècle avant notre ère, on prit la coutume d'habiller d'étoffes brillantes ces simulacres, afin d'en déguiser l'imperfection des formes, ou bien de les teindre de diverses couleurs, pour leur tenir lieu de ces vêtements et de ces formes. Ces statues se nommaient *dædala*, nom générique de toute œuvre d'art ingénieusement travaillée. Les dieux et les déesses eurent dès-lors, comme la plupart des personnes opulentes, des femmes et même une classe particulière de prêtres chargés de les habiller et de les déshabiller (1).

Cette coutume se conserva même aux plus beaux temps de la Grèce. Denys le Tyran dépouilla le Jupiter Olympien de Syracuse de son *manteau d'or*, sous prétexte qu'il était trop lourd pour l'été et trop froid pour l'hiver, et le remplaça par un *manteau de laine*, qu'il représenta comme mieux approprié aux influences diverses de ces deux saisons. Une des considérations qui déterminèrent le gouvernement d'Athènes à prodiguer l'or dans les ornements et les vêtements de la Minerve du Parthénon, c'était la pensée que, dans un besoin pressant d'argent, on trouverait dans la dépouille de l'idole des ressources toutes prêtes. Parfois enfin la draperie n'avait d'autre objet que de déguiser soit l'imperfection de la statue, soit la grossièreté de la matière.

Mais cette pratique eut une influence décisive sur les

---

(1) Tertullien, De Jejuno. *Voir* aussi M. Raoul-Rochette, Cours d'Archéologie, 1828, leçons 6 et 7.

caractères et la destinée de l'art grec. En effet, contrairement à l'opinion généralement admise de notre temps, le marbre fut la matière la moins employée par la statuaire grecque, dans les plus beaux temps et pour les plus grands ouvrages de l'art. Il ne nous est guère parvenu, à la vérité, que des ouvrages de marbre; mais cette circonstance tient uniquement à ce que, le marbre n'ayant aucune valeur par lui-même, les barbares qui ont détruit les monuments antiques n'avaient aucun intérêt à s'arrêter aux ouvrages faits de cette matière. Les anciens avaient un goût on ne peut plus prononcé pour la sculpture polychrôme, c'est-à-dire ornée de plusieurs couleurs ou de plusieurs matières, ainsi qu'on le verra par les détails dans lesquels nous entrerons plus tard sur ce sujet. La Vénus de Médicis avait les cheveux dorés; l'Apollon du Belvédère était couvert de couleur et de dorures. Outre la beauté qu'ils trouvaient dans cette disposition, les Grecs y rencontrèrent encore un avantage, l'avantage immense de conserver le marbre, et d'en garantir la surface de ces effets de l'humidité qui gâtent et corrompent nos statues modernes.

Il ne reste aucun document historique bien précis sur Dédale et ses travaux; mais tout fait croire qu'à une époque assez reculée, il s'est trouvé un homme doué d'un génie extraordinaire, qui, prenant d'une main vigoureuse la direction de l'art, et lui imprimant une énergique impulsion, en aura reçu le nom, et se sera appelé Dédale, parce qu'on aura confondu, ou parce qu'il aura concentré et absorbé en lui-même les travaux de ses contemporains, et peut-être aussi de plusieurs générations d'artistes antérieurs ou postérieurs. Cet homme, qui sera devenu la personnification vivante de l'art, a fait école, et ses disciples, portant avec eux son nom et se couvrant de sa gloire, semèrent leurs œuvres dans la Grèce, dans l'Italie et dans les îles de la Méditerranée. Le nom de Dédale devint dès-lors le nom patronymique de cette école d'artistes, sans doute athéniens. Quant à la source où le maitre et les élèves puisèrent leurs connaissances et leurs inspirations, on ne saurait douter que ce ne fût l'Orient, et principalement la Phénicie et l'Egypte, témoin les renommées de leurs œuvres, le taureau et le labyrinthe de Crète.

Mais ce qui doit, avant tout, fixer ici notre attention, c'est le caractère propre des figures dédaléennes : nous avons vu, en effet, qu'avant cette école, tout l'art de la statuaire se bornait à placer une tête, plus ou moins grossièrement taillée, sur un tronc d'arbre à peine équarri. Dans les statues de l'école de Dédale apparait déjà un progrès des plus importants; le corps des statues prend la forme humaine, comme la tête; les bras s'isolent du corps, les jambes se détachent l'une de l'autre, les yeux s'ouvrent, et l'œuvre entière prend l'apparence du mouvement et de la vie.

Quelques auteurs font mention d'un autre genre de monuments dédaléens, de figures de bois mobiles, mises en mouvement au moyen de vif argent dont on en remplissait l'intérieur : c'étaient des espèces de marionnettes, qu'on employait surtout dans les fêtes de Bacchus pour produire certains effets de pantomime. Platon en fait une mention expresse dans le Ménon (1), et les nomme figures dédaléennes. Mais, comme il serait absurde de supposer que des marionnettes de cette espèce avaient été conservées depuis les temps de Dédale jusqu'à ceux de Platon, c'est-à-dire pendant neuf siècles, il est évident que, dans le langage populaire de la Grèce, le nom de figure dédaléenne était devenu le synonyme de figure mobile.

Quant au style de ces monuments, une observation aussi fine que profonde d'un auteur ancien nous suffira pour le caractériser : « Il y a, dit Pausanias, dans toutes ces œuvres de Dédale quelque chose qui répugne à la vue, et néanmoins quelque chose aussi de divin. » « C'est justement, dit, à ce sujet, M. Raoul-Rochette, l'effet que produisent tous ces simulacres d'ancien style, tels que ceux de l'Egypte, lesquels offrent, précisément parce qu'ils n'ont rien ou presque rien d'imitatif, parce que le dessin en est entièrement privé de détail, je ne sais quoi de grandiose, de colossal, qui frappe, qui impose, qui sied à une idole, en même temps qu'il choque nos regards, et qu'il répugne à notre goût. »

L'école de Dédale ne s'éteignit point à la mort de ce maître; elle lui survécut même pendant plusieurs siècles, et il se forma sans doute une famille de Dédalides, comme il s'était formé des familles d'Homérides et d'Asclépiades,

---

(1) Voir tome VI, p. 223 de la traduction de M. Cousin.

qui se perpétuaient, non par le sang et l'hérédité, mais par l'adoption et l'enseignement. C'est ainsi que l'on voit cités dans l'histoire comme *fils* ou comme *disciples* de Dédale des artistes qui vécurent cinq ou six siècles après ce maître, et qui ne peuvent, par conséquent, être regardés comme ses *enfants* que dans le sens moral de ce mot.

Un de ces disciples, et des plus anciens, Smilis d'Egine, fonda dans sa patrie une école célèbre, qui demeura toujours fidèle aux traditions fondamentales des Dédalides, sans toutefois repousser aucun des perfectionnements techniques qui devaient être le fruit naturel du progrès des temps, de ce long et traditionnel enseignement qui s'étendit à travers plusieurs siècles, et sous l'influence de degrés divers de civilisation. Nous possédons aujourd'hui encore plusieurs monuments de cette école d'Egine, qui nous permettent de déterminer avec toute la rigueur désirable tous les caractères de son style, et sans doute aussi de la grande école dont elle fut le plus brillant rameau.

Ces caractères consistent d'abord dans certaines formes fixées par l'autorité politique ou religieuse, et qui se maintenaient purs de toute atteinte et de toute altération étrangère; en second lieu, dans la perfection progressive et toujours croissante des détails : de là un heureux mélange d'autorité et d'indépendance, qui, tout en imprimant aux productions de l'art un caractère fixe et déterminé, laissait cependant au génie de l'artiste une large et libre carrière, dans l'union intime de ce type hiératique ou politique avec la vérité des détails, avec une imitation de jour en jour plus parfaite de la nature. L'antique forme de l'idole devait toujours être reconnaissable, pour rester toujours vénérable aux yeux des peuples; mais, en même temps, l'artiste devait imprimer à cette forme convenue, à ce fond commun, le cachet de son siècle et de son génie, et obéir à la religion sans abdiquer son indépendance.

Parmi les monuments les plus remarquables de cette époque, on ne saurait omettre de faire mention du célèbre coffre de Cypsélus, dont Pausanias nous a laissé une description aussi précise que détaillée. Cypsélus était un habitant de Corinthe, qui s'empara du souverain pouvoir dans sa patrie vers le milieu du septième siècle avant Jésus-Christ. Il était encore dans la plus tendre enfance, lorsque les ennemis de sa maison le recherchèrent un jour pour le tuer : dans ce pressant danger, sa mère le cacha dans un coffre qui lui servait de berceau. Devenu homme et tyran de Corinthe, Cypsélus se souvint de cette circonstance, et déposa ce coffre à Olympie, dans le temple d'Héré (Junon), comme un monument de son salut. Ce coffre était de bois de cèdre : le dessus et les quatre faces étaient ornés de sculptures en relief, les unes exécutées dans le cèdre même, les autres en ivoire et en or; elles représentaient des batailles, des jeux, des sujets relatifs aux siècles héroïques, et étaient accompagnées d'inscriptions en lettres grecques. Plusieurs de ces sculptures ont une valeur symbolique : telle est celle qui représente une femme auprès de deux enfants, dont l'un veille et l'autre est endormi. Le grand interprète du symbolisme antique, Court de Gébelin, s'est attaché avec un soin tout particulier à expliquer le sens de cette petite scène. Dans la femme et dans les emblèmes dont l'entoure Pausanias, il voit l'image symbolique de la nuit éternelle, du chaos; dans l'enfant qui veille, il voit la figure du jour : l'enfant a les yeux à moitié fermés, à cause de la lumière du jour qui l'éblouit; enfin l'enfant qui dort est l'image de la nuit, temps de sommeil pour l'homme (1).

Mais il est une mine infiniment plus curieuse et plus abondante que toute autre en fait de documents sur l'état des arts dans la Grèce à cette époque reculée : ce sont les poèmes d'Homère, cette inépuisable encyclopédie du douzième siècle avant notre ère. Il est vrai qu'elle est si connue qu'il serait peut-être superflu d'insister sur toutes les richesses archéologiques qu'une lecture attentive y fait découvrir presque à chaque pas. Qui n'a lu la description si détaillée et si intéressante du palais d'Alcinoüs et de celui d'Ulysse, celle des murailles et des édifices de Pergame, et celle enfin du camp des Grecs? L'histoire de la sculpture y trouverait, à son tour, une foule de travaux en bois, en métal et en ivoire, dont plusieurs y sont donnés comme sortis de la main même de Vulcain, et dont la poétique description atteste déjà un si grand perfectionnement dans les arts plastiques. La description du bouclier d'Achille, bien que peut-être l'authenticité de ce magnifique morceau puisse paraître contestable à des

---

(1) Cours de Gébelin, le Monde primitif, tome 4, Hist. allégorique, civile et religieuse du Calendrier, Livre III, chap. 2.

juges sévères, n'en est pas moins le monument le plus curieux et le plus complet, aussi bien que l'un des plus anciens, de l'histoire des arts en Grèce. C'est aussi le monument le plus ancien de la peinture, qui s'y trouve non point existant par elle-même, mais combinée habilement avec la sculpture par l'alliance de métaux diversement colorés, qui produisent, par leurs nuances, une suite de tableaux à la fois peints et sculptés (1).

On n'est point d'accord sur l'origine des arts du dessin et de la peinture. On a prétendu d'abord qu'il n'existait point de trace de ces arts dans les poèmes d'Homère; nous venons de voir que c'était une erreur. Suivant une gracieuse tradition, le dessin fut inventé par Dibutade, fille d'un potier de Sycione, qui, désespérée du départ de son fiancé, résolut de conserver au moins son image, et traça sur un mur la silhouette de celui qu'elle aimait. D'autres récits exposent ce même fait avec des circonstances analogues. Pline prétend que ce fut un certain Sorias de Samos qui traça la première silhouette, en circonscrivant avec la lame de son épée, sur le sable, l'ombre de son cheval. Il explique d'une manière semblable l'invention du bas-relief : Coré de Sicyone, fille du statuaire Dibutade, établi à Corinthe, trouvant son fiancé endormi, la tête appuyé contre une muraille qui

---

(2) *Voir*, pour toute la partie précédente de ce chapitre, M. Raoul-Rochette, Cours d'Archéologie professé à la Bibliothèque du Roi, en 1828, Leçons 6, 7, 8 et 9.

était éclairée par le soleil, traça à la hâte la silhouette du jeune homme, et pria son père de mouler avec de l'argile les formes intérieures de cette simple délimitation. L'invention de l'art de peindre est attribuée tout à la fois à Cléanthe de Corinthe et à Craton de Sicyone. Ils virent, dit-on, réfléchie sur une table de marbre poli, l'image de deux personnes, et ils eurent l'idée de reproduire cette image avec des couleurs. Quant à la sculpture, nous avons vu que l'invention en était attribuée à Dédale.

PREMIÈRE ÉPOQUE.

DEUXIÈME PÉRIODE,

DEPUIS LA CINQUANTIÈME JUSQU'A LA QUATRE-VINGTIÈME OLYMPIADE.

PREMIÈRE PARTIE.

CONSIDÉRATIONS GÉNÉRALES SUR L'ART GREC.

Ce fut une belle époque, dans l'histoire de la Grèce, que la période qui s'écoula pendant les cent vingt ans à peu près dont nous allons nous occuper; ce fut comme l'aurore brillante du siècle de Périclès, et plus d'un peuple, moins avide de gloire que les Grecs, s'en fût contenté, et n'eût point aspiré à des destinées plus hautes encore. Cette période fut signalée en effet par les travaux d'une foule d'hommes remarquables dans toutes les sphères dans lesquelles il est donné à l'esprit humain de se développer. Alors parurent presque simultanément Pythagore et les sept sages, Solon, Pindare, Simonides. Polycrate s'immortalisait à Samos; Athènes se remplissait d'Hermès, instituait les grandes Panathénées, et jetait, sous l'administration de Pisistrate, les fondements du temple de Jupiter Olympien. Mais c'est surtout dans les arts qu'éclate avec le plus de puissance ce rapide progrès qui se fait remarquer dans tous les éléments de la civilisation grecque à cette époque. Plusieurs causes y contribuèrent particulièrement : il ne sera peut-être pas sans intérêt de les indiquer au moins sommairement ici.

Une rivalité ardente s'était établie entre tous les peuples de la Grèce pour orner, à l'envi l'un de l'autre, les sanctuaires de leurs divinités; elle tourna au profit de l'art, et cimenta l'alliance antique et naturelle qui doit exister entre lui et la religion. L'idée barbare d'une religion iconoclaste ne fût point entrée dans la pensée de ce peuple si sensible aux charmes des beaux-arts; aussi le génie de l'imitation, sans cesse excité par les besoins du culte, et l'éclat du culte, favorisé à son tour par le concours magnifique des arts plastiques, allèrent-ils se développant et grandissant incessamment l'un par l'autre. De tout temps les temples de la Grèce servirent comme de musées, qu'enrichissaient les offrandes des particuliers et des États : c'étaient des statues, des tableaux, des vases, des trépieds, des armes, des trônes, des sièges, des tables et jusqu'à des coffres richement ornés et travaillés. Ces offrandes, à chacune desquelles restaient attachés le nom des donateurs, l'honneur des États ou l'orgueil des familles, présentaient, d'âge en âge, une succession de monuments du plus haut intérêt, et formaient comme les archives publiques et même privées de la Grèce, placées sous la garde des dieux mêmes.

Une autre cause fort importante du développement rapide que prirent les arts dans la Grèce vers la 50e olympiade, ce fut l'usage que l'on y adopta d'ériger des statues en l'honneur de ceux qui avaient été vainqueurs dans les jeux publics, particulièrement à ceux d'Olympie. Cet usage s'étendit non-seulement aux vainqueurs actuels, mais même aux vainqueurs passés : c'est ainsi que la statue d'OEbotas, qui avait remporté un prix dans la sixième olympiade, à une époque où cet usage ne subsistait pas encore, cette statue, disons-nous, fut exécutée et consacrée dans la 80e olympiade. On les érigeait dans l'Althis, bois sacré d'Olympie. Ces statues des anciens vainqueurs furent, à ce qu'il paraît, sculptées dans le style antique, *les pieds à peine séparés l'un de l'autre, et les bras descendant le long du corps, jusqu'au haut des cuisses,* c'est-à-dire sculptées dans le style hiératique des anciennes époques, des temps dédaléens. On conçoit sans peine que cet usage d'élever des statues aux athlètes vainqueurs dut favoriser puissamment les progrès de l'art, et en produire l'émancipation complète. Sortant ainsi de ses antiques habitudes, dépouillant le type consacré, appelé à représenter les hommes les mieux conformés, au sein de la plus belle race d'hommes qui fut jamais, l'art dut marcher désormais d'un pas rapide et sûr au but de ses brillantes destinées. Ce n'étaient plus de froides répétitions d'un type conventionnel qu'il avait à reproduire, mais la nature elle-même, la nature vivante, dans ses formes les plus belles, les plus harmonieuses; la réalisation la plus complète de la beauté idéale : il était désormais sur son véritable terrain.

Signalons enfin, pour terminer, une troisième et dernière cause qui dut aider aussi au progrès des arts plastiques dans la Grèce : c'était *l'étude du nu*. L'antiquité païenne n'a point connu ces délicatesses exquises de la pudeur, que la religion chrétienne a développées chez les peuples modernes ; l'art grec ne voilait aucune de ses images : ainsi tous les dieux, tous les demi-dieux, les génies, les héros, les athlètes, les hommes célèbres de toute condition, étaient représentés absolument *nus*, ou avec une partie de vêtement on ne peut plus exiguë. Les déesses seules étaient toujours vêtues, n'était quelquefois Vénus; et encore la nudité de la Vénus de Cnide, œuvre de Praxitèle, fut-elle regardée comme une innovation répréhensible. La chaleur du climat, le genre de costume en usage dans l'antiquité, et, plus que tout cela, l'habitude des exercices gymnastiques, tout s'unissait pour faire trouver aux Grecs la nudité moins étrange, moins choquante, et, pour ainsi dire, moins immorale qu'elle ne le paraît aux peuples chrétiens. Une considération particulière purifiait et ennoblissait même pour eux cet état : ils se représentaient Dieu *nu*, comme l'être qui a tout donné et qui n'a besoin de rien ; « car, dit Sénèque (1), ce n'est pas la richesse qui rend semblable à Dieu, car Dieu n'a rien ; et ce n'est pas non plus un vêtement de pourpre, car Dieu est nu. » Par un mouvement naturel, cette idée sur la nudité fut transportée des dieux aux hommes déifiés ; et, plus tard, on vit les Romains représenter dans cet état *d'une austère nudité*, selon l'expression d'un poète anglais, non-seulement leurs empereurs, auxquels elle convenait comme un signe d'apothéose, et des personnages déifiés, tels que l'infâme Antinoüs, mais encore de simples héros, auxquels cet excès d'honneur n'avait point été accordé, tels que Pompée et Agrippa.

Quelle que fût d'ailleurs la religion des Grecs, il est certain que le principal culte de ce peuple était celui de la beauté ; ce culte, ou plutôt cette passion, cet enthousiasme, s'allia heureusement chez eux avec les idées morales, avec les sentiments généreux. « O mon cher Socrate, s'écrie, dans le Banquet de Platon, l'étrangère de Mantinée, ce qui peut donner du prix à cette vie, c'est le spectacle de la beauté éternelle. Auprès d'un tel spectacle, que seraient l'or et la parure, les beaux enfants et les beaux jeunes gens, dont la contemplation et le commerce ont tant de charme pour toi !.. Je le demande, quelle ne serait pas la destinée d'un mortel à qui il serait donné de contempler le beau sans mélange, dans sa pureté et sa

---

(1) Epître 31.

simplicité, non plus revêtu de chairs et de couleurs humaines, et de tous ces vains agréments condamnés à périr; à qui il serait donné de voir face à face, sous sa forme unique, la beauté divine! Penses-tu qu'il eût à se plaindre de son partage celui qui, dirigeant ses regards sur un tel objet, s'attacherait à sa contemplation et à son commerce? Et n'est-ce pas seulement en contemplant la beauté éternelle avec le seul organe par lequel elle soit visible qu'il pourra y enfanter et y produire, non des images de vertus, parce que ce n'est pas à des images qu'il s'attache, mais des vertus réelles et vraies, parce que c'est la vérité seule qu'il aime? Or c'est à celui qui enfante la véritable vertu et qui la nourrit qu'il appartient d'être chéri de Dieu; c'est à lui plus qu'à tout autre homme qu'il appartient d'être immortel (1). »

La beauté, comprise ainsi, fait comprendre et peut-être amnistier le culte presque exclusif que la Grèce lui avait voué. Cette passion, poussée à l'excès, avait fait imaginer aux Grecs des institutions spéciales, et des jeux dans lesquels on disputait le prix de la beauté. Des honneurs incroyables lui étaient rendus, et, chez quelques peuples de la Grèce, elle constituait le sacerdoce de certaines divinités, et faisait même un dieu de toute personne qui la possédait à un haut degré. Un citoyen de Crotone,

---

(1) Platon, Banquet, tome VI, pages 317 et 318 de la traduction française. L'auteur a pensé que la merveilleuse beauté de ce passage rendrait le lecteur indulgent sur la longueur de cette citation et de l'espèce de digression qu'elle forme.

nommé Philippe, reçut, de son vivant même, les honneurs divins et des sacrifices des habitants de Ségeste en Sicile, uniquement parce qu'il était très-beau. Mais, répétons-le, rarement les Grecs séparèrent l'idée de bonté morale de celle de beauté : cette alliance entre ces deux idées était même tellement intime qu'elle avait passé dans la langue, et que, pour dire un homme de bien, ils disaient, en un seul mot formé de trois autres, un citoyen *beau et bon* (kalokagathos). L'épithète de beau était le plus beau titre que l'on pût mériter, l'éloge qui comprenait tous les autres; et Phidias, voulant éterniser la mémoire d'un de ses disciples, n'imaginait rien de mieux que d'inscrire sur la statue de Jupiter Olympien le nom de ce disciple avec l'épithète de beau. Le beau physique uni au beau moral offrait à l'esprit des Grecs l'ensemble le plus parfait, la réalisation la plus complète de l'idéal. Il est facile de comprendre que de telles idées, vulgarisées chez un peuple aussi heureusement disposé pour les arts que celui de la Grèce, et qui se montrait si passionné pour leurs productions, en même temps qu'il en offrait tant et de si heureux modèles, de telles idées, disons-nous, ne pouvaient manquer de produire les plus brillants et les plus glorieux résultats. Le caractère le plus éclatant de l'art grec, c'est la recherche, l'amour et l'expression aussi parfaite que possible du beau idéal, et l'horreur du laid. Les institutions mêmes favorisaient ce goût : ainsi les Thébains avaient fait une loi pour interdire aux artistes, sous les peines les plus sévères, de représenter des personnes laides et des sujets haïssables; les scènes d'un genre bas et ignoble la charge, la caricature, étaient retranchées de l'art, comme des outrages à la raison et au goût publics. Aristote prescrivait d'écarter des yeux des jeunes gens toutes les images laides et ignobles. Des personnes coupables, condamnées à mort, furent acquittées, réhabilitées fréquemment, par la seule raison qu'elles étaient belles. La vieillesse même devait être embellie lorsque les arts s'en emparaient; et les passions excessives, les mouvements violents, les grandes douleurs, le plus affreux désespoir, se montraient, non plus sous leurs formes naturelles, des traits contractés, des membres tordus ou roides, mais avec les caractères de beauté qui pouvaient leur être propres, sous les apparences de la résignation, ou d'un trouble qui n'avait rien d'incompatible avec les exigences de la grâce et de la beauté.

Toute expression qui, par sa nature ou par son excès, pouvait altérer la beauté soit des traits du visage, soit des formes du corps, était adoucie au point précis qui rendait la première sensible, sans nuire en aucune façon à la seconde. Jamais la *colère*, la *rage*, la *fureur*, le *désespoir*, portés à ce degré hideux qui déshonore la figure humaine, ne profanèrent les belles productions de l'art, bien que les passions les plus vives, les sujets les plus pathétiques, se montrassent fréquemment dans ces ouvrages. Prenons pour exemples deux des plus admirables monuments qui nous soient restés de l'art antique, et qui nous représentent, l'un les douleurs de l'âme, l'autre les douleurs du corps unies à celle de l'âme, et portées au plus haut degré d'intensité qu'il soit possible : la *Niobé* et le

Laocoon. Tout ce que le cœur d'une mère qui voit périr sous ses yeux toute sa famille, qui fait vainement de son manteau un dernier abri au dernier de ses enfants atteint dans ses bras d'un trait mortel; tout ce que ce cœur peut enfermer de plaintes, de douleurs, d'angoisses, n'est-il pas empreint dans tout le mouvement de cette admirable figure, dans toute la physionomie de cette tête sublime, sans que la justesse et la profondeur de cette expression diminuent en rien la beauté divine de ce personnage? Et cette beauté elle-même ne rend-elle pas, à son tour, la situation de Niobé plus pathétique, son malheur plus touchant, sa douleur plus pénétrante? L'admirerait-on de même, et la plaindrait-on autant si son visage était défiguré par toutes les angoisses qui la déchirent, si son regard étincelait d'imprécations, si sa bouche écumait de rage, si tous ses traits étaient en convulsion et en désordre? Enlaidie à ce point par le désordre, serait-elle plus intéressante à nos yeux? et ne perdrait-elle pas plutôt tout l'effet de son désespoir, en perdant tout le charme de sa beauté?

« Voyez Laocoon, déchiré, entre ses deux fils expirants, par des serpents qui les enlacent tous les trois, qui les infectent de leurs venins, qui les étouffent dans leurs étreintes : jamais tourments plus effroyables accablèrent-ils à la fois un homme, un père, un citoyen? jamais souffrances plus aiguës se manifestèrent-elles à un plus haut degré dans toutes les parties d'un corps humain? Cependant le sentiment de la plus haute beauté est encore empreint dans tous les détails de ce corps même en proie à des tortures si affreuses. Cette tête, qui exprime tant de douleurs, n'est défigurée par aucune de ces convulsions hideuses qui la rendraient insupportable à la vue. Tout est beau et tout est pathétique en lui, ou, pour mieux dire, tout y est pathétique, parce que tout y est beau (1). »

Ainsi ce qui caractérise l'art grec, c'est que l'expression y est subordonnée à la beauté, ou plutôt que la perfection en consiste dans la combinaison du plus haut dégré possible de *l'expression* avec le plus haut degré imaginable de la *beauté*. C'est là ce qui en fait la gloire; c'est aussi, sans aucun doute, ce qui en fait le mérite moral. Qu'y a-t-il au monde de plus analogue à la beauté morale que la beauté physique? L'une ne semble-t-elle pas le symbole naturel de l'autre? Mais la beauté physique est peut-être plus encore; et ne serait-il pas permis de dire que, considérée à un certain point de vue, elle est moralisante? La contemplation des chefs-d'œuvre de l'art élève la pensée, calme l'imagination, purifie l'âme, la dégage des préoccupations basses et éphémères, pour la reporter vers ce qui est vraiment digne de sa noble nature, l'idéal et l'éternel.

---

(1) M. Raoul-Rochette, pages 286—288.

DEUXIÈME PARTIE.

DES ORDRES D'ARCHITECTURE.

Deux principes essentiels président à l'art de bâtir : l'un, *positif*, *nécessaire*, comprend les conditions de solidité, de salubrité et de commodité ; l'autre, *arbitraire*, variable suivant les temps et les lieux, s'appuie sur la beauté. Il faut que toutes les parties d'un édifice aient leur raison d'être, et ne choquent pas les exigences du plus simple bon sens, quand bien même elles seraient agréables pour les yeux.

De tous les peuples de l'antiquité, les Grecs, les Etrusques et les Romains sont les seuls dont l'architecture ait été soumise à des règles positives, à des lois rationnelles, et dont les édifices offrent, dans toutes leurs parties, des proportions déterminées. Toutes leurs constructions peuvent être ramenées à des systèmes architectoniques, que l'on désigne par le mot générique d'*ordres*. On appelle ordre *un arrangement régulier de parties saillantes, disposées et constituées d'après des règles déterminées ; une disposition de moulures, et même d'ornements, qui donnent au tout un caractère particulier.* Parmi ces parties saillantes, la colonne joue le principal rôle.

Un ordre complet se compose de trois éléments distincts, savoir : un *piédestal*, une *colonne* et un *entablement*. Cependant, chez les Grecs, la colonne n'avait point de piédestal spécial : il était remplacé par la base générale qui régnait autour de tout l'édifice, par le *stylobate*, le soubassement, ou par une simple moulure, la *plinthe*.

Chacun des trois membres se divise en trois parties.

Le piédestal se divise en base, en dé et en corniche;

La colonne, en base, fût et chapiteau;

L'entablement, en architrave, frise et corniche.

La *base* du piédestal se compose de l'ensemble des moulures sur lesquelles repose la base de la colonne.

Le *dé* est une masse cubique, de forme rectangulaire, placée entre la base du piédestal et la corniche.

La *corniche* du piédestal se compose du socle et d'une ou plusieurs moulures : le socle repose immédiatement sur le sol; les moulures sont placées entre le socle et le dé.

La *base* de la colonne se compose de l'ensemble des moulures par lesquelles se termine la partie inférieure de la colonne, et par lesquelles elle repose sur le piédestal.

La base du piédestal se distingue facilement de celle de la colonne : la base de la colonne se termine par la *plinthe*, membre d'architecture qui s'emploie également dans le chapiteau, et qui a la forme d'un cube rectangulaire et aplati dans le sens de la verticale. La base du piédestal commence, au contraire, au point où la plinthe repose sur elle, par un réglet, suivi d'un talon, d'un larmier ou de quelque autre moulure.

Le *fût* de la colonne forme la colonne proprement dite : c'est cet élément à peu près cylindrique qui sépare le chapiteau de la base. Le fût ne doit point être tout-à-fait cylindrique, mais il doit se renfler un peu vers le centre, et diminuer vers les extrémités. La partie inférieure, comme la partie supérieure du fût, se termine par un congé.

Le *chapiteau* se compose d'un ensemble de moulures et d'une plinthe, que l'on nomme tailloir, sur lesquelles repose l'architrave. La plinthe ne s'y trouve pas néanmoins dans tous les ordres.

L'*architrave* représente la poutre principale de l'entablement : c'est la partie la plus basse de ce membre, celle qui repose immédiatement sur le chapiteau.

La *frise* représente l'espace occupé par l'extrémité des solives horizontales du plafond qui viennent reposer sur l'architrave. C'est une large surface séparée par une moulure de l'architrave, et par une autre moulure, la corniche, qui la couvre par en haut. On ornait ordinairement la frise de sculptures en relief.

La *corniche* représente les solives inclinées du toit qui viennent reposer sur les solives horizontales du plafond. La corniche est le couronnement de tout l'ordre : elle se compose d'une série de moulures qui vont de haut en bas en rentrant l'une sous l'autre, de manière que la moulure supérieure est aussi la plus saillante.

M. de Vignole a dit que les ornements étaient à l'architecture ce que les lettres sont à l'écriture : de même que, par les diverses combinaisons dont les lettres sont susceptibles, on produit une infinité de mots, de même aussi, par le mélange des moulures, on obtient une grande variété de profils différents dans chaque ordre d'architecture.

Les *moulures* sont de petits ornements en saillie sur le nu du mur, dont le nombre, la forme et la disposition varient pour chaque membre et chaque ordre d'architecture.

Il y en a de plusieurs espèces : on distingue les *moulures lisses*, les *moulures ornées*, les *moulures petites* ou *simples*, les *moulures couronnées* ou *grandes*.

Les *moulures lisses* sont celles qui n'ont point d'ornements taillés ;

Les *moulures ornées*, celles qui ont des ornements taillés en creux ou en relief ;

Les *moulures simples* ou *petites*, celles qui n'ont point de filets ;

Les *moulures couronnées* ou *grandes*, celles qui sont accompagnées d'un filet.

Il y a trois espèces de petites moulures : les *réglets*, les *astragales* et les *congés* ; et quatre espèces de grandes moulures : le *larmier*, la *cymaise*, le *quart de rond* et le *talon*. Chacune de ces espèces de moulures, grandes ou petites, peut être lisse ou ornée.

Petites moulures. Le *réglet* (que l'on appelle encore *bandelette*, *filet*, *listel*, *listeau*) est une moulure carrée qui ressemble à une règle, et qui, d'ordinaire, accompagne une moulure plus importante, ou qui sépare les cannelures des colones ioniques et corinthiennes. Le *tænia* est une sorte de réglet, une plate-bande placée entre la frise et l'architrave.

L'*astragale* est une petite moulure demi-cylindrique qui joint le chapiteau à la colonne, et qui entoure, d'ordinaire, l'extrémité supérieure du fût. Quelquefois il offre un chapelet de perles, d'olives, etc.

Le *congé* forme la naissance du haut et du bas de la colonne, dans presque tous les ordres. La colonne, en se terminant, fait un petit renflement qui donne naissance à une moulure en forme de réglet : c'est là ce qu'on appelle le *congé*.

Le *petit tore* ou *tore supérieur* et le *grand tore* ou *tore inférieur* sont des astragales de grande dimension, employés surtout dans les ordres attiques ou corinthiens. Les tores des bases attiques sont accompagnés d'une moulure concave, terminée par deux filets, et que l'on nomme *trochile* ou *scotie*, ou encore *rond-creux*.

L'*échine* ou *astragale lesbien* se compose de la moitié d'un astragale de grande dimension, et coupé en deux dans le sens de la longueur.

Grandes moulures. Le *larmier* est une moulure ainsi appelée parce que, placée en saillie sur la frise, elle garantit la façade de la pluie, et que celle-ci en tombe goutte à goutte. Elle fait partie de la corniche et est taillée carrément avec un bord à vive arête, c'est-à-dire bien marqué.

La *cymaise* est une moulure convexe par le haut et concave par le bas, qui est à l'extrémité de la corniche. La partie concave forme la gorge.

Le *quart de rond* est une espèce d'astragale lesbienne, de grande dimension, et employé dans les chapiteaux doriques.

Le *talon* est une espèce de cymaise qui se place immédiatement au-dessus de la frise.

La surface inférieure du larmier se nomme *soffite* : elle est ordinairement ornée de moulures. On donne encore ce nom à la surface inférieure de l'architrave.

Telles sont les différentes espèces de moulures lisses : il faut maintenant faire connaître les principales moulures ornées.

Des moulures ornées. Les *oves* sont des moulures représentant la moitié d'un ovale coupé par le haut. On place entre chaque ove un dard de serpent, la pointe en bas. Quand l'ove est orné de feuillages sculptés, il est dit *ove fleuronné*.

Le *guillochis* est ou *simple* ou *double* : le *simple* est formé d'une ligne en zigzag; le *double*, de lignes entrelacées et se coupant partout à angle droit.

Les *canaux* sont de courtes cannelures, tronquées par le bas, et dont le fond est quelquefois rempli par des roseaux ou par des fleurons.

Les *feuilles de chêne renouées*, les *feuilles d'eau*, les *feuilles de persil*, ornent parfois l'astragale; d'autres fois il est orné d'une sorte de chapelet d'olives de différentes grandeurs, et disposées symétriquement. L'ornement le plus communément employé pour cette moulure, ce sont les *postes fleuronnés*, sorte d'enroulements successifs de feuillages, ainsi appelés parce qu'ils semblent courir l'un après l'autre.

Des *écailles*, semblables à celles des poissons, ornent souvent le tore inférieur des colonnes.

Les *rinceaux* sont des branches de feuillage, naturelles ou imaginaires, et accompagnées de fleurons, de rosaces, etc. Le *fleuron* est un ornement en forme de fleur; la *rosace* en est un en forme de rose. Les *entrelacs* sont des moulures offrant des lignes entrelacées. Les *palmettes* ont la forme de feuilles de palmier.

On compte cinq ordres d'architecture, dont trois appartiennent aux Grecs : le *dorique*, l'*ionique* et le *corinthien*; un aux Etrusques, le *toscan*; et un aux Romains, le *composite*.

Il y a bien trois autres ordres secondaires, mais ils ne diffèrent des précédents que par des détails de peu d'importance; ce sont : le *persique*, dans lequel on a remplacé le fût de la colonne par une figure d'esclave mâle, vêtu du costume perse; le *caryatide*, où le fût de la colonne est représenté par une femme vêtue comme l'étaient les Caryates, alors que les Grecs les emmenèrent en esclavage; l'ordre de *Pæstum*, dont il n'y a que deux monuments, le temple de Pæstum et l'amphithéâtre de Vérone. Il consiste en ce que les colonnes en ont huit modules, au lieu de quatorze qu'elles ont dans l'ordre toscan, dans lequel celui de Pæstum rentre pour le reste.

Le *module* est l'unité de mesure des différents membres des ordres d'architecture : il est égal à la moitié du diamètre inférieur de la colonne. Le module se subdivise en *minutes* : il comprend douze minutes dans les ordres toscan et dorique, et dix-huit dans les deux autres.

De l'*ordre toscan*. On commence ordinairement la description des différents ordres d'architecture par le toscan, parce que cet ordre est le plus simple et le plus élémentaire. Il ne nous reste aucun édifice bâti d'après cet ordre, et il ne nous est connu que par quelques tronçons de colonnes, et par les descriptions qu'en ont laissées Vitruve et Pline l'Ancien. Dans l'ordre toscan, le piédestal avait 4 modules 8 minutes; savoir : 6 minutes pour la base; 3 modules 8 minutes pour le dé, et 6 minutes pour le socle. La colonne a 14 modules, dont 1 pour la base, 12 pour le fût et 1 pour le chapiteau. La colonne a la forme d'un cône tronqué, mais se rapprochant du cylindre, de façon que le diamètre supérieur a la moitié ou le quart du diamètre inférieur. L'entablement a 3 modules et 1/2, savoir : 1 module pour l'architrave; 1 module 2 minutes pour la frise; 1 module 4 minutes pour la corniche.

De l'*ordre dorique*. L'invention de cet ordre est attribuée à Dorus, fondateur de la race dorienne, l'une des quatre grandes tribus hellènes qui vinrent s'établir dans la Grèce peu après le siége de Troie. Dorus, le fils d'Hélénos et de la nymphe Optikè, ayant autrefois fait bâtir un temple à Héré (Junon) dans la ville d'Argos, le temple se trouva par hasard bâti de cette manière qu'on appelle dorique (1).

Le dorique était, dans le principe, court et massif : la colonne, qui n'avait que 8 modules de hauteur, donnait aux édifices dans lesquels elle était employée un aspect

---

(1) Vitruve, IV, 1.

de sévérité analogue à celui des anciens monuments de l'Egypte. Mais une colonie d'Hellènes qui avait passé en Asie sous les ordres d'Ion, neveu de Dorus et chef de la race ionienne, modifia les proportions de la colonne dorique, et la porta à 12 modules, ce qui donna ainsi naissance à la seconde manière de cet ordre. De nouveaux perfectionnements ultérieurs produisirent la troisième manière, dans laquelle la colonne dorique reçut 13 et 14 modules. Telles étaient les proportions des propylées et du temple d'Auguste, à Athènes.

La frise dorique offre un système d'ornementation tout particulier : ce sont les triglyphes, qui représentent les solives du plafond reposant sur l'architrave. Le triglyphe est une moulure qui a la forme d'un rectangle, avec deux cannelures taillées, non point à fond cylindrique, mais à fond en angle aigu. A ces deux cannelures se joignent deux demi-cannelures semblables, séparées par un listel, l'une à droite, l'autre à gauche des deux grandes cannelures. Le triglyphe se termine en bas par une bande sur laquelle sont sculptées des gouttes en forme de petits cônes, au nombre de cinq ou six. Il y a un triglyphe à l'aplomb de chaque colonne et au-dessus de chaque entre-colonnement. Il n'y a d'exception à cette règle que pour les deux extrémités de la frise, où les deux derniers triglyphes doivent se montrer aux angles.

Entre chaque triglyphe se trouve un espace carré, nommé *métope*, et qui, dans les anciens édifices, restait vide. Plus tard on l'orna de sculptures en relief, de têtes d'animaux ou d'une tête d'un bœuf desséchée, de patères ou de groupes de figures, tels que le combat des Centaures et des Lapithes, que représentaient les métopes du Parthénon.

La corniche est ornée de modillons, petites moulures saillantes, carrées, et qui servent à la soutenir.

La colonne dorique doit avoir 16 modules, dont 1 pour la base et 1 pour le chapiteau. Le piédestal a 5 modules 4 minutes, divisés ainsi : 10 minutes pour la base; 6 modules pour la corniche; 4 modules pour le dé. L'entablement a 4 modules, savoir : 1 pour l'architrave, 1 et 1/2 pour la frise, autant pour la corniche. L'entre-colonnement est de 5 modules 6 minutes.

Les colonnes doriques sont quelquefois lisses, d'autres fois cannelées. Quand elles eurent atteint leur second genre, on leur donna un petit renflement vers le milieu. Quant à l'amincissement que prenait la colonne en s'élevant, il avait pour but de lui donner un air plus svelte et plus dégagé.

Les édifices les plus célèbres qui furent bâtis dans cet ordre furent le Parthénon, le temple de Thésée et les propylées, à Athènes; le temple de Minerve, à Sunium, et le théâtre de Marcellus, à Rome.

Les Romains adoptèrent quelquefois cet ordre, mais en l'altérant par une combinaison avec l'ordre ionique.

De l'*ordre ionique*. Cet ordre tient le milieu entre le dorique et le corinthien. Moins riche que celui-ci, il est plus léger et plus gracieux que l'autre. Ce qui le caractérise en effet, c'est la légèreté, l'élégance et la grâce. Ce qui le caractérise encore, c'est un ordre particulier d'ornement, nommé la volute, qui se dégage du chapiteau. La volute est une sorte d'enroulement en spirale, qu'on pense être une imitation de l'effet que produisaient les cornes de bélier suspendues au sommet des colonnes. La surface de la colonne est presque toujours ornée de cannelures, au nombre de 22, de 24 et même de 32. La corniche est munie d'un autre ornement caractéristique, de denticules cubiques, séparés par des intervalles appelés métatômes. Enfin l'architrave de cet ordre est divisé en plusieurs bandes.

La colonne, dans cet ordre, a généralement 18 modules, dont 1 pour la base, 16 et 1/2 pour le fût, et 2/3 pour le chapiteau. Le piédestal a 6 modules, dont 1/2 pour la base, 1/2 pour la corniche, et le reste pour le dé. L'entre-colonnement est, d'ordinaire, de 4 modules 1/2. L'entablement est de même dimension.

Les Romains, en adoptant cet ordre, en enrichirent beaucoup l'ornementation.

Les principaux monuments de cet ordre étaient le temple de Minerve-Palias, l'aqueduc d'Adrien et le temple de la Fortune virile à Rome. Le plus ancien monument ionique que l'on connaisse est le trésor que le tyran Myron de Sicyone fit construire à Olympie, l'an 608 avant l'ère chrétienne.

De l'*ordre corinthien*. L'imagination des Grecs s'est plu à orner d'une gracieuse légende le berceau de l'ordre corinthien. Une jeune fille de Corinthe, sur le point de se marier, mourut subitement; sa nourrice réunit quelques objets qui avaient été chers à l'infortunée fiancée pendant sa vie, et les plaça dans une corbeille qu'elle déposa sur la tombe. Pour mettre sa pieuse offrande à l'abri des intempéries de l'air, elle la couvrit d'une grande tuile. Une plante d'acanthe s'éleva tout à l'entour, et enveloppa ce modeste monument de ses larges feuilles. L'architecte Callimaque remarqua cette heureuse combinaison; il en fut frappé, et conçut la pensée de l'imiter et de l'appliquer à la décoration des chapiteaux. Ainsi fut inventé, dit-on, l'ordre corinthien, vers l'an 450 avant Jésus-Christ.

Cet ordre est le système architectonique le plus riche et le plus magnifique. Ce qui le caractérise, outre son ornementation et les feuilles d'acanthe du chapiteau, c'est l'élévation de ce dernier membre, qui est beaucoup plus considérable que dans les ordres précédents. Mais aussi, et par cela même que cet ordre offre beaucoup plus de complication dans ses ornements que les trois autres, a-t-il été plus altéré et plus corrompu qu'eux. Il fut d'ailleurs fort long-temps à prendre sa forme définitive; très-rarement employé par les artistes dans la Grèce même, et considéré d'abord non comme un ordre distinct, mais comme une simple variété de l'ordre ionique, il n'arriva réellement à sa perfection que sous le règne d'Auguste. Ce fut alors seulement qu'il reçut un entablement spécial, les Grecs ne lui en ayant pas donné d'autre que celui de l'ordre ionique.

La colonne, dans l'ordre corinthien, a 20 modules, dont 1 pour la base, 16 2/3 pour le fût, 2 1/3 pour le chapiteau; le piédestal a 7 modules, dont 2 pour la base,

5 modules 10 minutes pour le dé, et 14 minutes pour la corniche. L'entablement a 5 modules, dont 1 module 9 minutes pour l'architrave, 2 modules pour la corniche, et le reste pour la frise. On donne 4 modules 2/3 à l'entre-colonnement.

Le monument le plus parfait de l'ordre corinthien est le Panthéon de Rome. Plusieurs autres monuments de cette ville, ainsi que les gigantesques constructions de Balbek et de Palmyre, sont aussi de cet ordre.

De l'*ordre composite*. De la combinaison de l'ordre ionique et du corinthien les Romains firent un ordre nouveau, le composite, qui emprunta au premier ses volutes, et au second ses feuilles d'acanthe, et presque toutes ses proportions. Cet ordre reçut encore plus d'ornements que tous les autres. Le plus ancien monument qu'on en connaisse est le temple de Mysola en Carie, dédié à Auguste et à Rome.

Considérations générales sur l'emploi de ces ordres. — Les mesures que nous avons indiquées plus haut pour déterminer les proportions de chaque membre dans chaque ordre sont plutôt des mesures idéales que des règles qui ont été observées par tous les architectes de l'antiquité. On conçoit en effet que les exigences des temps et des lieux, ou bien la destination des édifices, devaient commander fréquemment des modifications dans les points secondaires, et que dès-lors il devenait souvent impossible de se conformer rigoureusement à ces types rationnels.

Quant au choix de l'ordre dans lequel devait être construit un édifice donné, il était déterminé ordinairement par la destination de cet édifice. Ainsi l'ordre dorique, austère et majestueux, était réservé aux édifices élevés en l'honneur des dieux Mars, Hercule, Minerve et Jupiter; l'ordre ionique, élégant et gracieux, s'adaptait, de préférence, aux temples de Junon, d'Apollon et de Bacchus; le corinthien était choisi pour les temples de Vénus, de Flore, etc.

On employait aussi quelquefois plusieurs ordres à la fois dans la même construction, faisant un étage dans un ordre et l'étage supérieur dans l'autre, en ayant soin toutefois de prendre, dans cette disposition, les précautions qu'indiquait le bon sens, c'est-à-dire de mettre les ordres les plus légers au-dessus de ceux dont les membres étaient plus lourds.

De quelques autres membres architectoniques. — De l'*attique*. L'attique est une espèce de couronnement, d'étage supplémentaire que l'on place quelquefois au-dessus de l'entablement. Il est de très-petites proportions, et ne doit avoir en hauteur que les deux tiers et même que la moitié de l'ordre principal. Il s'associe d'ailleurs à tous les autres ordres. Son nom lui vient de ce qu'il fut inventé à Athènes. Il est composé de *pilastres*, colonnes carrées en saillie sur le mur, munies de cannelures, d'un piédestal et d'un chapiteau, comme les colonnes des autres ordres. L'attique est dit *continu* quand il environne le pourtour d'un bâtiment sans interruption, et qu'il suit les corps et les retours des pavillons; il est dit *interposé* quand il est situé entre deux grands étages.

De l'*arcade*. L'arcade est une construction qui se termine en dessous par une surface courbe : dans l'antiquité elle était à *plein cintre*, c'est-à-dire qu'elle décrivait un demi-cercle exact et complet. On l'emploie au-dessus d'un vide. Les pierres qui composent l'arc du plein cintre sont taillées en forme de coins tronqués, et s'appellent *voussoirs*. La surface concave, formée par la tête des voussoirs, s'appelle *intrados* ; la surface convexe, *extrados*. Le voussoir supérieur et central se nomme *clef*. Il est quelquefois muni de nervures et d'un tailloir, pièce plate et carrée qui couronne les chapiteaux, et qui, dans l'ordre toscan, se nomme *plinthe*, et *abaque* dans l'ionique et le dorique. L'arcade est ornée de moulures semi-sphériques comme elle, et concentriques ; le bandeau qu'elles forment se nomme *archivolte*. Elle est supportée par des *pieds-droits* ou *jambages*, larges piliers carrés, munis d'un socle et d'une *imposte* ou petite corniche, sur laquelle pèse l'arcade. Au milieu de ce pilier on élève souvent une colonne ou pilastre sur lequel repose la corniche, qui règne au-dessus de l'arc. L'espace triangulaire enfermé, d'un côté, par ce pilastre, en-dessus par la corniche, en-dessous par l'arc, s'appelle *tympan*; on le trouve ordinairement orné de palmes ou de figures.

Deux ou plusieurs arcades entre-croisées donnent naissance à la *voûte*, genre d'architecture que l'antiquité faisait toujours à vive arête.

Du *fronton*. Nous avons vu que c'est une règle sans exception en architecture qu'aucun membre ne devait être sans motif générateur : ainsi en est-il du fronton, qui évidemment a été inspiré par la double inclinaison du toit. Le fronton est une construction triangulaire qui s'élève au-dessus de l'entablement de l'ordre; il a pour base la corniche de l'entablement, qui se répète, avec tous ses ornements, pour former les deux côtés inclinés ou *rampants* de l'encadrement du fronton. Celui-ci laisse entre ses côtés un espace vide que l'on nomme *tympan*, et qui, d'ordinaire, est garni de bas-reliefs; outre cet ornement, le fronton reçoit encore des statues, placées à ses trois angles, sur des socles, dont les deux inférieurs portent alors le nom d'*angulaires*, et le supérieur, celui d'*acrotère*. Au lieu de ces socles, on met quelquefois des palmettes ou d'autres moulures, auxquelles on donne le nom d'*antéfixes*.

Des *portes* et des *fenêtres*. Les ornements généraux de chaque édifice déterminaient la nature des ornements des portes et des fenêtres. Le linteau ou poutre transversale qui délimite la porte par en haut était surmonté d'une corniche, qui, dans l'ordre ionique, recevait des consoles. Les mêmes moulures ornaient les fenêtres (1).

---

(1) Les détails techniques qui précèdent sont, en majeure partie, empruntés aux ouvrages aussi intéressants que complets et exacts que M. le docteur Batissier a publiés sur cette matière, et auxquels devront avoir recours les personnes qui voudront en faire une étude plus approfondie.

TROISIÈME PARTIE.

DES ARTS DANS LA GRÈCE PENDANT LA DEUXIÈME PÉRIODE DE LA PREMIÈRE ÉPOQUE,

DE LA CINQUANTIÈME A LA QUATRE-VINGTIÈME OLYMPIADE.

Cette période est remplie presque tout entière, pour la sculpture, par les travaux de cette école éginétique dont il a déjà été question plus haut, et qui comble la lacune qui s'étend entre la période primitive et de l'enfance de l'art, et celle de la perfection. Cette école, comme on a pu le voir, est proprement un rameau de l'école dédaléenne, dont elle continue la tradition, tout en la modifiant profondément. Aux figures musculeuses, dures et sèches, et aux proportions trapues qui caractérisaient cette école, elle ajouta une profonde connaissance de la structure du corps humain, une grande habileté de main, une imitation de la nature si savante et si naïve à la fois qu'on ne peut s'empêcher de reconnaître dans ses œuvres les productions d'un art arrivé à l'extrême limite qui sépare les débuts de la perfection.

Ainsi l'école d'Egine conserva, comme on vient de le voir, le type antique et sacré de la statue, type consacré par la religion, par le temps et par les habitudes : ce type imprimait aux produits même récents de l'art un caractère de vétusté apparente, qui les faisait participer au respect qu'inspirait le culte, et les rendait, en quelque sorte, sacrés comme la religion. Mais, tout en demeurant fidèle à ces traditions, l'école d'Egine sut imprimer un cachet et des caractères particuliers à ses œuvres. Dans ces œuvres, « les *têtes*, absolument privées d'expression, dit M. Raoul-Rochette, ou réduites toutes à une expression générale et conventionnelle, offrent, dans la position oblique des yeux et de la bouche, ce *rire forcé* qui paraît avoir été un caractère commun à toutes les productions du style antique, puisque nous le retrouvons sur les plus anciennes médailles, sur des vases de terre cuite et des bas-reliefs d'époque primitive appartenant à presque tous les peuples grecs. Les *cheveux*, traités pareillement d'une manière systématique, en petites boucles ou tresses travaillées avec une industrie prodigieuse, imitent non des *cheveux réels*, mais de *véritables perruques*, particularité qui avait pu être déjà remarquée sur d'autres ouvrages d'ancien style, réputés étrusques, entre autres à la célèbre statue du musée *Nani*. La *barbe* est indiquée sur les joues par des traits en creux, et rarement travaillée en relief, mais, dans ce cas-là, de manière à imiter une barbe postiche, et conséquemment dans le même style que les cheveux. Le costume tient au même goût conventionnel et hiératique : il consiste en vêtements à plis droits et réguliers, tombant en parties symétriques et parallèles, de manière à imiter les draperies réelles dont on habillait les anciens simulacres en bois... » Un dernier détail sur ce sujet achèvera de nous fournir tous les caractères auxquels se reconnaissent les œuvres de l'école d'Egine ; ce détail n'est qu'une conséquence de ce qui précède : c'est que les statues de l'école d'Egine ne sont que l'imitation des simulacres en bois, premiers objets du culte et de l'art chez les Grecs, et de simulacres que l'on revêtait de draperies et de chevelures artificielles; mais à travers cette imitation des simulacres en bois perce l'imitation des formes du corps, habile et savante, quoique toujours accompagnée d'un peu de sécheresse et de roideur.

Deux autres écoles florissaient dans le même temps que celle d'Egine : c'étaient celles d'Athènes et d'Argos.

A la tête de celle-ci nous trouvons Agéladas, le maître le plus célèbre de cette époque, par les ouvrages qu'il produisit et par les nombreux disciples qu'il réunit autour de lui, et qu'il initia aux secrets de son art. Il eut la gloire de voir sortir de ses ateliers Myron, Polyclète et même, dit-on, Phidias. Quant à ses œuvres, elles consistent en statues de dieux, d'athlètes vainqueurs, de chevaux et de chars consacrés à Olympie, et tous exécutés en bronze, suivant la mode de ce temps.

Deux maîtres présidaient alors aux destinées de l'école d'Athènes, Hégias, dont les statues étaient fort estimées, et Anthenon, auteur des statues d'Harmodius et d'Aristogiton, qui, enlevées d'Athènes par Xerxès, y furent rétablies par Alexandre le Grand.

Quant à l'architecture, c'est pendant cette période qu'elle produisit les plus beaux monuments dans l'ordre dorique et dans l'ionique, tels que le temple de Diane, à Ephèse; celui de Cybèle, à Sardes; l'Héréum ou temple de Junon, à Samos; le temple de Jupiter Olympien, à Athènes et à Delphes; celui de Minerve, à Egine; et la maison d'airain de Pallas.

DEUXIÈME ÉPOQUE.

ÉPOQUE DU GRAND ET DU BEAU STYLE.

DE LA QUATRE-VINGTIÈME A LA CENT QUARANTIÈME OLYMPIADE.

Deux noms remplissent cette époque dans l'histoire de l'art, mais ils ne la remplissent pas tellement que d'autres ne trouvent encore à se faire au-dessous, et parfois même à côté d'eux, une place glorieuse : à côté de Périclès et de Phidias, la Grèce du cinquième et du quatrième siècle peut encore nommer avec orgueil d'autres hommes d'Etat qui donnèrent une puissante impulsion à la culture des beaux-arts, et d'autres grands artistes qui répondirent brillamment à ces généreux efforts. Thémistocle, le premier, et, après lui, Cimon, avaient excité jusqu'au paroxysme, dans le cœur des Athéniens, la passion de la gloire nationale.

Périclès eut la gloire, unique pour un simple citoyen, de donner son nom à son siècle, gloire que ce grand homme n'a partagée qu'avec Auguste, dans l'antiquité, et qu'avec Léon X et Louis XIV, dans les temps modernes. La Grèce, avant lui, avait produit deux épopées, chefs-d'œuvre de l'esprit humain ; des poètes lyriques, didactiques, dramatiques ; des philosophes, des orateurs, des historiens, etc. ; mais, bien que ces hommes fussent, au moins pour les plus éminents, égaux à ceux qui vinrent après eux, ils ne s'étaient suivis qu'à de longs intervalles : Homère était séparé de Pindare par trois siècles; Eschyle était venu plus de cent ans après, comme si leur belle patrie, dans sa jeunesse, avait eu besoin de reprendre haleine après chacune de ces grandes créations. Le siècle de Périclès, au contraire, offrit en même temps une étonnante réunion d'hommes éminents dans tous les genres. La Grèce fit alors un sublime effort, et l'on a peine à ne pas s'avouer qu'elle s'élève presque au-dessus de l'humanité. Tel fut l'éclat qu'elle jeta autour d'elle qu'Athènes, qui en avait été le foyer le plus vif, devint désormais comme une ville sacrée, comme un temple des beaux arts : une auréole de gloire l'environna et la protégea contre les ennemis, tant que ceux-ci ne furent pas des barbares. Alexandre détruisit Thèbes et respecta Athènes; et, au fond de l'Asie, ce vainqueur de tant de peuples s'écriait, dit-on : « O Athéniens, quels travaux ne faut-il pas faire pour attirer vos regards et mériter votre admiration ! »

Ce qu'on entend par siècle de Périclès est renfermé, pour l'espace, dans la Grèce, et principalement dans Athènes : le reste du monde était alors plus ou moins barbare, si l'on en excepte un petit nombre d'hommes. Dans ces étroites limites, ce siècle produisit de grands écrivains dans tous les genres : un Sophocle, un Eurypide, dans la tragédie; un Aristophane, dans la comédie; un Hérodote, un Thucydide, un Xénophon, dans l'histoire; un Démosthènes et un Eschine, dans l'éloquence;

un Socrate, un Platon, un Aristote, dans la philosophie; un Phidias, dans la sculpture; un Apelles, dans la peinture; un politique comme Périclès; des généraux comme Agésilas et Epaminodas; un prince d'une habileté incomparable comme Philippe, et, pour couronner le tout, un conquérant comme Alexandre.

Quel peuple, quelle époque offrit jamais une telle réunion d'hommes en aussi peu de temps et dans un espace aussi resserré? Quelle terre féconde en grands hommes! mais aussi quels efforts, quelle généreuse émulation pour les produire! Quelle récompenses magnifiques, quelle gloire, étaient réserveés à l'heureux mortel auquel la Providence avait donné en partage le don merveilleux du génie! Non, si jamais peuple ne produisit plus de grands hommes, et ne fit plus de grandes choses que les Grecs, jamais aussi peuple n'en fut plus digne. Ce qui avait surtout porté au plus haut degré d'exaltation et d'énergie toutes les facultés de ce peuple magnanime, c'étaient les victoires qu'il avait remportées sur les Perses. L'enthousiasme de la liberté, qui venait de produire tant de miracles, ne s'affaiblit pas en même temps que le danger qui l'avait excité; bien loin de là, il acquit châque jour de nouvelles forces, en prenant une direction nouvelle; et des ressources immenses, fruits d'un développement extraordinaire de forces politiques, secondèrent cette diposition généreuse. Athènes surtout, grâce à des circonstances particulières, telles que la nature de son sol, l'activité de ses habitants, la puissance de sa marine, si glorieusement établie par les victoires de

Salamine et de Mycale; grâce enfin au génie de quatre hommes d'État dont la rencontre dans la même période de temps, et la rivalité sur le même théâtre de gloire, sont un des phénomènes de cette belle époque de l'histoire, Thémistocle et Aristide, Cimon et Périclès, Athènes devint, dans l'espace de moins de cinquante années, la première ville de la Grèce et du monde, et mérita que, dans tout le reste des âges, son nom servît à désigner chez tous les peuples le plus haut degré de la culture et de la civilisation humaines (1). Quelques considérations sur les ressources dont cette ville disposa pour produire tant de merveilles ne seront peut-être pas hors de propos ici. Le produit des divers revenus d'Athènes varia entre six cents et treize cents talents (2). C'est avec ces faibles ressources que l'on vit Athènes et son territoire, dont la population libre ne s'élevait guère au-dessus de vingt mille hommes en état de porter les armes, étendre sa domination sur une grande partie de la Méditerranée, dans la Thrace, sur le Bosphore en Chypre et dans quarante autres îles, et repousser enfin de la mer Egée et des côtes de l'Asie-Mineure le grand roi, maître de presque autant de villes que l'Attique avait de soldats indigènes, et qui récemment avait couvert ce petit coin de terre d'innombrables armées. Et ce même peuple qui se déploie au-dehors avec tant d'énergie, qui couvre les

---

(1) M. Raoul-Rochette.
(2) Entre trois millions deux cent quarante mille francs, et six millions quatre cent quatre-vingt mille francs.

mers de vaisseaux, et les continents de villes nombreuses et opulentes, parvenait encore à surpasser cette gloire par celle qu'il acquérait dans les travaux de la pensée et de la main. Après les victoires sur les Perses, les ressources pécuniaires des Athéniens s'étaient accrues avec une rapidité prodigieuse. Les fortunes privées avaient suivi la même progression. Du temps de Solon, un revenu annuel de 450 francs faisait compter celui qui en jouissait parmi les citoyens opulents d'Athènes; un siècle après, on voit Thémistocle posséder une fortune de 540,000 francs.

Pendant son administration, Périclès disposa d'un revenu annuel de 1000 talents, ou 5,400,000 francs. Ce fut avec ces ressources, dit M. R. Rochette, qui ne nous paraîtront peut-être pas bien imposantes, puisqu'elles ne représentent guère que la huitième partie du revenu de la seule ville de Paris, mais qui excitèrent au plus haut degré l'envie et la crainte des républiques grecques; ce fut, dis-je, avec de pareilles ressources, sagement administrées, que Périclès opéra tous ces prodiges qui étonnèrent la Grèce, et qui ont fait jusqu'à nos jours l'admiration du monde; ce fut avec ces revenus qu'il entretint de plus grandes armées qu'on n'en vit sur pied avant et depuis lui, qu'il fit construire et équiper, chaque année, plus de vaisseaux qu'on n'en avait compté jusqu'alors sur les chantiers de la république et sur toutes les mers de la Grèce; et cependant, depuis le commencement de son administration jusqu'à l'époque où éclata la guerre du Péloponèse, il avait mis en réserve près de 10,000 talents, ou 54,000,000 de francs; et ce fut enfin sur une partie de ce fonds de réserve que furent entrepris et payés tous ces grands monuments, tous ces beaux ouvrages d'art exécutés, comme par enchantement, durant la courte administration de Périclès; monuments qui avaient encore, six siècles après, au temps de Plutarque, et d'après le témoignage de cet auteur, *tout l'éclat, toute la fraîcheur de la jeunesse*, et qui devaient, bien des siècles encore après Plutarque, faire la gloire d'Athènes, et la leçon et l'ornement du monde.

Et cependant ce n'était point que l'on mit aucune épargne dans la construction de ces monuments. Les citoyens, simples chez eux, économes dans leur administration, ne savaient plus ce que c'était que l'épargne quand il s'agissait de leurs monuments : c'est là ce qui explique comment ces petites républiques, si faibles de population et de revenus, ont cependant élevé et laissé des monuments si somptueux et en si grand nombre que les peuples modernes, avec leur grande puissance et leurs immenses revenus, ont peine à les égaler, quand ils ne leur sont pas inférieurs. Lorsqu'il s'agit d'élever à Minerve une statue digne du Parthénon et de l'idée qu'on attachait à la déesse tutélaire d'Athènes, Phidias proposa d'abord le marbre, comme une matière moins coûteuse que l'or et l'ivoire : au mot *d'économie*, employé par l'artiste, Athènes entière se souleva, parce qu'il s'agissait de la statue de Minerve, et d'un monument public, et il fut solennellement et unanimement décidé que l'on n'emploierait que les matières les plus riches et les plus précieuses, l'or et l'ivoire.

ARCHITECTURE.

DES PRINCIPAUX MONUMENTS DE L'ARCHITECTURE CONSTRUITS PENDANT LE SIÈCLE DE PÉRICLÈS.

Le temple de Diane à Ephèse passait pour l'une des sept merveilles du monde. Il fut construit sur les plans de l'architecte Ctésiphon, et l'on y travailla, dit-on, deux cent vingt ans. La figure en était *diptérique*, c'est-à-dire qu'il régnait tout à l'entour deux rangs de colonnes en forme d'un double portique. Il avait près de soixante-onze toises de longueur, sur un peu plus de trente-six de largeur. On y voyait cent vingt-sept colonnes de marbre, hautes de soixante pieds, et qui avaient été données par autant de rois. Parmi ces colonnes, trente-six avaient été sculptées par les plus fameux artistes de leur temps.

Quand il s'agit de construire ce superbe édifice, les magistrats d'Ephèse se trouvèrent fort embarrassés, leur ville étant située loin de toute carrière de marbre. Cependant un berger, nommé Pyxodore, qui menait paître son troupeau aux environs d'Ephèse, vit deux béliers qui, courant pour s'entre-choquer, passèrent l'un près de l'autre sans se toucher : l'un d'eux alla donner de ses cornes contre un rocher dont il détacha un éclat, qui parut au berger d'une blancheur si vive qu'à l'heure même, laissant là son troupeau, il courut porter cet éclat à Ephèse, et le montra aux magistrats. A l'instant on lui décerna de grands honneurs ; son nom de Pyxodore fut changé en celui d'*Evangelus*, qui signifie porteur de bonnes nouvelles, et long-temps après le magistrat de la ville allait encore chaque mois sur le lieu pour y offrir un sacrifice, et, s'il y manquait, on le condamnait à l'amende.

Il y avait à peine quelques années que ce monument merveilleux était achevé, lorsque la démence d'un seul homme détruisit en un jour le travail de deux siècles. Erostrate y mit le feu pour immortaliser son nom; c'était le jour même de la naissance d'Alexandre (1). Les villes d'Ionie, voulant punir Erostrate par où il avait péché, défendirent de prononcer le nom de cet insensé; mais cette défense ne servit qu'à répandre davantage encore ce nom.

Ce temple fut rebâti, du reste, jusqu'à sept fois, et la construction dont nous venons de parler n'est proprement qu'une reconstruction; mais, avec la dernière, elle est seule historiquement connue. On s'occupa inmédiatement de relever l'édifice détruit par l'incendie : la toiture en avait été entièrement brûlée, et le reste, bien qu'il fût en pierre, avait souffert du feu au point de ne pouvoir plus servir dans une nouvelle fabrique. L'architecte qui fut chargé de cette dernière reconstruction fut ce célèbre Dinocrate qui jeta les plans d'Alexandrie, et qui, poussant le zèle de son art, ou plutôt de la flatterie, jusqu'à la plus

---

(1) Première année de la 106e olympiade, 355 av. J.-C.

extravagante hyperbole, proposa au conquérant macédonien de tailler le mont Athos en une statue de ce prince, qui, d'une main, aurait versé un fleuve entier, et, de l'autre, aurait soutenu une ville de 10,000 âmes. Quant à l'Artémisium ou temple d'Ephèse, Dinocrate n'en modifia que fort peu l'ancien plan, et ne toucha point aux fondations, restreignant au système des ornements qu'il y employa le champ où devait se développer son génie. Le nouveau temple gagna en magnificence et en beauté. Praxitèle y travailla; et les ouvrages de sculpture en étaient tellement considérables que Pline renonce à les décrire, disant que ce serait la matière de plusieurs livres. Parmi les peintures de ce temple se trouve le portrait d'Alexandre, de la main d'Apelles, et pour lequel ce grand artiste avait reçu vingt talents (90,000 francs.) La statue de la divinité était un colosse d'or et d'ivoire, à côté duquel était conservée l'ancienne idole, *tombée du ciel*, et qui était en bois et consacrée dès le temps des Amazones. Les portes du temple étaient en bois de cyprès; l'escalier qui menait aux combles était d'un seul cep de vigne de Chypre. Le temple était d'ordre ionique, comme le précédent.

Les Ephésiens, jaloux de concourir seuls à l'achèvement de ce magnifique ouvrage, y employèrent, outre la vente des matériaux de l'ancien temple, tous leurs biens, et jusqu'aux bijoux de leurs femmes. Alexandre leur proposa d'acquitter toute la dépense faite et à faire, sous la seule condition d'inscrire son nom sur la façade du monument, en qualité de fondateur; mais ces généreux citoyens s'y refusèrent, et l'un d'eux lui répondit « qu'il ne convenait pas à un dieu d'élever des temples aux autres dieux. » Peuple et artistes rivalisèrent à l'envi de zèle et de talent, de dévouement et de sacrifices, et ce qui avait été l'œuvre de plusieurs siècles devint celle de quelques années.

Une industrie spéciale se forma par la suite à Ephèse; elle avait pour objet la fabrication de petits temples d'argent faits sur le modèle de l'Artémisium. On sait que, plusieurs siècles après, l'apôtre saint Paul étant venu annoncer l'Evangile à Ephèse, ses prédications eurent tant de succès que les fabricants de ces petits temples craignirent pour leur industrie compromise, et excitèrent une émeute, que les magistrats eurent bien de la peine à calmer (1).

Monuments de l'administration de Cimon. — Le Pirée, principal port d'Athènes, était distant de deux lieues de cette ville. Cimon entreprit de les unir au moyen de deux longues murailles, dont il jeta les fondements; et auxquelles Périclès mit la dernière main. Cimon construisit, entre autres, le fameux temple de Thésée, qui subsiste de nos jours encore presque en entier, et le Pœcile (*le Varié*), portique ainsi nommé à cause des peintures diverses dont il était orné. Il contribua de sa fortune particulière à la construction de ces monuments; il est vrai que le désintéressement des ar-

---

(1) Voir les Actes des Apôtres, XIX, 23-40.

tistes qu'il y employa lui fut d'un puissant secours : ainsi Polygnote, chargé de peindre une grande partie du Pœcile, refusa de recevoir aucun salaire pour ce travail; il en fut dédommagé par le droit de nourriture publique, qui lui fut accordée au Prytanée : traitement plus honorifique que somptueux, puisque cette nourriture ne consistait qu'en un peu de bouillie d'orge et de pain, que l'on ne recevait même qu'aux jours de fêtes.

Tandis que la ville se couvrait ainsi de monuments, les habitations particulières contrastaient, par leur extrême simplicité, avec la magnificence des édifices publics. Celles mêmes des plus riches citoyens ne se distinguaient par aucun éclat extérieur ou intérieur; petites et basses jusqu'au siècle d'Alexandre, elles n'avaient rien de ce que les modernes ont appelé confortable, et ne consistaient qu'en un rez-de-chaussée habité par les hommes, et un premier, qui était réservé à l'usage des femmes. La ville entière, si l'on en excepte les édifices publics, était fort mal bâtie : les rues en étaient étroites, irrégulières, obscures par la saillie des toits, au point que cet objet provoqua une loi de l'Aréopage (1). Il en était de même des autres villes de la Grèce.

Des monuments de l'administration de Périclès. — Ce fut principalement sous le gouvernement de Périclès, gouvernement aussi long que glorieux, qu'Athènes, enrichie de temples, de statues, de portiques, devint la

---

(1) M. Raoul-Rochette.

capitale des beaux arts, et se rendit aussi illustre par la magnificence de ses édifices qu'elle l'était par l'éclat de ses triomphes à la guerre. Cet homme extraordinaire, au sein des orages d'un gouvernement populaire, n'ayant d'autre base pour son pouvoir que celle que lui assuraient son immense talent et son influence sur un peuple volage et capricieux, mais passionné pour le beau ; cet homme agita sa patrie d'une fièvre de gloire et d'amour des beaux arts ; il mit toutes les mains en mouvement, et jeta une si vive émulation parmi les plus excellents ouvriers en tout genre qu'uniquement occupés du soin d'immortaliser leur nom, ils s'efforçaient à l'envi, dans les ouvrages qu'on confiait à leurs mains, de surpasser la magnificence de la conception par la beauté et l'excellence de l'exécution. On aurait cru qu'il n'y avait aucun de ces bâtiments pour l'achèvement duquel il ne fallût un grand nombre d'années ; et cependant tous furent commencés et amenés à terme sous l'administration d'un seul homme. Périclès, peu sûr du lendemain, à cause de la légèreté bien connue de ses concitoyens, hâtait la fin des travaux, voulant avoir la gloire de les terminer, comme il avait eu celle de les commencer.

Mais, chose étonnante, cette précipitation, si nuisible d'ordinaire aux monuments, et si peu compatible avec la perfection des détails et la grâce solide et durable de l'ensemble, cette précipitation ne laissa aucune trace dans les édifices construits sous l'inspiration de Périclès : dès le moment même où ils sortaient des mains de l'ouvrier, ils avaient une beauté qui sentait déjà l'antique, et bien des siècles après, aujourd'hui même encore, ceux que la barbarie a épargnés ont une fraîcheur de jeunesse comme s'ils venaient d'être achevés, tant ils ont cette fleur de grâce et de nouveauté qui empêche que le temps n'en ternisse l'éclat, comme s'ils avaient en eux-mêmes un principe de jeunesse immortelle, et un esprit de vie incapable de vieillir (1).

Les principaux de ces monuments, dus au génie créateur de Périclès, sont : l'Odéon, les Propylées, le Parthénon, le grand temple d'Eleusis. Nous nous occuperons de chacun d'eux avec tout le détail que peut comporter le plan de cet ouvrage.

De l'Odéon. — L'Odéon fut le début de Périclès dans la carrière glorieuse qu'il devait faire parcourir à l'architecture : il le fit construire sous l'administration même de Cimon. Ce fut aussi le premier théâtre couvert qui fut construit dans la Grèce : il était destiné aux répétitions des chœurs de musique et de poésie qui avaient lieu dans la célébration des fêtes de Bacchus. La forme en était celle d'une rotonde soutenue par des colonnes de marbre; le toit en avait été construit avec les débris de la flotte des Perses, vaincue et détruite à Salamine; débris glorieux, restés jusqu'alors sans emploi dans les magasins du Pirée. Pour ajouter encore, s'il était possible, un caractère plus patriotique à cet emploi, Périclès voulut que la *coupole* (2) de l'Odéon imitât celle de la fameuse

---

(1) Plutarque, Vie de Périclès.
(2) C'est le premier et le plus ancien usage connu de cette forme de toiture.

tente dorée dans laquelle Xerxès avait contemplé, sur un navire de Sidon, la fastueuse revue de sa flotte, vouée à une destruction si prochaine et si imprévue. La construction générale de l'édifice avait été dirigée d'après les lois les plus savantes de l'acoustique. Il fut incendié lors des guerres de Sylla et de Mithridate; rebâti depuis, il a péri de nouveau, et il n'en reste plus de traces que dans l'histoire.

Des Propylées. — Les *Propylées* étaient le vestibule de la citadelle d'Athènes : Périclès les fit construire en marbre, sur les dessins et sous la direction de l'architecte Mnésiclès. Ce magnifique monument, d'ordre dorique, coûta, dit-on, 10,864,800 francs. On mit cinq ans à le construire.

Du Parthénon. — De quelque côté qu'on arrivât à Athènes, par mer ou par terre, on voyait le Parthénon s'élever de loin au-dessus de la ville et de la citadelle. Ce monument, chef-d'œuvre de l'architecture antique, et dont le nom signifiait *temple de la déesse vierge*, était d'ordre dorique, et fait de ce beau marbre blanc que les Athéniens tiraient des carrières indigènes du Pentélique. Sa largeur était de cent pieds; sa longueur, d'environ deux-cent vingt-sept, et sa hauteur, de soixante. Le portique en était double aux deux façades, et simple aux côtés. Les sculptures de la frise, exécutées par les plus habiles disciples de Phidias, sous la direction de ce grand maître, représentaient, entre autres, la pompe ou procession des grandes Panathénées.

Ces sculptures furent détachées des ruines de la frise il

y a quelques années, et portées en Angleterre, et un débat s'ouvrit au parlement d'Angleterre pour en déterminer la valeur et en fixer le prix. « Un étranger, dit M. R. Rochette, fut appelé pour vider ce grand débat, qui devait, en définitif, se résoudre en guinées, et cet arbitre unique, ce juge suprême, était un homme que l'Angleterre empruntait à la France, qui l'avait elle-même conquis sur l'Italie : c'était l'illustre Visconti, le prince des antiquaires de notre âge. Il ne fallut pas de bien longues recherches à ce profond interprète des monuments antiques pour apprécier à leur juste valeur, pour remettre à leur véritable place des sculptures qui, bien que mutilées de toute manière, portent partout l'empreinte inaltérable du génie. L'excellence de ces ouvrages sortis de l'atelier de Phidias fut proclamée. Les figures nues, mieux conservées, ou plus entières, telles que celles de l'Ilissus et de Thésée, furent placées au-dessus de toutes les sculptures connues. Les figures drapées prirent rang pareillement en tête de toutes les statues de ce genre, les plus parfaites que l'on possédât. Les plus beaux ouvrages de l'art antique, qui avaient paru jusqu'alors sans rivaux, l'*Apollon*, le *Laocoon*, le *Torse*, descendirent de ce rang suprême qu'ils avaient occupé jusqu'alors dans l'opinion publique, et se placèrent à des degrés différents, suivant qu'ils approchaient plus ou moins de cette école sublime, où l'idéal le plus élevé est joint à la vérité la plus exquise. Le *Torse* seul se maintint immédiatement au-dessous, ou presque à côté des sculptures de Phidias. Il suffit, en un mot, de l'apparition de ce maitre de l'art antique dans le domaine des monuments qui nous en restent pour remettre chaque objet à sa place, en s'emparant, sans difficulté, de la première.... Cependant ces monuments d'un art si exquis ne sont pas encore l'œuvre de Phidias lui-même : ils nous révèlent sa pensée, son génie, mais non par une empreinte immédiate ; ils nous montrent une perfection dont nous n'avions pas d'idée, mais ce n'est pas encore celle dont le talent de Phidias était susceptible..... »

Du temple d'Eleusis. — Ce temple, dédié à Cérès et à sa fille Proserpine, s'élevait sur le penchant oriental d'une colline, à une faible distance de la mer, et au-dessus de la petite ville d'Eleusis. Il fut construit par les soins de Périclès, avec le concours et sous la direction des plus illustres artistes de son temps. Anssi vaste que magnifique, il avait, dans sa longueur, du nord au midi, trois cent soixante-trois pieds, et trois cent vingt-cinq de large, du levant au couchant. Il pouvait contenir, dit-on, trente mille personnes. On l'avait construit d'abord sans colonnes au-dehors, et ce ne fut qu'au temps de Démétrius de Phalère que l'architecte Philon y plaça des colonnes extérieures d'ordre dorique.

De quelques autres monuments d'architecture dans la Grèce. Vitruve dit qu'il y avait dans la Grèce quatre temples plus célèbres que les autres, bâtis de marbre et enrichis de si beaux ornements qu'ils faisaient l'admiration des plus habiles connaisseurs, et qu'ils étaient devenus comme la règle et le modèle des monuments dans les trois ordres d'architecture. Ces temples étaient ceux de Diane à Ephèse, d'Apollon à Milet, de Jupiter Olympien à Athènes, et de Cérès et de Proserpine à Eleusis. Il a déjà été fait une mention détaillée de deux de ces édifices. Le temple d'Apollon à Milet était d'ordre ionique, et celui de Jupiter Olympien, d'ordre corinthien. Pisistrate l'avait commencé, mais il était demeuré imparfait après sa mort, à cause des troubles qui agitèrent la république ; et ce ne fut que trois siècles après qu'Antiochus Epiphanes fournit les fonds nécessaires pour l'achever. Cossutius, citoyen romain, qui s'était fait un nom dans l'architecture, et qui, l'un des premiers, avait adopté les ordres grecs, fut choisi pour ce grand ouvrage, et y acquit beaucoup d'honneur, cet édifice étant estimé tel qu'il en était peu qui en égalassent la magnificence.

CHAPITRE II.

DE L'ARCHITECTURE ET DES ARTS EN ORIENT.

1° *Des monuments de l'ancienne Égypte.* — Il n'entre pas dans le plan de cet ouvrage d'examiner avec détail les monuments de l'antique Égypte : resserrés dans des limites fort étroites, nous devrons nous borner, sur ce sujet, à ce qu'il y a de plus nécessaire à savoir, et même encore ferons-nous un choix dans ce nécessaire. En effet, la connaissance de plusieurs sortes de monuments égyptiens est une chose à peu près vulgaire depuis plus d'un siècle, c'est-à-dire depuis la publication du premier tome de l'excellente Histoire ancienne de Rollin. Il ne sera donc fait mention ici qu'en passant de tout ce que l'on trouverait d'ailleurs dans cet ouvrage, et nous nous arrêterons davantage sur ceux des monuments qui, plus récemment découverts ou décrits, n'avaient point été connus de l'illustre recteur de l'université de Paris, et dont l'étude, tout aussi importante que celle des premiers, n'est ni aussi vulgaire ni surtout aussi accessible à la jeunesse, pour laquelle nous écrivons.

Du caractère général des monuments égyptiens. — Ce qui caractérise plus particulièrement les monuments égyptiens, c'est leur solidité et leur durée; ce sont leurs formes graves et austères; c'est enfin le volume extraordinaire des matériaux dont ils se composent. Leurs habitations particulières étaient construites en roseaux enduits de terre grasse : un petit nombre seulement étaient à plusieurs étages et en briques. Quelques pyramides sont faites de cette dernière matière. Les autres monuments publics sont en pierres, généralement d'une grandeur énorme. Elles sont en calcaire ou en granit; aujourd'hui encore, malgré le temps et les barbares, on peut admirer la vivacité de leurs arêtes, la justesse de leurs traits et la perfection de leur poli. Les Egyptiens avaient l'art de les ajuster avec tant de soin que c'est à peine si l'on distingue les assises les unes des autres Le temple des Egyptiens, dit M. R. Rochette (1), par sa forme lourde,

---

(1) Cours d'antiquité professé à la Bibliothèque royale, 1837, Compte-Rendu du journal l'*Artiste*, t. XIII, p. 307.

basse et carrée, par son intérieur sombre et mystérieux, par ses portes et ses rares ouvertures de communication, taillées en forme pyramidale, par sa façade simple et nue, par ses nombreux supports, ronds, carrés ou octogones, par les dessins hiéroglyphiques creusés sur les parois de ses murailles, par le grand nombre de ses statues peintes, par les niches carrées qui ornent ses *cellæ*, par les colonnes qui se dressent sous ses vestibules et en avant de ses portiques; le temple égyptien semble avoir été extrait du flanc d'une montagne, pour être placé, sans aucune transformation, au milieu des plaines de la Moyenne-Egypte. On dirait que les architectes ont cherché, avant tout, la force, la solidité, le grandiose.

Nulle part la mécanique n'a produit de si grands résultats, ainsi que l'atteste l'observation la plus superficielle; et, sans revenir sur l'énormité des masses que les Egyptiens ont mises en œuvre, et transportées souvent à des distances considérables, considérons seulement la solidité et la durée de leurs constructions. Les monuments grecs et romains sont tous ruinés; ceux de l'Europe du moyen-âge et moderne ne résistent point à quelques siècles; tandis que des constructions égyptiennes d'une grandeur et d'une hauteur extraordinaire ne présentent pas le plus petit dérangement dans les nombreuses assises qui les composent : l'œil ne voit sur ces vastes surfaces que des lignes parfaitement droites et des plans parfaitement dressés.

Bien plus ancienne que celle des Grecs, l'architecture égyptienne sut observer des convenances qui avaient échappé au goût d'ailleurs si sûr et si délicat de ce peuple. Au lieu des feuilles d'acanthe des chapiteaux corinthiens, les Egyptiens se servaient de feuilles de palmiers, dont ils avaient le modèle naturel sous les yeux; mais, comprenant combien il était peu convenable que la masse pesante de l'architecture posât directement sur les feuilles, sur les fleurs et les ornements délicats du chapiteau, ils avaient placé au sommet de celui-ci un dé carré, moins large que lui, et sur lequel s'appuyait l'architecture. Ils tiraient d'ailleurs un autre avantage de cette disposition : dans les suites de colonnes, les chapitrave se trouvant éloignés de l'architecture, les grandes lignes, qui sont toujours une source de beauté dans l'architecture, n'étaient point interrompues.

On sait que, si l'on en exempte quelques constructions de la Thébaïde, on ne trouve point de voûtes dans les monuments de l'antiquité; l'Egypte n'en avait, à la vérité, nul besoin, parce que sa méthode d'exploiter les carrières lui fournissait des masses de pierre ou de granit des plus grandes dimensions désirables; tandis que l'Europe est réduite à se servir de voûtes, parce qu'elle ne peut extraire et mettre en œuvre que des matériaux beaucoup moins considérables (1).

Des temples de l'Egypte. — Les Egyptiens furent sans doute de tous les peuples de l'antiquité classique celui qui montra le moins de dispositions pour le chan-

---

(1) L'Egypte ancienne, par M. Champollion-Figeac.

gement dans les arts, comme dans la politique et dans la religion : cette constance de ce peuple dans les habitudes du passé simplifie singulièrement la tâche de celui qui essaie de faire connaître ses mœurs, ses lois et ses arts, et la réduit à l'exposition de quelques types généraux, qui se retrouvent partout et toujours dans l'Egypte, et ne subissent que de rares et faibles modifications. Ainsi en est-il des temples : si le plan général, d'après lequel ces monuments étaient construits en Egypte, subit de fréquentes additions, celles-ci ne touchent point au fond même de l'édifice. La description de l'un de ces édifices nous suffira donc pour nous former une idée assez complète de ce genre de construction.

« A l'entrée du *téménos* (enceinte générale), dit Strabon, on voit une avenue pavée dont la largeur est d'environ un pléthre (1), plus ou moins, et la longueur triple. Il est des temples où elle est quadruple, et même plus considérable : cette avenue s'appelle *dromos* (allée); c'est le centre général. Callimaque se sert de cette expression lorsqu'il dit : Voilà le *dromos sacré d'Anubis*. Dans toute la longueur, et de chaque côté, règne une suite de sphinx en pierre, distants les uns des autres de vingt coudées, ou un peu plus, en sorte qu'à droite et à gauche il en existe une rangée.

» Après les sphinx on trouve un grand *propylée* (2),

---

(1) Le pléthre équivaut à environ 16 toises.
(2) Ce mot désigne un travail avancé par rapport à l'édifice principal, une construction en avant des portes.

puis, en s'avançant plus loin, un second, puis un troisième. Au reste, le nombre des *propylées* n'est pas déterminé, non plus que celui des *sphinx*; il varie dans les temples, de même que la longueur et la largeur des *dromos* (les *dromos* étaient découverts, et leur *aréa* (aire ou surface), entièrement libre et sans statues). Au-delà des *propylées* s'élève le *naos*, ou temple proprement dit, contenant un *pronaos*, ou partie antérieure du temple, et un *sécos*, ou sanctuaire; le premier, d'une grandeur considérable; le second, de grandeur médiocre. Ce *naos* ne renferme point de statues, ou du moins, s'il en renferme, elles représentent quelque animal et ont des figures humaines. De chaque côté du *pronaos* s'avance ce qu'on appelle les *ptères* (ou ailes) : ce sont deux murs dont la hauteur est égale à celle du temple. Leur éloignement l'un de l'autre est d'abord plus considérable que la largeur du soubassement du *naos*; mais ensuite, à mesure qu'on s'avance, on voit leurs faces se prolonger l'espace de cinquante ou soixante coudées, en se rapprochant l'une de l'autre. Les parois de ces *ptères* sont couvertes de grandes figures sculptées en anaglyphe (en relief), semblables aux sculptures tyrrhénéennes ou aux très-anciens ouvrages grecs. »

Les travaux des voyageurs modernes, tout en confirmant les détails donnés par le géographe grec, les complètent et les enrichissent de renseignements nouveaux. C'est ainsi qu'ils nous ont appris qu'en avant du temple de Karnac, à Thèbes, on trouvait un dromos dallé, de deux mille mètres de longueur, décoré d'une double rangée d'abord de sphinx et ensuite de béliers. Il y avait six cents sphinx de chaque côté, ce qui faisait douze cents en tout, et cent seize béliers. Toutes ces statues étaient monolithes, c'est-à-dire faites d'une seule pierre.

Les murs ne sont construits sur un plan vertical qu'à l'intérieur; en dehors ils sont en talus, ce qui en élargit beaucoup la base.

Les colonnes ne sont généralement point placées autour de l'édifice, mais plutôt à l'intérieur, de sorte qu'elles sont toujours ou unies entre elles, ou au moins environnées par un mur. Elles n'ont guère que six ou huit modules, et sont d'ailleurs si rapprochées l'une de l'autre que les plafonds des salles semblent être soutenus par une forêt de piliers. Outre la différence caractéristique, qui a été signalée plus haut, entre la forme des colonnes égyptiennes et celle des colonnes grecques, il est quelques autres différences qu'il importe de signaler. Le fût des colonnes égyptiennes va tantôt s'amincissant, et tantôt s'élargissant vers le haut. Il y en a de carrées et d'hexagones; mais le plus souvent elles sont cylindroïdes. La base en est fort simple; souvent même elles n'en ont pas. Elles sont parfois chargées de caractères hiéroglyphiques, ou de rainures droites ou transversales. Quant aux chapiteaux, nous remarquerons seulement qu'il y en avait une espèce toute particulière, qui consistait dans un simple renflement du fût, renflement orné de moulures et qui allait se rétrécissant vers le haut, jusqu'à ce qu'il rencontrât le tailloir dont nous avons parlé précédemment.

Les propylées ou *pylônes* des temples consistaient en

deux tours en forme de pyramides tronquées, unies par les montants et le dessus d'une porte. Les parois de ces tours et de cette porte étaient ornées de bas-reliefs et de caractères hiéroglyphiques. L'intérieur du temple, ou naos, était souvent partagé en cellules, ou cryptes, dans lesquelles on trouvait des piliers monolithes, destinés à recevoir les idoles, et des autels monolithes, en forme de cônes tronqués.

Le plus vaste de ces temples était celui de Jupiter, à Thèbes, qui n'avait pas moins de quatorze cents pieds de long sur trois cent cinquante de large.

Parmi les sculptures qui ornaient ces temples, il en est auxquelles s'attache un intérêt tout particulier : ce sont les zodiaques que l'on retrouve sur quelques pronaos, notamment sur ceux des temples de Denderah et d'Esneh. Il y avait lieu de penser que, par la disposition donnée aux signes célestes sur ces zodiaques, on pourrait déterminer et l'état des connaissances astronomiques des Égyptiens, et l'époque de la fondation de ces édifices. Une première observation de ces zodiaques avait, en effet, au moyen des formules établies par les géomètres pour représenter les mouvements planétaires, et pour reconstruire les mouvements des cieux pour une antiquité quelconque; cette observation, disons-nous, avait fait induire que l'un de ces temples, celui d'Esneh, devait remonter à une époque tellement reculée (3285 av. J.-C.) qu'elle était tout-à-fait incompatible avec la chronologie sacrée. Les ennemis de la religion s'emparèrent avidement de ce résultat : c'était une arme de plus, mais qui devait bientôt se briser entre leurs mains. En 1828 et en 1829, M. Champollion, l'illustre interprète des hiéroglyphes, visita les temples de Denderah et d'Esneh, et les observa avec le plus grand soin : il n'eut pas de peine à reconnaître, d'après les signes les moins incontestables, que le temple de Denderah, commencé sous Cléopâtre, avait été continué par les empereurs romains, et que Trajan, Adrien et Antonin le Pieux y avaient mis la dernière main. Quant au temple d'Esneh, dont une observation superficielle, fondée sur la disposition des signes du zodiaque, avait fixé la construction à l'an 2160 avant celle du zodiaque de Denderah, voici ce qu'en dit M. Champollion :

« Ce monument a été regardé, d'après de simples conjectures, établies sur une façon particulière d'interpréter le zodiaque du plafond, comme le plus *ancien* monument de l'Egypte : l'étude que j'en ai faite m'a pleinement convaincu que c'est, au contraire, le plus *moderne* parmi ceux qui existent encore en Egypte ; car les bas-reliefs qui le décorent, et les hiéroglyphes surtout, sont d'un style tellement grossier et tourmenté qu'on y aperçoit, du premier coup d'œil, le point extrême de la décadence de l'art. Les inscriptions hiéroglyphiques ne confirment que trop cet aperçu : les masses de ce pronaos ont été elevées sous l'empereur Cæsar-Tibérius-Claudius-Germanicus (l'empereur Claude), dont la porte du pronaos offre la dédicace en grands hiéroglyphes. La corniche de la façade et le premier rang de colonnes ont été sculptés sous les empereurs Vespasien et Titus ; la partie postérieure du pronaos porte les légendes des empereurs Antonin, Marc-Aurèle et Commode; quelques colonnes du pronaos furent décorées de sculptures sous Trajan, Adrien et Antonin; mais, à l'exception de quelques bas-reliefs de l'époque de Domitien, tous ceux des parois de droite et de gauche du pronaos portent les images et les légendes de Septime-Sévère, et de Géta, que son frère Caracalla eut la barbarie d'assassiner, en même temps qu'il fit proscrire son nom dans tout l'empire. Il paraît que cette proscription du tyran fut exécutée à la lettre jusqu'au fond de la Thébaïde, car les cartouches des noms propres de l'empereur Géta sont tous *martelés* avec soin; mais ils ne l'ont pas été au point de m'empêcher de lire très-clairement le nom de ce malheureux prince : *l'empereur* Cæsar Geta *le directeur*. Ainsi donc l'antiquité du pronaos d'Esneh est incontestablement fixée : sa construction ne remonte pas au-delà de l'empereur Claude; ses sculptures descendent jusqu'à Caracalla, et *du nombre de celles-ci est le fameux zodiaque dont on a tant parlé.* »

Reste maintenant à expliquer la disposition des signes du zodiaque, qui avait soulevé cette question. Cette explication se fera par deux hypothèses aussi naturelles et aussi vraisemblables l'une que l'autre, et entre lesquelles on peut choisir. Rien n'empêche d'admettre, d'une part, que les astronomes de Thèbes, voulant laisser un monument authentique de leur science, ont représenté l'état du ciel tel qu'il devait être à une époque donnée, et choisie arbitrairement; ou bien, d'autre part, ceux qui construisaient cet édifice, et qui vivaient dans un temps où l'astrologie et ses vaines pratiques étaient l'objet d'une confiance et presque d'une passion générale, ont voulu représenter, dans leurs zodiaques, un état du ciel tel qu'il le fallait pour produire toutes les influences désirables.

Des palais de l'ancienne Egypte. — Le principal de ces palais est celui de Louqsor ou de Karnak, bâti à Thèbes par les rois Aménophtis (1687—1650 av. J.-C.) et Horus, son fils (1650—1619), de la XVIIIe dynastie. Ces princes dédièrent ce gigantesque monument au dieu Ammon-Ra, ainsi que l'attestent une foule d'inscriptions, ayant toutes à peu près le même sens, gravées, en grands hiéroglyphes, d'un relief très-bas et d'un excellent travail, et répandues sur toutes les architraves et sur les cent cinq colonnes, la plupart encore intactes, qui ornent les cours intérieures de ce palais. Voici la traduction de l'une de ces inscriptions :

« La vie ! Horus puissant et modéré, régnant par la justice, l'organisateur de son pays, celui qui tient le monde en repos, parce que, grand par sa force, il a frappé les barbares ; le roi seigneur de justice, bien-aimé du soleil, le fils du soleil, Aménophis, modérateur de la région pure (l'Egypte), a fait exécuter ces constructions à son père Ammon, le dieu seigneur des trois zones de l'univers, dans l'Oph (Thèbes) du midi ; il les a fait exécuter en pierres dures et bonnes, afin d'ériger un édifice durable ; c'est ce qu'a fait le fils du soleil, Aménophis, chéri d'Ammon-Ra. »

Les portes et les avenues qui menaient aux palais étaient

ornées d'allées de sphinx et de statues colossales. C'est ainsi que, à quelque distance du palais d'Aménophis, existent encore les débris de colosses en grès rougeâtres.

Le palais le plus célèbre de l'Egypte dans l'antiquité était le Labyrinthe, que l'historien Hérodote mettait au-dessus de tous les monuments connus. « J'ai vu ce monument, dit-il, que j'ai trouvé supérieur à sa réputation ; je crois même qu'en réunissant tous les bâtiments construits, tous les ouvrages exécutés par les Grecs, on resterait encore au-dessous de cet édifice, et pour le travail et pour la dépense, quoique le temple d'Ephèse et celui de Samos soient justement célèbres; les pyramides mêmes étaient des monuments qui surpassaient leur renommée; chacune d'elles pouvait être comparée à ce que les Grecs ont produit de plus grand, et cependant le Labyrinthe l'emporté sur elles. On y voit, dans l'intérieur, douze *aulæ* (cours) recouvertes d'un toit, et dont les portes sont opposées alternativement les unes aux autres. Six de ces *aulæ* sont exposées au nord, et six au midi; elles sont contiguës et renfermées dans une enceinte formée par un mur extérieur; les chambres que renferment les bâtiments du Labyrinthe sont toutes doubles, les unes souterraines, les autres élevées sur les premières ; elles sont au nombre de trois mille, quinze cents à chaque étage. Nous avons parcouru celles qui sont au-dessus du sol, et nous en parlons d'après ce que nous avons vu; mais, pour celles qui sont au-dessous, nous n'en savons que ce que l'on nous en a dit, les gardiens n'ayant voulu, pour rien au monde, consentir à nous les montrer. Elles renferment, disent-ils, les tombeaux des rois qui ont anciennement fait bâtir le Labyrinthe, et ceux des crocodiles sacrés; ainsi nous ne pouvons rapporter sur ces chambres que ce que nous avons entendu dire. Quant à celles de l'étage supérieur, nous n'avons rien vu de plus grand parmi les ouvrages sortis de la main des hommes : la variété infinie des communications et des galeries rentrant les unes dans les autres, et que l'on traverse pour arriver aux *aulæ*, cause mille surprises à ceux qui parcourent ces lieux, en passant tantôt d'une des *aulæ* dans des chambres qui les environnent, tantôt de ces chambres dans des portiques, ou de ces portiques dans d'autres *aulæ*. Les plafonds sont partout en pierre, comme les murailles, et ces murailles sont chargées d'une foule de figures sculptées en creux. Chacune de ces *aulæ* est ornée d'un péristyle exécuté en pierres blanches parfaitement assemblée. A l'angle qui termine le Labyrinthe, on voit une pyramide de quarante orgyes (1) de haut, décorée de grandes figures sculptées en relief ; on communique à cette pyramide par un chemin pratiqué sous terre. « Les dimensions de l'ensemble de ce vaste monument étaient d'environ deux cent onze mètres de côté. Chaque chambre était couverte par une seule pierre, et il en était de même des corridors. Cette réunion de palais servait pour les *panégyries* ou grandes assemblées, sortes d'états-géné-

---

(1) L'orgye équivalait à la 100ᵉ partie du stade ; le stade vaut 368 mètres 368 millimètres ; l'orgye vaut donc 3 mètres 683 millim.; et 40 orgyes équivalent à 147 mètres 320 millim.

raux de la nation égyptienne, dont la réunion fréquente était considérée comme un des devoirs les plus essentiels de la royauté : il y avait un palais pour les députés de chaque nome ou province de l'Egypte, qui n'était d'abord divisée qu'en douze nomes. Les Grecs lui donnèrent le nom de Labyrinthe, par lequel ils désignaient un édifice dont les compartiments étaient tellement enchevêtrés qu'il devenait impossible d'en sortir à celui qui s'y était engagé sans guide. Le Labyrinthe d'Egypte fut fondé par Labarys, qui faisait partie de la XIIe dynastie, et régna à une époque tellement reculée que les monuments historiques n'ont pu la fixer d'une manière précise (1).

Les palais de Louqsor et du Labyrinthe sont loin, comme on le sait, d'épuiser la liste des monuments prodigieux de l'Egypte, et, bien que les limites de ce travail nous commandent de restreindre, autant que possible, ces détails, nous ne saurions omettre de faire mention de deux espèces de monuments particuliers à l'Egypte, et, pour ainsi dire, caractéristiques : il s'agit des obélisques et des pyramides.

---

(1) La chronologie des rois d'Egypte ne prend un peu de consistance qu'à l'époque de la XVIIe dynastie, et encore fourmille-t-elle d'obscurités et de contradictions énormes ; et, si l'on excepte les faits mentionnés çà et là dans les saintes Ecritures, il n'est, dans l'histoire de ce pays, aucune date historique positive et incontestable avant 656. Quant à ce grand nombre de dynasties, il ne faut pas oublier que les dix-sept premières au moins, selon toute probabilité, régnèrent simultanément.

Tous les obélisques sont monolithes (d'une seule pierre), de granit rose, et taillés en forme d'un long prisme quadrangulaire, terminé en pyramide. Les rois égyptiens en avaient fait construire un nombre considérable. La fureur de Cambyse en détruisit une grande quantité; l'un d'eux cependant trouva grâce devant le sauvage conquérant. Frappé, dit-on, de la magnificence et de la majesté de ce monument, que le roi Rhamsès avait fait élever à Thèbes, il fit arrêter un incendie qui menaçait de calciner cet obélisque. Les historiens disent encore que Rhamsès, au moment où l'on allait dresser cet obélisque sur sa base, fit placer son propre fils au sommet du monolithe, afin d'intéresser plus vivement l'architecte et les ouvriers à la conservation de ce précieux ouvrage. Plusieurs de ces obélisques sont d'une grandeur extraordinaire, si l'on observe qu'ils sont d'une seule pierre : il y en a qui ont plus de cent pieds d'élévation. L'un des deux obélisques de Louqsor, que l'on a transporté à Paris, et qui n'a que soixante-dix pieds d'élévation, pèse plus de deux cent vingt mille kilogrammes. Les faces de ces monuments étaient couvertes d'hiéroglyphes sculptés avec le plus grand soin et à une grande profondeur.

Les obélisques étaient des monuments essentiellement historiques, placés au frontispice des temples et des palais, annonçant, par leurs inscriptions, le motif de la fondation de ces édifices, leur destination et leur dédicace à une ou plusieurs des divinités du pays; les inscriptions des obélisques donnent les détails des constructions, le nom et la filiation des princes qui les élevèrent, et indiquent enfin les accroissements ou les embellissements dus à chacun d'eux. Les obélisques, toujours accouplés et placés en avant des pylônes des temples, annonçaient majestueusement l'édifice, en même temps qu'ils proclamaient la gloire du prince qui l'avait fondé (1).

Il existe aujourd'hui encore un assez grand nombre de pyramides dans toute l'Egypte; mais les plus remarquables par leurs masses sont celles de Ghizé. Là, comme partout, elles sont divisées par groupes symétriques. Ces constructions ont besoin d'être étudiées de près pour être bien appréciées; elles semblent diminuer de hauteur à mesure qu'on en approche, et ce n'est que lorsque l'on est parvenu à leur base, et que, levant la tête vers leur sommet, on cherche à les embrasser du regard, qu'on peut se faire une idée juste de leur masse et de leur immensité.

Le sol sur lequel repose la grande pyramide de Ghizé est un rocher élevé de près de cent pieds au-dessus du niveau des plus grandes eaux du Nil, et qui forme un solide dont on n'a point trouvé la base à une profondeur de plus de deux cents pieds. Tout autour, et au loin, s'étend le désert, où la présence de l'homme ne se manifeste que par les ossements impitoyablement exhumés de leurs tombeaux. La surface de ce rocher est creusée à une profondeur de cinq pieds huit pouces et demi : c'est dans

---

(1) *Voir* M. Champollion-Figeac, l'Egypte ancienne, p. 77, seq.

ce creux que plonge la première assise de la pyramide. Les autres assises, au nombre de deux cent deux, s'élèvent successivement sur cette base, et les unes au-dessus des autres, en diminuant de superficie, de manière que chaque assise supérieure laisse tout à l'entour la surface de l'assise immédiatement inférieure à découvert sur une largeur de neuf pouces et demi. La pyramide entière a quatre cent vingt-huit pieds et quelques lignes d'élévation verticale au-dessus du rocher qui porte l'assise inférieure; mais deux assises manquent au sommet, ce qui portait la hauteur primitive de la pyramide à un peu moins de quatre cent cinquante pieds. La base du monument, qui est quadrangulaire, a sept cent seize pieds et demi de côté; ce qui donne à la masse entière un volume d'un million quatre cent quarante-quatre mille six cent soixante-quatorze toises cubes. Malgré l'énormité d'une telle construction, le soin le plus minutieux y a présidé jusque dans les moindres détails. Chaque pierre des quatre arêtes est incrustée dans la suivante; la pierre inférieure, creusée de deux pouces, reçoit une saillie égale de la pierre supérieure, et chaque arête est ainsi liée de toute sa hauteur; aussi, bien que quarante siècles aient passé sur ce gigantesque monument, n'a-t-on remarqué en aucun point ni le plus léger écart ni la moindre dégradation. A ce mérite artistique la grande pyramide joint un mérite scientifique : elle est exactement orientée, et chacun de ses quatre angles fait face à l'un des quatre points cardinaux. Aujourd'hui même on ne saurait atteindre ce résultat sans de grandes difficultés. Du reste, cette orientation parfaite de la grande pyramide prouve, et ce fait est d'une grande importance pour la physique générale du globe, que, depuis la construction de cet antique monument, la position de l'axe de la terre n'a point varié d'une manière sensible. La grande pyramide est le seul monument connu qui puisse fournir matière à une semblable observation.

A quarante-cinq pieds environ de la base et au niveau de la quinzième assise, la face nord-ouest de cette pyramide est percée d'une ouverture qui donne issue à une galerie par laquelle on pénètre dans deux chambres et à un puits d'une profondeur inconnue, qui se trouvent dans l'intérieur du monument. Il y a lieu de croire que ce puits communique avec la galerie que l'on avait creusée dans et sous le sphinx qui se trouve auprès.

Quant aux inscriptions que les historiens grecs racontent avoir vues sur la grande pyramide, et par lesquelles le roi Chéops, qui la fit construire à une époque antéhistorique pour l'Egypte, aurait indiqué le nombre des ouvriers et les sommes qui avaient été employées à ce monument, ces inscriptions n'ont jamais existé : il n'y a jamais eu un seul trait d'écriture sur la grande pyramide, et le sarcophage en granit qui est déposé dans la salle supérieure du monument n'en porte pas lui-même la moindre trace. La haine ardente que Chéops et ceux qui l'imitèrent avaient allumée contre eux dans le cœur de leurs sujets, en les condamnant en masse à travailler à la construction de ces pyramides, eût suffi pour détourner ce prince et les autres rois d'y placer une telle inscription (1). La grande pyramide, comme toutes les autres, était un tombeau : c'est ainsi qu'à côté de la manifestation la plus éclatante de la puissance humaine se trouvait aussi celle de son néant.

Il est juste de dire cependant que, dans un ouvrage qu'il vient de publier sur les pyramides d'Egypte, et qui excite, en ce moment, le plus vif intérêt dans le monde scientifique, un savant, M. de Persigny, assigne un autre objet à la construction des pyramides. Il y démontre, par des considérations basées sur les documents les plus récents et les plus authentiques, que la destination funéraire des pyramides est tout-à-fait accessoire; que ces merveilleuses constructions cachent un grand problème scientifique : qu'elles ont pour fonction de garantir la vallée du Nil de l'invasion des sables du Désert. Toutes, en effet, placées, soit isolément, soit en groupes, à l'entrée des vallées qui, de la région des sables mouvants, débouchent transversalement sur la plaine du Nil, et disposées selon des lois remarquables, elles arrêtent les tourbillons sablonneux, en s'attaquant aux causes mêmes du fléau, c'est-à-dire en présentant au vent du Désert, qui s'engage dans les gorges de la montagne, de grandes surfaces capables d'en modifier la vitesse et d'en amortir assez la violence pour leur ôter la force nécessaire pour soulever les sables du Désert; de sorte que, loin d'éterniser l'orgueil et la folie des Pharaons, les pyra-

---

(1) *Voir* M. Champollion-Figeac, p. 280 seq.; M. Batissier, p. 84.

mides seraient, au contraire, un des plus glorieux monuments de la science et de la sagesse des Egyptiens.

II. *De l'architecture chez les Juifs.* — Il ne reste plus aucune trace de l'architecture de ce peuple en dehors des descriptions de monuments que l'on trouve dans l'Ecriture sainte; mais ces descriptions sont remplies de détails du plus haut intérêt, et nous donnent une idée on ne peut plus avantageuse du développement que les arts avaient pris chez le peuple de Dieu. Aussi ne pouvons-nous que regretter vivement d'être obligé de restreindre l'espace que nous eussions désiré accorder à cet article; la description des monuments de l'architecture juive se trouve d'ailleurs dans des ouvrages qui sont, soit tout entiers, soit sous la forme d'abrégés, entre les mains de tout le monde, ce qui rend notre tâche ici superflue, et nous permet de l'abréger, sans préjudice pour le lecteur.

Les deux principaux monuments de l'architecture juive étaient le tabernacle et le temple.

Quand Dieu eut commandé à Moïse d'élever le premier de ces monuments, il remplit « Béséléel, fils d'Uri, fils de Hur, de la tribu de Juda, » ... « de l'esprit de Dieu, de sagesse, d'intelligence, de science et d'habileté pour toutes sortes d'ouvrages; soit pour inventer, soit pour exécuter ce qui se peut faire en or, en argent ou en airain; pour tailler ou enchâsser les pierres, et pour tous les ouvrages en bois (1). Tout le peuple concourut, par ses

---

(1) Exode, XXXV, 30—34.

offres et par son travail, à la construction de l'édifice. Moïse fit faire une enceinte carrée, de cent coudées de long et de cinquante de large : dans le sens de la longueur, on éleva un péristyle de vingt colonnes de bronze, de cinq coudées de haut, et, dans le sens de la largeur, un péristyle de dix colonnes. Ces colonnes portaient des chapiteaux et des bases en argent; la matière de l'enceinte était du lin très-fin. La porte du sanctuaire, décorée de deux colonnes de bronze revêtues de feuilles d'or et d'argent, consistait en un grand voile couleur de pourpre et d'hyacinthe, parsemé de figures de Chérubins.

Au milieu de cette tente splendide on déposait le tabernacle, abrité par une seconde enceinte, qui se composait de dix pièces de tapisserie, que des agrafes de bronze doré attachaient à la charpente. Le tabernacle avait trente coudées de long sur vingt de large; les parois en étaient recouvertes de lames d'or. Il se divisait en deux parties, dont la première, nommée le *Saint*, renfermait les *parfums*, la table des *pains de proposition*, et le *chandelier d'or à sept branches*; de la seconde, nommée le *Saint des Saints*, contenait l'arche d'alliance.

Ce fut, comme on sait, le grand roi Salomon qui jeta les fondements de l'ancien temple, l'an 1012 avant Jésus-Christ. Les Tyriens lui fournirent des matériaux, des ouvriers habiles et l'architecte Hiram. « Le roi Salomon leva des ouvriers dans tout Israël, et le nombre en montait à trente mille. Il les envoyait tour à tour au Liban, savoir : dix mille chaque mois; en sorte qu'ils étaient un mois au Liban, et pouvaient demeurer deux mois chez eux... Salomon avait de plus soixante-dix mille manœuvres pour porter les fardeaux, et quatre-vingt mille hommes destinés à porter les pierres dans les montagnes, sans les différents officiers auxquels le roi avait donné l'intendance sur les ouvrages : ils étaient au nombre de trois mille six cents, et ils donnaient les ordres aux gens occupés à ce travail (1). »

« On n'employa dans le bâtiment du temple que des pierres que l'on apportait toutes taillées; et l'on n'entendit dans la maison, pendant qu'elle se bâtit, ni le marteau, ni la cognée, non plus qu'aucun instrument de fer (2). »

Le temple, bâti sur la colline de Sion, était entouré de trois enceintes concentriques qu'on appelait *parvis*. Le parvis extérieur était appelé celui des *nations*, parce que toutes y avaient accès : il était entouré de galeries et de bâtiments habités par des changeurs et par des gens qui vendaient les objets nécessaires aux sacrifices. Le second parvis était celui des Israélites : il était décoré de portiques, et se composait, en outre, de bâtiments où étaient les logements des lévites et des gardes du temple, et la salle du sanhédrin. Le troisième parvis était habité par les prêtres, et contenait, en outre, les salles où l'on conservait les objets sacrés qui servaient au culte. Dans ce parvis se trouvait le temple proprement dit; un large vestibule rectangulaire y donnait accès; un portique de

---

(1) Rois, III, 5, vers. 13—17.
(2) Rois, III, 6, vers. 7.

cent vingt coudées de hauteur le précédait. De chaque côté de la porte s'élevait une colonne haute de quatorze coudées, en bronze relevé de cercles d'or ; le chapiteau en était d'argent, et les moulures en représentaient des grenades dans un réseau de feuillages.

Le temple était divisé en deux parties.

La première partie se nommait le Saint : les portes en étaient dorées et ornées de pampres d'or, de la hauteur d'un homme ; le sol en était couvert d'un tapis babylonien de cinquante coudées de long et de seize de large, où l'azur, le pourpre, l'écarlate et le lin étaient mêlés avec un art merveilleux, et représentaient les quatre éléments : l'écarlate étant le symbole du feu ; le lin, de la terre, qui le produit ; l'azur, de l'air, et le pourpre, de la mer, d'où on le tire. Tout l'ordre du ciel s'y trouvait aussi brodé, à l'exception des signes du zodiaque. La seconde partie du temple, ou partie intérieure, plus longue mais beaucoup moins haute que la première, était subdivisée par un voile en deux parties, dans la première desquelles se trouvaient le chandelier, la table et l'autel des encensements. Le chandelier était d'or, et avait sept branches, qui portaient autant de lampes qui représentaient les sept planètes ; sur la table, qui était d'or massif, aussi bien que l'autel des encensements, se trouvaient douze pains, rappelant les douze signes du zodiaque ; et enfin les treize sortes de parfums que l'on mettait dans les encensoirs étaient destinés à rappeler que c'est de Dieu que toutes choses procèdent, et que toutes lui appartiennent. Au-delà du voile se trouvait le Saint des

Saints : c'était une salle de vingt coudées de long ; elle était vide, et non-seulement il était défendu d'y pénétrer, mais il était même défendu de la voir. Le grand-prêtre seul avait le droit d'y entrer une fois l'an. Ce jour-là tout le peuple célébrait un jeûne austère. Le grand-prêtre portait alors un vêtement d'azur, qui lui descendait jusqu'aux talons, et au bas duquel étaient attachées de petites clochettes d'or et des grenades de même métal. Sur sa poitrine descendait une pièce de broderie, attachée avec cinq rubans de diverses couleurs, savoir : d'or, de pourpre, d'écarlate, de lin et d'azur, couleurs des voiles du temple et de l'éphod. L'éphod était une espèce d'étole, semblable à une cuirasse, des mêmes couleurs que le pectoral, et attachée avec deux agrafes d'or, faites en forme d'aspic, dans lesquelles étaient enchâssées des sardoines d'un très-grand prix, où les noms des douze tribus étaient gravés. Ces mêmes noms étaient encore gravés sur douze autres pierres précieuses, qui pendaient des deux côtés. La tiare du grand-prêtre était de lin, et ceinte d'une couronne d'or, sur laquelle étaient gravées les quatre voyelles sacrées, celles du nom de Jéhova.

Devant le temple se trouvait un autel de forme cubique, dont les côtés horizontaux avaient chacun cinquante coudées de long, et les côtés verticaux quinze coudées. Il avait été construit sans qu'il fût permis aux ouvriers de se servir du marteau.

Une balustrade de pierre entourait la dernière enceinte du temple et l'autel, et séparait le peuple des sacrificateurs. Les hommes seuls pouvaient pénétrer jusqu'à cette balustrade, et encore fallait-il qu'ils fussent purifiés.

La forme du bâtiment du Temple proprement dit n'était point celle d'un carré : du côté du frontispice, il avait cent coudées de large, tandis que de l'autre il n'en avait que soixante; il allait ainsi s'élargissant de l'arrière en avant, « comme si, dit Josèphe, il eût voulu étendre ses bras pour recevoir et embrasser ceux qui y entraient. » Par une raison semblable, le portique extérieur n'avait point de portes, pour qu'il fût sensible au ciel, qui est visible et accessible à tous les hommes.

L'oratoire destiné aux femmes était séparé du reste de l'édifice par un mur; deux portes y donnaient entrée : l'une au midi, et l'autre au nord. L'accès en était permis non-seulement aux femmes juives, mais même à celles qui, de quelque nation que ce fût, venaient par dévotion y rendre leurs hommages à Dieu.

L'ensemble des bâtiments, qui portait le nom générique de temple, formait ainsi trois enceintes concentriques, composées chacune d'une série de constructions liées entre elles par de vastes galeries; chaque enceinte inférieure communiquait avec l'enceinte respectivement supérieure par de larges et magnifiques escaliers. La dernière enceinte, la plus élevée et la plus étroite, contenait le Temple proprement dit, le Saint et le Saint des Saints. Les parois extérieures du sanctuaire étaient revêtues de lames d'or, et le toit en était semé et hérissé d'aiguilles fort aiguës, afin d'empêcher les oiseaux de s'y reposer. Le reste de l'édifice était en pierres très-blanches, qui, de loin, donnaient à la colline de Sion, sur laquelle il s'élevait, l'aspect d'une montagne couverte de neige. Il est certain que des fenêtres avaient été pratiquées dans le sanctuaire, mais elles ne devaient point produire de lumière : l'*Eternel habitait les ténèbres*, dit Salomon.

Du reste, malgré la multitude de bâtiments attenants au Temple, le système de construction de cet édifice était bien simple : à l'extérieur, on avait employé la pierre; à l'intérieur, le bois recouvert de feuilles d'or, de tentures et de peaux de chèvres et de brebis.

Le temple de Salomon fut détruit par Nabuchodonosor, roi de Babylone, l'an 606 avant Jésus-Christ. Zorobabel en commença la reconstruction en 536, et le roi Hérode y mit la dernière main. Le second temple fut bâti sur le même plan que le premier. Moins d'un siècle après qu'il eut été achevé, l'époque fatale marquée par les prophètes arriva pour ce magnifique édifice, l'un des plus beaux et des plus vastes qui fussent sortis de la main des hommes; il fut détruit par les Romains, et il n'en resta pas pierre sur pierre, conformément à ce qui avait été écrit.

L'un et l'autre temple, celui de Salomon et celui de Zorobabel, renfermèrent des richesses immenses. Un artiste tyrien, nommé Hiram, exécuta pour le premier divers travaux, et, entre autres, un bassin appelé la Mer d'Airain, et qui avait dix coudées de large sur cinq de profondeur. Il était supporté par douze bœufs de bronze, disposés par quatre groupes. Tous les instruments qui servaient au culte dans le Saint et dans le Saint des Saints, tels que les encensoirs, les lampes, les chandeliers, et même une table, étaient en or massif, et d'une beauté de travail qui surpassait la valeur même de la matière.

III. *Des Arts et principalement de l'Architecture chez les Phéniciens.* — Nous venons de voir des ouvriers phéniciens appelés à construire et à orner le temple de Salomon. Ces ouvriers jouissaient, en effet, d'une grande réputation dans la haute antiquité, pour les merveilleuses productions de leur industrie. Cependant le génie des beaux arts paraît leur avoir manqué; au moins s'en faisaient-ils une idée peu juste, visant toujours plus à la richesse de la matière qu'à la perfection artistique. Nous ne devons néanmoins pas omettre un témoignage glorieux que leur rend Homère, à propos du récit des jeux célébrés par Achille en l'honneur de son ami Patrocle : « Le premier prix était un vase d'argent, admirablement bien travaillé, dont le large sein tenait six mesures. Il n'est point d'urne aussi belle sur la terre; les *ingénieux Sidoniens* avaient consacré leur talent à la ciseler. Des habitants de la Phénicie l'avaient portée, à travers la ténébreuse mer, dans divers ports; ils en avaient fait présent à Thaas; Énée la remit aux mains du vaillant Patrocle, pour obtenir la liberté de Lycaon, fils de Priam; et Achille veut que cette urne, honorant les funérailles de son ami, couronne celui qui franchira le plus rapidement la carrière (1). » Malgré ce témoignage, il est certain que

---

(1) Homère, Iliade, XXIV.

la statuaire était peu cultivée chez les Phéniciens. Leurs statues étaient de bois, et recouvertes de feuilles métalliques. Ils avaient emprunté des Egyptiens la coutume de représenter leurs divinités avec des ailes attachées aux hanches, et descendant de là jusqu'à terre.

Quant à leurs temples, ils étaient de petite dimension, et ordinairement accouplés deux à deux, l'un étant consacré à un dieu, et l'autre à une déesse. En avant de ces édifices, ils plaçaient deux colonnes ou deux obélisques, unis par une chaine. Les ouvriers phéniciens qui travaillèrent au temple de Salomon y reproduisirent ce genre d'ornements.

IV. *Des Arts et principalement de l'Architecture chez les Assyriens.* — « Cette Babylone si distinguée entre les royaumes du monde, dit le prophète Isaïe; cette Babylone dont l'éclat inspire tant d'orgueil aux Chaldéens sera comme Sodome et Gomorrhe, que Dieu a renversées. Elle ne sera plus jamais habitée; elle ne sera plus peuplée dans la suite de toutes les générations; les Arabes n'y dresseront pas même leurs tentes, et les pasteurs n'y reposeront point; mais les bêtes sauvages s'y retireront; les maisons seront remplies d'oiseaux funestes, les autruches y viendront habiter, et des monstres horribles y feront leurs danses. Les hiboux hurleront à l'envi l'un de l'autre dans ses maisons, et les dragons habiteront dans ses palais de délices (1). » Cette prophétie s'est ac-

---

(1) Isaïe, XIII, 19—22.

complie à la lettre et avec une épouvantable exactitude. Babylone, la splendide cité, l'orgueilleuse capitale de l'Orient, n'est plus, depuis deux mille ans, qu'une ruine immense, où des chaînes de collines, séparées par d'immenses ravins, indiquent seules les rues; où des masses énormes, des montagnes de décombres, sont les seules traces qui restent de ses vastes édifices. Et pourtant qui n'a entendu parler des monuments de Babylone, de ses murailles, de son temple de Baal, de ses jardins suspendus? Le voyageur qui ne craint point de s'aventurer dans les plaines désolées qu'arrosent le Tigre et l'Euphrate rencontre çà et là d'immenses amas de briques, séchées au soleil : ce sont les derniers débris des vieilles cités bâties par Nemrod. Le plus considérable de ces amas, c'est ce qui reste de Babylone.

Babylone perdit d'abord le caractère de capitale de royaume : Cyrus et ses successeurs lui préférèrent un autre séjour; les rois macédoniens, qui vinrent après eux, bâtirent dans le voisinage Séleucie, pour faire abandonner Babylone; les rois parthes, qui, après ceux-ci, devinrent maîtres de l'Assyrie, bâtirent, à leur tour, dans son voisinage, leur capitale, Ctésiphon, qui lui enleva ce qui lui restait d'habitants. « Et il semblait, dit à ce sujet le sage Rollin, que, depuis qu'elle avait été frappée d'anathême, ceux qui devaient être ses protecteurs devenaient ses ennemis, et que tous croyaient être chargés du soin de la réduire en solitude, mais par des voies indirectes, et sans employer la violence, afin qu'il fût plus manifeste que c'était la main de Dieu, plutôt que celle des hommes, qui s'appliquait à l'anéantir. » Au temps de Pausanias, au second siècle après Jésus-Christ, elle était déserte, et il n'en restait plus que les murailles. Les rois de Perse, qui succédèrent aux Parthes, en firent un parc, où ils enfermèrent des bêtes sauvages pour la chasse. Bientôt les murs eux-mêmes tombèrent, et ne furent point réparés. L'Euphrate, qui la traversait, trouvant son lit obstrué par les ruines, prit son cours ailleurs, et il n'y eut plus qu'un mince filet d'eau qui serpenta à travers les masures, et qui, n'ayant plus de pente ni d'écoulement libre, dégénéra en un marais. Tel est l'état où est Babylone depuis près de deux mille ans.

Les ruines de Babylone et des autres cités assyriennes attesteraient, au défaut des témoignages formels des historiens de l'antiquité, que l'art monumental avait brillé d'un prodigieux éclat sur cette terre aujourd'hui si désolée; mais ici encore les productions de cet art n'eurent rien de commun avec la grâce exquise, l'élégance incomparable des monuments de Périclès. Le caractère général que les Babyloniens paraissent avoir cherché à imprimer à leurs productions architectoniques, c'est l'aspect grandiose, gigantesque; ces productions sont plus remarquables par leurs énormes proportions que par l'art avec lequel elles ont été élevées. Un autre caractère distinctif se trouve dans la matière même avec laquelle elles ont été faites : la Mésopotamie et l'Assyrie ne produisent que peu de bois de construction ; quant aux pierres, il n'y en a point de carrières dans ces contrées, et les habitants eussent été obligés de les rechercher en Arménie. Aussi ne construisirent-ils guère leurs monuments qu'en briques, qu'ils faisaient avec la terre même du pays, que l'on séchait au soleil, ou que l'on faisait cuire dans des fours, pour les revêtements extérieurs. Ces briques, préparées ainsi, se disposaient par assises alternativement avec des couches de roseaux, et l'on reliait le tout avec un ciment composé d'asphalte et de plâtre : la plupart des maisons et même des édifices publics étaient construits de cette façon. Parmi celles de ces briques qui ont été retrouvées et recueillies, il en est un grand nombre de chargées d'inscriptions, écrites en caractères cunéiformes (en forme de coins). Ces caractères étaient usités en Assyrie : leur valeur ou leur sens dépendait du plus ou moins d'inclinaison de chacun d'eux par rapport à la ligne verticale, tous ces caractères ayant la même forme et ne se distinguant l'un de l'autre que par cette circonstance.

Babylone se partageait en deux parties : l'une, plus ancienne, avait été bâtie par les premiers habitants du pays, les Nabathéens, sur la rive gauche de l'Euphrate ; l'autre, beaucoup plus moderne, avait été construite postérieurement à l'année 627. Ses murs embrassaient une circonférence de vingt-quatre lieues ; ils avaient quatre-vingt-dix pieds d'épaisseur, et trois cent cinquante de hauteur. La plate-forme de ces murs était coupée par des tours, qui y étaient en partie engagées, et qui, placées deux à deux l'une en face de l'autre, laissaient cependant entre elles assez d'espace pour qu'un char attelé de quatre chevaux pût passer entre elles. Un fossé vaste et profond s'ouvrait au pied de ce rempart inexpugnable : la terre qu'on en avait tirée, en le creusant, avait servi à faire les briques avec lesquelles le mur avait été construit.

Ce mur formait un carré dont chaque côté était percé de vingt-cinq portes de bronze massif; ce qui explique ce mot de l'Ecriture, quand Dieu dit à Cyrus : « Je marcherai devant vous et je romprai les portes d'airain. »

De chaque porte partait une rue qui allait aboutir à la porte opposée; de sorte qu'il y avait en tout cinquante rues principales, qui se coupaient à angles droits. Les maisons qui bordaient ces rues n'étaient point contiguës; elles étaient, au contraire, séparées l'une de l'autre par des espaces assez grands, occupés par des jardins et par des terres labourables.

Les quais de l'Euphrate étaient garnis de murs de la même dimension que ceux de l'enceinte : ils étaient coupés par vingt-cinq portes, de chaque côté du fleuve.

Un seul pont unissait les deux rives de l'Euphrate. Aux deux extrémités de ce pont il y avait deux palais qui communiquaient l'un avec l'autre par une voûte qu'on avait construite sous le lit même du fleuve. L'un de ces palais était le vieux palais des rois de Babylone; l'autre, situé du côté de l'ouest du fleuve, était le nouveau. Ce dernier avait trois lieues de circuit. Les murailles en étaient ornées de sculptures, sur l'une desquelles Sémiramis et Ninus étaient représentés frappant de leur javelot, celle-là un léopard, celui-ci un lion.

Dans ce même palais se trouvaient les fameux jardins suspendus. Amitis, femme de Nabuchodonosor, ayant été élevée dans la Médie, dont son père, Astyage, était roi, regretta beaucoup, dans les premiers temps de son séjour à Babylone, les montagnes de sa patrie : pour lui complaire, et pour lui en offrir au moins une image, Nabuchodonosor voulut lui faire construire quelque chose de semblable. Il éleva donc un édifice de forme carrée, ayant quatre cents pieds de longueur sur chaque face, et composé de terrasses superposées, en retraite, dont l'ensemble présentait l'aspect d'une pyramide tronquée. Les terrasses étaient au nombre de douze, dont la plus élevée avait soixante-quinze pieds de hauteur. Les intervalles qui séparaient les terrasses l'une de l'autre étaient occupés par des galeries dont les plafonds soutenaient le sol des terrasses. La hauteur de ces galeries correspondait aux pentes qui menaient d'une galerie inférieure à la galerie supérieure. Toutes les précautions avaient été prises pour que les eaux d'arrosage, en passant à travers le sol des terrasses, ne pussent pas s'infiltrer à travers les plafonds des galeries : on avait, à cet effet, composé ces plafonds de quatre couches, l'une de roseaux cimentés avec de l'asphalte, la seconde d'un appareil de briques (1), la troisième de feuilles de plomb, et la quatrième de la terre végétale des terrasses. On montait d'une terrasse sur l'autre par de larges rampes. Sur la plus haute terrasse on avait construit des machines hydrauliques, mues à bras

---

(1) On appelle, en terme du métier, *appareils* d'un édifice, la matière de cet édifice, ou d'une de ses parties, ainsi que la forme, l'agencement et la disposition de cette matière.

d'hommes, et qui étaient destinées à faire arriver à ce point l'eau de l'Euphrate, qui devait servir aux arrosages. Les ruines de ce gigantesque monument subsistent aujourd'hui encore, assez bien conservées pour qu'il soit possible d'en reconnaître plusieurs des parties les plus importantes.

A l'extrémité de l'une des galeries inférieures de ce souterrain, végète encore un arbre d'une espèce étrangère au pays, le *tamaris indien*, qui a sans doute fait partie de ces fameux jardins. Cet arbre, très-célèbre dans les traditions du pays, fut, au dire des mahométans, préservé de la destruction, pour qu'Ali pût y attacher son cheval (1).

Parmi le monceau de décombres qui, comme on l'a pu voir plus haut, forme tout ce qui reste de Babylone, on distingue, sur la rive droite du fleuve, et à une distance d'une demi-lieue environ, une espèce de montagne pyramidale, que les Juifs nommaient le tombeau de Nabuchodonosor, mais qui, selon toute vraisemblance, n'est autre chose que le débris de cette fameuse *tour de Babel* dont parlent les Ecritures. C'est un monceau de briques, de forme carrée, et d'une longueur de deux mille pieds. La plupart de ces briques sont vitrifiées, ce qu'on ne peut attribuer qu'à l'action d'un violent incendie. La hauteur de cette ruine varie de cinquante à soixante pieds à l'Orient, et de cent cinquante à deux cents à l'Occident.

---

(1) M. le docteur Batissier, Elém. d'Archéol. nationale, p. 49.

Non loin de là étaient le temple et la tour de Bélus. Ce temple renfermait d'immenses trésors, que les historiens évaluent à plus de deux cent vingt millions, somme prodigieuse pour un temps où les métaux étaient infiniment plus rares que de nos jours. Quant à la tour, Strabon donne à ce sujet des détails qui passent toute croyance : il dit que cette tour formait un cube rectangulaire, à huit étages, et dont chaque côté, horizontal ou vertical, avait une stade (cent quatre-vingt-quatre mètres) de développement, ce qui eût fait de cette tour le monument le plus élevé du globe. Elle était isolée au milieu d'une enceinte carrée de deux stades de long sur chaque face, disposition commune à presque tous les monuments religieux de l'Asie. Ce temple et cette tour furent dépouillés de toutes leurs richesses par Xerxès, à son retour de sa désastreuse expédition en Grèce; dès-lors ils eurent à subir, outre les injures du temps, les injures plus redoutables peut-être des hommes, et Alexandre-le-Grand ne trouva plus que les ruines de ce gigantesque édifice. Il résolut de le restaurer : dix mille ouvriers furent employés uniquement à en déblayer les décombres; mais la mort du conquérant l'empêcha de pousser plus avant l'exécution de ce projet.

Dans les caveaux de ce temple étaient conservées les archives de la nation; c'est de là que passa en Asie et en Europe l'usage de conserver dans les temples, sous la protection divine, les pièces importantes de l'Etat. Dans ces mêmes caveaux se trouvaient, couchés sur des lits précieux, les simulacres, de taille colossale, de Baal. Trois autres simulacres, dorés ainsi que les précédents, étaient placés sur la plate-forme de la tour, et représentaient l'un le soleil, le second la lune, et le troisième la nature. Près d'eux se trouvaient la table, les coupes et les autres emblêmes du *banquet divin*.

Les prêtres de Baal avaient fait croire au roi et au peuple de Babylone que l'idole qui représentait ce dieu était le dieu lui-même, et qu'elle mangeait et buvait. Chaque soir, le roi et les habitants envoyaient donc les mets les plus délicats pour la table de Baal, et ces mets disparaissaient, en effet, chaque nuit, et passaient pour avoir été mangés par l'idole. Le roi voulut contraindre le prophète Daniel à adopter son étrange opinion sur ce sujet. « Crois-tu, lui dit-il, que Baal ne soit pas un Dieu vivant? Ne vois-tu pas combien il boit et combien il mange chaque nuit? » Daniel lui répondit en souriant : « O roi! ne t'y trompe pas : ce Baal est de boue au-dedans et d'airain au-dehors, et jamais il ne mangea. » Alors le roi, entrant en colère, appela les prêtres de Baal, et leur dit : « Si vous ne me dites qui est celui qui mange tout ce qui s'emploie pour Baal, vous mourrez ; mais si vous me faites voir que c'est Baal qui mange toutes ces viandes, Daniel mourra comme ayant blasphémé contre Baal. » Daniel dit au roi : « Qu'il soit fait selon ta parole.... » Le roi alla donc avec Daniel au temple de Baal, et les prêtres lui dirent : « Nous allons sortir, et toi, ô roi, fais mettre les viandes et servir le vin mélangé ; ferme la porte et scelle-la de ton anneau ; demain matin, lorsque tu entreras, si tu ne trouves pas que Baal a tout mangé, nous mourrons, ou bien Daniel, pour avoir rendu un faux témoignage contre nous. » Ainsi ils n'avaient point de crainte, parce qu'ils avaient fait sous la table de l'autel une entrée secrète, par laquelle ils venaient toujours, et enlevaient les mets. Après donc que les prêtres furent sortis, le roi mit les viandes devant Baal, et Daniel commanda à ses gens d'apporter de la cendre, et il la répandit par tout le temple, en présence du roi seul, la faisant passer par un crible. Ils sortirent ensuite et fermèrent la porte, et, l'ayant scellée du cachet du roi, ils s'en allèrent. Les prêtres entrèrent durant la nuit, selon leur coutume, avec leurs femmes et leurs enfants, et ils mangèrent et burent tout. Le roi se leva dès la pointe du jour, et Daniel fut avec lui. Le roi lui dit : « Daniel, le sceau est-il en son entier ? » Daniel répondit : « O roi, tout entier. » Aussitôt le roi, ayant ouvert la porte, et regardant la table, jeta un grand cri, en disant : « Vous êtes grand, ô Baal, et il n'y a point en vous de tromperie ! » Daniel commença à rire, et, retenant le roi afin qu'il n'allât pas plus avant, il lui dit : « Voyez ce pavé ; considérez de qui sont ces traces. » Le roi dit : « Je vois des traces d'hommes, de femmes et de petits enfants. » Et, entrant en colère, il fit alors arrêter les prêtres, leurs femmes et leurs enfants ; et ils lui montrèrent les portes secrètes par où ils entraient, et venaient consumer tout ce qui était sur la table. Le roi les fit donc mourir, et il livra Baal en la puissance de Daniel, qui renversa l'idole dans son temple (1).

---

(1) Daniel, XIV, 5—24.

Enfin cette tour servait encore à un autre usage, aux observations astronomiques des Chaldéens. On sait qu'Alexandre envoya à Aristote une copie des registres où étaient consignées ces observations, et qui embrassaient une période de plus de dix-huit siècles; non sans doute que l'origine de ces observations remontât à une aussi haute antiquité, mais parce que les Chaldéens étaient parvenus à calculer l'état où avait dû se trouver le ciel dix-huit siècles auparavant.

L'Assyrie, ainsi qu'on le sait, se divisait en Assyrie proprement dite et en Chaldée : Babylone était la capitale de la Chaldée; Ninive était celle de l'Assyrie proprement dite. Nous venons de nous occuper de l'état de l'art monumental dans la première de ces deux villes; quant à la seconde, nous n'aurons que peu de chose à en dire. En effet, bien qu'elle fût aussi grande que Babylone, il n'en reste rien qui puisse donner une idée aussi exacte de ses monuments, si ce n'est des briques couvertes de caractères cunéiformes, et une ruine énorme, de deux cents pieds de haut, et de près de dix-huit cents de long, que l'on regarde avec raison comme le tombeau du roi Ninus, époux de Sémiramis.

Les historiens grecs ont fait à cette reine l'honneur de lui attribuer la construction de la plupart des monuments de Babylone. Ceux qu'elle exécuta près du lac de Van, au nord de la Mésopotamie, égalent ceux que nous venons de décrire. Elle y fonda et y construisit, en quelques années, la ville de Van, où rien ne fut épargné de ce qui pouvait rendre cette ville digne de Sémiramis. Au nord de ce lieu, et près des murs, elle se fit bâtir un palais d'été. On éleva d'abord une immense esplanade, formée d'énormes quartiers de roche, polis, et unis ensemble par du ciment : pour y pénétrer, il fallait passer par des cavernes. Sur cette esplanade, on construisit la demeure royale, composée de temples, d'appartements, de retraites pour des trésors, d'immenses souterrains. Telle était la solidité de ces constructions qu'elles subsistent encore aujourd'hui, et que le palais d'été de Sémiramis s'est transformé en une imprenable citadelle.

V. *De l'Architecture chez les Mèdes.* — C'est encore par la description de la capitale des Mèdes que nous connaissons quelque peu l'état de l'architecture de ce peuple. Déjocès, qui le gouverna de 733 à 790, fonda Ecbatane, sur une colline dont le versant était également incliné de tous côtés. Il fit faire sept enceintes de murs, disposées de telle sorte que la première en dehors n'empêchait point qu'on ne vît le pied de la seconde, ni la seconde celui de la troisième, et ainsi des autres. Ces sept enceintes étaient de diverses couleurs, savoir : le blanc, le noir, le pourpre, le bleu, le rouge, l'argent et l'or. La dernière enceinte contenait le palais du roi et le temple du dieu Anahid; le temple et le palais étaient construits en bois de cèdre et de cyprès; toutes les parois étaient recouvertes de lames d'or, et le toit était recouvert de tuiles en argent massif. Ces tuiles et quatre colonnes du pérystile, qui étaient de la même matière, furent fondues en 210 ap. J.-C., et l'on en retira la somme énorme de vingt-deux millions de notre monnaie.

Ce luxe prodigieux caractérise les monuments de l'Orient, non moins que les proportions gigantesques : l'un comme l'autre atteste l'enfance de l'art. Le marbre des frises du Parthénon, animé par le génie de Phidias, était un bien plus digne sujet d'admiration et d'un juste orgueil que toutes les merveilles de Babylone et d'Ecbatane. Cette grandeur prodigieuse des monuments doit encore être attribuée à la nature du gouvernement des peuples de l'Orient, où des millions de bras, obéissants et esclaves, étaient à la disposition d'un maître suprême.

VI. *De l'Architecture chez les Perses.* — Les Perses, à peu près barbares jusqu'à ce qu'ils eussent conquis Babylone, s'initièrent dans cette ville à la civilisation, mais aussi à la mollesse et à l'horrible corruption qui y régnaient, et firent dans cette voie des progrès aussi rapides que déplorables. Ils empruntèrent aussi aux Babyloniens, en partie au moins, leurs idées en architecture. C'est ainsi que le palais des rois de Perse à Suze, nommé par les Grecs *Memnonia*, était bâti tout-à-fait dans le goût babylonien. Mais le palais de Persépolis était d'un goût différent.

Il en subsiste encore aujourd'hui des ruines considérables, nommées Tschil-Minar, ou les quarante colonnes. Ce palais s'élevait sur une plate-forme, et était appuyé contre un rocher dans lequel on avait creusé des cavernes destinées à servir de lieux de sépulture aux rois. Il ne reste plus aujourd'hui de ce palais qu'un amas énorme de colonnes, de bas-reliefs et de blocs de marbre. On sait, par les récits de Diodore de Sicile, que cet édifice se composait de trois enceintes concentriques et situées sur des plans différents, qui communiquaient l'une avec l'autre par un escalier gigantesque, long de deux cent vingt pieds, et assez large pour que dix cavaliers pussent y monter de front. Les colonnes qui en subsistent encore offrent des réminiscences de l'ordre ionique; elles sont cannelées, et quelques-unes sont surmontées, en guise de chapiteaux, de licornes et de chevaux étendus avec les jambes repliées sous le ventre. Il est vraisemblable que des artistes grecs présidèrent à ces constructions : les sculptures surtout, par leur fermeté, trahissent une telle origine.

CHAPITRE III.

DES BEAUX ARTS ET PRINCIPALEMENT DE L'ARCHITECTURE DANS L'ITALIE ANCIENNE.

De l'Art étrusque. — Un coup d'œil sur les mœurs et sur l'histoire des Etrusques nous sera fort utile pour nous préparer à l'étude de leurs arts.

L'Italie, comme la Grèce, fut d'abord peuplée par des émigrations illyriotes, composées de Pélages et de Ligures. Les premiers vinrent, les uns par terre, les autres, tels qu'Ænotre, en 1700 av. J.-C., et Evandre, en 1330, par mer. Les Liburnes vinrent vers 1700. De nouvelles émigrations, survenues à diverses époques, refoulèrent peu à peu les Pélages vers le sud : parmi celles-ci se place celle des Raséna, peuple de race germanique, qui vint se fixer en Italie vers le dixième siècle. Ils s'établirent d'abord sur les bords du Pô, et formèrent une fédération, ou lucumonie, de douze cités, dont Mantoue était la capitale. Bientôt cette terre ne leur suffit plus : une nouvelle émigration forma une seconde lucumonie, également de douze cités, sur l'Arno ; et enfin une troisième lucumonie occupa le Vulturne.

De ces lucumonies, la seconde surtout devint puissante par le commerce, la navigation, la guerre et la culture des beaux arts. Les Raséna de cette lucumonie n'avaient point chassé les Pélages, qui occupaient le sol avant eux; ils s'étaient mêlés avec ces anciens possesseurs, et avaient formé avec eux une nation mixte, à laquelle ceux-ci avaient donné leur nom de Tyrrhéniens, et plus tard d'Etrusques ou Tusques (1). C'est sous ce dernier nom que cette nation s'est illustrée dans l'histoire.

Le trait dominant de son caractère, c'était une superstition sombre et cruelle (2). Elle inventa la science des augures et des aruspices, science qui, quelque absurde qu'elle fût, n'en fut pas moins réduite par les Etrusques en un système sérieusement et savamment raisonné. Cicéron nous apprend que les écrits où était exposée cette science remplissaient de terreur l'âme de ceux qui les

---

(1) D'où le nom de Toscane.
(2) Arnobe (Contre les Gentils, VII), l'appelle *la mère de la superstition.*

lisaient, tant les images et les expressions en étaient terribles. Dans la guerre des Romains contre les Tarquiniens, les premiers furent épouvantés à la vue des prêtres toscans, qui s'avancèrent, comme des furies, secouant des torches ardentes et des serpents. Non moins troublés que surpris à cet aspect, les soldats romains se rejetèrent dans leurs retranchements. Les Toscans avaient adopté et conservèrent plus long-temps qu'aucun autre peuple la coutume horrible des sacrifices humains; et, lorsque le progrès de la civilisation les eut contraints d'y renoncer, ils en conservèrent encore le souvenir au moyen de petites figures en terre cuite, nommées *oscillæ*, que l'on offrait en sacrifice. Ce fut chez eux que prirent naissance les combats sanglants des gladiateurs, qui, après avoir été long-temps un jeu chez eux, devinrent l'objet d'une passion frénétique chez les Romains. Ce furent eux enfin qui imaginèrent ces figures terribles qu'ils reproduisent sans cesse sur leurs monuments : les *larves*, les *fantômes*, les *monstres* de toute espèce, les *Scilla*, les *Méduse*, les *furies* à visage effrayable, armées de marteaux, de broches, d'instruments de torture. La justice divine n'apparaissait aux Toscans que sous des formes vengeresses, et nul peuple ne donna jamais à la mort des traits plus hideux.

Ce peuple, aux conceptions tristes et barbares, dont les jeux étaient sanglants et les spectacles atroces, ne pouvait guère ne pas imprimer à ses monuments le caractère de ses mœurs et de son génie. Ce caractère s'y retrouve en effet, non-seulement dans ceux de la statuaire, mais même dans ceux de l'architecture, qui, par leur nature, semblaient devoir être moins accessibles à une telle influence.

Ils empruntèrent d'abord le système architectonique des Pélages, au milieu desquels ils étaient venus s'établir (1). Plus tard ils eurent la gloire de donner leur nom à un ordre particulier d'architecture. On leur attribue, en outre, l'invention de la voûte, pratiquée au moyen de pierre taillées en *voussoir*; et ce qu'il y a de plus étrange, c'est que, dans leurs constructions, les voûtes, comme les autres parties des édifices, étaient construites sans ciment, tant ils savaient mettre de justesse et de précision dans leur travaux. La solidité brille au premier rang dans leurs monuments, comme dans ceux des Grecs; mais quelles différences sous ce fond identique! Chez les Etrusques, la solidité affecte tous les dehors de la puissance; chez les Grecs, elle se revêt d'une grâce idéale. Aussi ne peut-on s'empêcher, dit M. R. Rochette, à l'aspect de ces monuments, de juger l'esprit du peuple qui les éleva comme celui d'un peuple capable des plus grands efforts d'énergie et de vigueur. L'ensemble et les détails de ces monuments, tout, jusqu'aux pierres énormes qu'ils y employaient exclusivement, tout y révèle un caractère de force, de grandeur, et souvent d'une mâle et austère beauté.

---

(1) *Voir*, plus haut, les Monuments pélagiques, 1re époque et 1re période de l'art grec.

Ce furent, on le sait, des ouvriers toscans qui construisirent, à Rome, la *Cloaca maxima*. Ces conduits souterrains, destinés à recevoir et à porter au Tibre toutes les immondices de la ville éternelle, sont aujourd'hui, encore qu'il n'en reste plus que des tronçons, l'objet de l'admiration et de l'étonnement des hommes de l'art, par la hardiesse de l'entreprise et par l'étonnante solidité de ce monument. Ces voûtes ont supporté, pendant des siècles, sans s'ébranler le moins du monde, l'énorme poids des grandes rues de Rome, dans lesquelles passaient sans cesse une foule compacte et des voitures sans nombre et d'une charge immense (1).

Pline le Naturaliste raconte que Marcus Scaurus avait fait préparer trois cents colonnes de marbre, dont plusieurs avaient trente-huit pieds de hauteur et qui étaient destinées à orner, pendant son édilité, la scène d'un théâtre qui ne devait durer qu'un mois tout au plus. Quand on démolit ce monument éphémère, Scaurus fit conduire toutes ces colonnes dans sa maison. L'entrepreneur chargé de l'entretien de la *Cloaca maxima* exigea de cet édile qu'il s'engageât à payer le dommage que le transport de tant de colonnes si pesantes pouvait causer à ces voûtes qui, depuis Tarquin l'Ancien, leur fondateur, c'est-à-dire depuis près de huit cents ans, étaient toujours demeurées immobiles ; mais Scaurus n'eut rien à payer, et elles soutinrent les secousses et le poids énorme de ces colonnes, sans en être ébranlées.

---

1) *Voir* la Satyre III de Juvénal, sur les Embarras de Rome.

« De pareils travaux, dit à ce sujet le vertueux Rollin, quoique cachés sous la terre et ensevelis dans les ténèbres, paraîtront sans doute à tout juge équitable plus dignes de louanges que les édifices les plus magnifiques, et que les palais les plus superbes. Ceux-ci conviennent à la majesté des rois, mais ne rehaussent point leur mérite, et, à proprement parler, ne font honneur qu'à l'habileté de l'architecte ; au lieu que les autres marquent des princes qui connaissent le vrai prix des choses, qui ne se laissent point éblouir à un vain éclat, qui sont plus occupés de l'utilité publique que de leur propre gloire, et qui cherchent à étendre leurs services et leurs bienfaits jusque dans la postérité la plus reculée : digne objet de l'ambition d'un prince. »

Toutes les villes de l'Etrurie étaient fortifiées à peu près de la même manière, et avec un goût architectural où respire la majesté. Elles étaient environnées de hautes murailles, et dominées par une citadelle, à l'érection desquelles on apportait les plus grands soins. Murailles et citadelle étaient sacrées : aussi les défendait-on avec un dévouement religieux.

Les *temples* toscans avaient une forme particulière, que les Romains adoptèrent plus tard dans le temple du Capitole. L'édifice était divisé en deux parties ; celle de devant formait un vaste portique à colonnades : on la nommait *anticum* ; le reste, nommé *posticum*, était divisé en trois chambres, *cellæ*, dédiées, celle du milieu à Jupiter, celle de droite à Mercure, et celle de gauche à Junon.

Le caractère sombre et mélancolique des Toscans devait se complaire à l'architecture funéraire : aussi ont-ils construit beaucoup de tombeaux, dont plusieurs sont encore célébrés de nos jours. Les uns étaient creusés dans le roc avec des escaliers pour y descendre, et étaient divisés en plusieurs chambres; les autres étaient creusés simplement dans le sol, et surmontés de *tumulus* plus ou moins considérables. Aux environs de Tarquinia on trouve plus de deux mille grottes funéraires de l'une et de l'autre sorte.

Mais le monument le plus remarquable en ce genre, celui qui porte le plus manifestement l'empreinte du génie toscan, énergique jusqu'à l'excès, et hardi jusqu'à la bizarrerie, c'est le *tombeau de Porsenna*, dont Pline nous a laissé une description si merveilleuse qu'il semble lui-même en révoquer en doute le modèle (1). M. Quatremère de Quincy a essayé la restauration de cet édifice, d'après le texte obscur de l'historien latin (2).

Sur un large soubassement carré, bâti en grandes pierres, s'élevait une construction de trois cents pieds de long sur cinquante de haut. Dans l'intérieur de cette construction se déroulaient les replis inextricables d'un labyrinthe, des-

---

(1) « Porsenna, dit-il, se fit construire un tombeau en forme de labyrinthe, afin que la vanité des rois étrangers fût surpassée par celle des Italiens. Mais, comme cette merveille presque fabuleuse dépasse tout le reste, nous nous servirons des propres paroles de Varron, XXXVI, 15. »

(2) Restitution du tombeau de Porsenna, par M. Quatremère de Quincy. Paris, 1826, in-f°.

tiné à mettre à l'abri de toute profanation la chambre sépulcrale. Aux quatre angles du soubassement et du milieu du monument s'élevaient cinq pyramides, qui portaient chacune, à leur sommet, un globe de bronze surmonté d'un chapeau (*petasus*), d'où pendaient, attachées à des chaînes, des clochettes qui, agitées par le vent, produisaient un véritable carillon. Derrière cette construction s'en élevait une autre : un soubassement, qui atteignait la hauteur des pyramides précédentes, servait de base à quatre autres pyramides de cent pieds de hauteur; enfin une troisième plate-forme, en arrière de la précédente, supportait encore cinq pyramides coniques, et formait, avec le tout, un ensemble d'un aspect imposant.

Cette forme pyramidale, appliquée aux monuments funèbres, avait été suggérée par celle des bûchers sur lesquels on consumait les cadavres des défunts (1). La mort, dans les idées religieuses des peuples de l'Asie, n'était, dit M. le docteur Batissier, qu'une transformation, le renouvellement d'une autre vie. Hercule était chez les Phéniciens et les Assyriens, et chez les Grecs même, la personnification du soleil, du soleil qui, à l'heure du solstice d'hiver, semble mourir pour renaître à une autre vie, comme Castor et Pollux en Grèce, comme Adonis à Tyr; et cette croyance était, chez ces peuples, célébrée dans des cérémonies symboliques, analogues à celles des

---

(1) Pyramide vient des mots grecs *pyr*, feu, et *eidos*, images.

funérailles. Ils élevaient un immense bûcher pyramidal, y couchaient l'idole, et la livraient aux flammes.

Le *tombeau d'Adrien*, appelé aussi *môle d'Adrien*, aujourd'hui le *château Saint-Ange*, à Rome, est construit d'après les mêmes idées. Il se compose d'un soubassement surmonté de deux étages de portiques, en retraite l'un au-dessus de l'autre.

De l'Architecture romaine. — Ce ne fut guère que vers les derniers temps de la république, après la prise de Syracuse par Marcellus, que l'architecture parut avec quelque éclat à Rome; et ce furent ces Grecs dont Rome triomphait en Sicile et à Corinthe qui instruisirent leurs maîtres, qui leur prêtèrent des artistes et des sujets, et qui les initièrent peu à peu à quelques-unes des merveilles de leur civilisation. Les Romains n'inventèrent rien en architecture; ils n'étaient que politiques, soldats et juristes, et furent toujours plus ou moins barbares en fait de beaux arts, si on les compare aux Grecs : mais quel peuple n'est point barbare, comparé à ce peuple admirable et unique? Les édifices de Rome se font remarquer par leurs proportions gigantesques; mais ils demeurèrent tous bien loin de la grâce inimitable des monuments d'Athènes. On a beau avoir quarante légions, il faut un Périclès et un Phidias pour produire un Parthénon, et Rome n'eut jamais ni l'un ni l'autre.

Les prodiges du siècle d'Auguste n'infirment en rien la rigueur de ces jugements; bien plus, ce sont eux qui doivent l'inspirer. La création de l'ordre composite n'est-elle pas le signe le plus éclatant de la décadence de l'art? Au lieu de la grâce exquise unie à une mâle sévérité dans les monuments du siècle de Périclès, que trouvons-nous dans ceux du siècle d'Auguste, si ce n'est une élégance recherchée, la profusion des ornements, et la fausse application des meilleurs principes? Les lignes des monuments perdent chaque jour de leur pureté; les proportions en sont altérées, en même temps que l'on demande la beauté de l'édifice, non plus à la perfection du style, mais à l'immensité des proportions et à la richesse de l'ornementation.

Cette décadence marcha rapidement : déjà, du temps de Dioclétien, les artistes manquaient, et l'art romain n'était plus que l'ombre de lui-même, le souvenir méconnaissable de sa noble origine. Mais un nouvel ordre de choses était né, qui devait faire naître un art nouveau. Comme les peuples païens, l'art aussi se régénéra dans le baptême.

Nous avons vu que l'art romain n'était proprement qu'un fils dégénéré du noble art de Phidias. Les Romains commencèrent par piller la Grèce avec une rapacité de barbares. Paul-Emile, après avoir vaincu Persée, ramena à Rome deux cent cinquante voitures pleines d'objets d'art; Sylla enleva les trésors d'Olympie, de Delphes et d'Epidaure; Octave dépouilla l'Egypte, et surtout Alexandrie, de tous les chefs-d'œuvre qui se pouvaient charger sur des vaisseaux; enfin Dolabella commit les mêmes déprédations dans les riches provinces de l'Asie-Mineure.

Cependant les artistes grecs avaient suivi à Rome leurs chefs-d'œuvre et leurs dieux captifs, et s'y étaient créé une nouvelle Grèce, loin de leur triste patrie ; ou plutôt ils avaient retrouvé leur patrie là où étaient les monuments de sa gloire passée. Une nouvelle carrière s'ouvrit pour eux; carrière moins brillante que la première, mais où les attendait la richesse, faible compensation de la gloire. Que pouvaient être à leurs yeux tous les trésors de Rome, en comparaison des applaudissements du peuple d'Athènes? Ils se mirent à travailler pour leurs vainqueurs; ils construisirent leurs maisons, leurs palais et leurs temples; mais ils durent modifier leur art pour l'accommoder au goût moins délicat et aux habitudes de luxe, de splendeur et de mollesse de leurs maîtres.

Ce fut sous ces inspirations et avec ces conditions que naquit l'art romain. Dès les premiers pas qu'il fit, il se distingua profondément de celui de la Grèce par l'introduction, dans les constructions, d'un élément nouveau, qu'il emprunta à l'Etrurie. Cet élément, ce furent les voûtes, que les Romains substituèrent aux plates-bandes des constructions grecques, et qu'ils perfectionnèrent beaucoup, en se servant, au lieu des grosses pierres des Étrusques, de matériaux petits et légers, qu'ils unirent avec du ciment. L'arc devint l'élément dominant de leurs constructions : ils y mirent leur orgueil et leur gloire, et opérèrent ainsi une véritable révolution dans l'architecture. Mais, par une faute de goût, par une erreur capitale, au lieu de coordonner l'ordre entier avec ce nouvel élément, ils l'associèrent avec le style grec, sans s'apercevoir que la roideur inflexible de l'architrave et la courbure de l'arc ne pouvaient s'harmoniser.

Le caractère de l'arc romain, et ce caractère n'admet jamais d'exceptions, c'est de former le demi-cercle parfait, jamais ni plus ni moins. Les arcades furent d'abord soutenues sur des piliers très-épais, mais auxquels, à mesure que la pratique devint plus habile, on en substitua de plus en plus légers, jusqu'à ce qu'on osa enfin les appuyer sur des colonnes ; ce qui fut l'œuvre de l'architecture chrétienne, et ce qui la distingue profondément de l'art païen (1).

L'arcade fut une acquisition des plus précieuses pour l'art de bâtir : grâce à ce nouveau moyen, il pouvait désormais franchir les vides les plus considérables, sans avoir besoin de recourir à des pierres énormes, d'un poids écrasant et d'un transport difficile. Les plus vastes intervalles pouvaient être franchis par des constructions aussi légères que solides.

« L'histoire de l'art architectonique à Rome, dit M. le docteur Batissier, peut être ainsi résumée : il fut sévère d'abord, magnifique au commencement de l'empire, et il finit par tomber dans un faste de mauvais goût. »

Ces vieilles cités du Latium, qui existaient et florissaient long-temps avant Rome, et qu'on appela *saturniennes* parce qu'on les supposait fondées par Saturne fuyant la Crète pour établir son empire en Italie; ces vieilles cités de Ferentinum, d'Arpinum, d'Anagni, d'Alatri, d'Actina,

---

(1) La nouvelle architecture à arcades eût exigé de nouvelles formes d'ornementation ; mais l'esprit des Romains, fécond en découvertes utiles, était stérile quand il s'agissait du beau.

etc., conservent, comme le dieu auquel elles doivent leur nom, des traces d'une origine grecque. Leurs hautes murailles ressemblent aux énormes constructions de Tirynthe et de Mycène; Arpinum et Segni, en particulier, ont des ouvertures et des portes dont les voussures rappellent l'entrée du monument connu sous le nom de *tombeau d'Agamemnon*.

Nous avons vu que les anciens Romains s'adressèrent aux architectes étrusques pour la construction de leurs monuments : leur architecture eut donc, dans le principe, les mêmes caractères que celle de l'antique Latium et de la Toscane; plus tard, quand ses formes lourdes et austères ne contentèrent plus un goût un peu moins barbare, lorsqu'on voulut joindre l'agréable à l'utile, on se contenta d'ajouter aux constructions primitives quelques lambeaux épars de l'architecture grecque. Rome, bornée au sud par des colonies grecques récentes, comme elle l'était au nord par de plus anciennes; Rome, qui, pour puiser directement à la source, alla chercher jusque dans la Grèce les types de la législation, du langage, de la poésie et du drame, eut recours aussi à cette patrie des arts, et lui demanda des modèles d'élégance architectonique, long-temps avant de la soumettre à son empire (1). L'histoire de ces emprunts peut se suivre depuis leur origine, depuis les imitations les plus naïves et les plus maladroites jusqu'aux plus savantes et aux plus habiles.

---

(1) Hope, Histoire de l'Architecture, 55 et 60.

Le plus ancien édifice de ce genre est le tombeau de Scipion Barbatus, dont le consulat remonte à 456 : ce tombeau présente le triglyphe dorique surmonté des denticules ioniques. Plusieurs siècles après, on voit César demander au sénat la permission de couvrir sa maison avec le *fastigium*, le fronton d'un temple grec. Enfin, dans le théâtre de Marcellus, un entablement ionique s'appuya sur une colonne dorique.

L'art architectonique de Rome n'est donc, en résumé, qu'une corruption de celui de la Grèce : cette corruption n'intéressa pas seulement l'ensemble; elle envahit toutes les parties du modèle, dont tous les détails plaisaient également à l'œil, et où le beau naissait de l'utile et ne s'en séparait jamais. « L'architecture, dit l'historien Hope, tant qu'elle conserva sa pureté, était une jeune vierge respirant la santé, la naïveté, la candeur ; elle ne devait sa beauté modeste qu'à la nature et à elle-même; mais, lorsqu'elle dégénéra et se corrompit, on la surchargea, comme une courtisane, d'ornements dont le poids l'accablait, et dont l'éclat indécent repoussait la vue.

Après avoir caractérisé ainsi en général l'architecture romaine, il conviendrait sans doute de l'examiner avec quelque détail dans les principaux monuments qu'elle a produits; mais un ouvrage spécial sur ce sujet suffirait à peine à l'épuiser : nous devons donc nous résigner à n'être que très-incomplet dans cette matière, et à ne faire que cueillir çà et là ce qui convient le plus particulièrement au but que nous nous proposons.

1. *Des Temples.*—Les fondations du *Capitole* furent je-

tées, l'an de Rome 139, par Tarquin l'Ancien. L'édifice ne fut achevé qu'en 321 par Tarquin le Superbe. Brûlé en 670, il fut rebâti par Sylla. Un second incendie, allumé par les bandes féroces de Vitellius, le consuma l'an 70 de J.-C. A peine réédifié par Vespasien, il fut une troisième fois la proie des flammes. Domitien le rebâtit encore avec plus de grandeur et de magnificence qu'il n'en avait jamais eu.

Le Capitole avait une forme carrée, de deux cent pieds environ de côté ; il renfermait trois temples, l'un consacré à Jupiter, le second à Junon, et le troisième à Minerve. Celui de Jupiter était entre les deux autres : à gauche de celui de Minerve, à droite de celui de Junon. Pour aller du Forum au Capitole, il fallait monter un escalier de cent marches. On n'a point de détails artistiques sur cet édifice ; on sait seulement que la dorure seule du toit de celui de Sylla avait coûté la somme de cinquante-cinq millions huit cent mille francs.

Le *Panthéon* fut bâti par Agrippa, gendre d'Auguste, et dédié à Jupiter-Vengeur, ou plutôt, ainsi que l'indique son nom, à tous les dieux. Il subsiste encore aujourd'hui, et a été consacré, par le pape Boniface IV, à la sainte Vierge et à tous les saints. On l'appelle la *Rotonde* à cause de sa forme, parce que le toit en est voûté d'une manière particulière. De distance en distance, des espaces ont été laissés vides pour lui donner plus de solidité. Il n'a pas de fenêtres, et reçoit la lumière par une ouverture de vingt-cinq pieds de diamètre, placée au sommet du dôme.

La hauteur totale de l'édifice est de cent cinquante pieds; il a à peu près un diamètre de même étendue. Les murailles en sont, dans l'intérieur, revêtues de marbre. Le dôme, qui était couvert autrefois de lames d'argent, ne l'est plus que de plomb. On y montait jadis par douze marches; mais aujourd'hui on y descend par le même nombre de degrés, parce que le terrain a été exhaussé par les démolitions successives des maisons voisines.

Le *temple d'Apollon*, bâti par Auguste sur le mont Palatin, renfermait une bibliothèque publique, où les poètes venaient lire leurs vers, soit en présence du public, soit devant des juges, dans des concours établis à cet effet.

Le *temple de Diane* fut construit, sur le mont Aventin, sur la proposition du roi Servius-Tullius, par les différents peuples du Latium, à l'imitation du temple de Diane d'Ephèse, qui avait été construit, en commun, par les différents peuples de l'Ionie.

Le *temple de Janus* fut l'œuvre de Numa. Ce prince y mit deux portes, une à chaque extrémité : elles étaient destinées à être ouvertes pendant la guerre et fermées pendant la paix. Elles ne furent fermées qu'une seule fois pendant la république, après la première guerre punique.

II. *Des Tombeaux*. — Les Romains faisaient ordinairement élever eux-mêmes leur tombeau pendant leur vie: c'est ainsi qu'Auguste fit construire le sien dans le Champ-de-Mars, où il le fit entourer de bosquets et de promenades. Lorsque la mort surprenait une personne avant que son tombeau ne fût achevé, ses héritiers ou ses amis le faisaient terminer. Il est vrai qu'il arrivait parfois qu'ils manquaient à ce devoir, et Pline s'en plaint amèrement. Les tombeaux des riches étaient bâtis le plus souvent en marbre, et entourés d'arbres et d'un mur circulaire ou d'une grille de fer. Le vulgaire était enseveli dans des tombeaux sous terre, qu'on nommait hypogées ou catacombes. On sait que les chrétiens des premiers temps se retiraient dans ces asiles pour y célébrer les mystères divins. On ornait les tombeaux de colonnes, de statues et d'inscriptions en prose et en vers.

Le plus célèbre de ces monuments est celui qui est connu sous le nom de *môle d'Adrien*, aujourd'hui le château Saint-Ange, construction plus remarquable par sa masse imposante que par la grâce et la beauté de sa forme.

III. *Des Portiques.* — La vie des hommes, chez les anciens, se passait beaucoup plus au-dehors que dans leurs habitations : les portiques étaient donc pour eux des objets de première nécessité. Il y avait des portiques en avant de presque tous les monuments publics, et au pourtour des places publiques : ils servaient de lieu de réunion, de promenade ou de refuge. Quand une pluie survenait, on y cherchait un abri; quelquefois les soldats y plantaient leurs tentes; les auteurs y récitaient leurs ouvrages, et quelques écoles de philosophie en faisaient leur lieu d'entretien habituel. C'est ainsi que Zénon, qui donnait ses leçons au portique du Pœcile, à

Athènes, fut cause que, pour cette raison, on désigna depuis ses disciples sous le nom de *philosophes du portique* ou stoïciens.

Les portiques recevaient ordinairement le nom de l'édifice auquel ils étaient joints, et l'on disait le portique de la Concorde, d'Apollon, du théâtre, etc. On leur donnait aussi le nom de leur fondateur : par exemple, le portique de Pompée, celui de Livie, celui d'Octave, celui d'Agrippa, etc. (1).

IV. Les *maisons des particuliers* laissaient beaucoup à désirer sous le point de vue de ce qu'on nomme aujourd'hui le *confortable*. Il y en avait, comme partout, de deux sortes : celles des pauvres, qui étaient ordinairement disposées par groupes, auxquels on donnait le nom d'*insulæ* (îles); et celles des riches, qui embrassaient souvent des espaces immenses : on les appelait *domus*. C'est une grande question que de savoir comment, dans les unes et les autres, on se délivrait de la fumée, soit des foyers, soit des feux destinés à chauffer les chambres. On a révoqué en doute s'ils connurent l'usage des cheminées; quelques passages cependant jettent beaucoup de jour sur ce sujet : c'est ainsi qu'on lit à la fin d'une églogue de Virgile : Les sommets des toits des villas fument au loin (2). Suétone rapporte que, le jour où Vitellius fut élu empereur, le feu, ayant pris à la cheminée, gagna la

---

(1) Adam, Antiquités romaines.
(2) Et jàm summa procul villarum culmina fumant.

salle à manger. Enfin Sénèque dit que, de son temps, on inventait de certains tuyaux qu'on mettait dans les murailles afin que la fumée du feu, qu'on allumait dans le bas de la maison, passant par ces tuyaux, chauffât les chambres jusqu'au plus haut étage.

Les maisons des anciens étaient, comme les nôtres, munies de fenêtres, mais non de vitres : on remplaçait celles-ci par des tablettes d'une pierre transparente, qu'on appelait *speculare*. Il existe encore de nos jours un monument muni de ces tablettes : c'est l'église de Sainte-Marie, près de Florence. Cette pierre se laissait écailler très-facilement, et se fendait en pièces larges et fort minces. Néron s'en servit pour faire construire, dans sa *Maison dorée*, un temple dont les murs étaient diaphanes, de sorte que l'on y voyait clair le jour, bien qu'ils ne fussent munis d'aucune ouverture.

Il y avait aux maisons des portes de devant et des portes de derrière : celles-ci étaient nommées fausses portes. Les serrures en étaient, d'ordinaire, amovibles, comme celles de nos cadenas ; on attachait la porte avec une chaîne, et la chaîne se fermait avec le cadenas, qui en a reçu son nom (1). On possède encore aujourd'hui, sinon de ces serrures, au moins un fort grand nombre de clefs, d'un travail souvent beaucoup plus compliqué que celui des nôtres. A Rome, les portes des maisons s'ouvraient du dehors en dedans ; c'était le contraire en Grèce : aussi

---

(1) En latin chaîne se dit *catena*.

ceux qui sortaient par ces portes frappaient-ils avant de sortir, de peur de heurter quelque passant dans la rue.

Il y avait aussi aux portes des maisons des *sonnettes*, qui servaient soit à avertir le portier, soit à éveiller, le matin, les habitants de la maison. Cet instrument était d'ailleurs en usage dans plusieurs autres occasions : on mettait des clochettes au cou des chevaux ou des bêtes de somme; ceux qui faisaient les rondes dans les villes fortifiées en portaient aussi (1).

Les palais des riches personnages étaient fort compliqués. Il y avait d'abord une cour plantée d'arbres, quelquefois décorée d'un portique et de statues : c'était l'*area*. Au fond de cette cour se trouvait un premier corps de bâtiment, composé d'un *vestibule*, où l'on faisait attendre les personnes qui venaient faire visite, et un corridor, *prothyrum*, où se tenaient les esclaves préposés à la garde des portes. Ce corridor donnait accès à un second corps de bâtiment, l'*atrium*, l'avant-logis, qui était ouvert à tout le monde : il se composait d'une cour rectangulaire, *cavædium*, entourée de colonnes et couverte d'un toit. Quelques pièces de service et le logement des hôtes étaient disposés tout autour de cette cour. Une ouverture pratiquée dans le toit du *cavædium*, et nommée *compluvium*, y donnait accès à la lumière, mais aussi, le cas

---

(1) L'Antiquité expliquée, par dom Bernard de Montfaucon, 2ᵉ édition, Tome III, 1ʳᵉ Partie.

échéant, à la pluie, qui était alors reçue dans un bassin carré nommé *impluvium*. Le côté de l'*atrium* qui était opposé à la porte d'entrée se nommait le *tablinum* : c'était là que l'on conservait les archives de la famille et les portraits des ancêtres, et qu'était le cabinet des dieux domestiques, des dieux lares. A droite et à gauche du *tablinum* s'ouvraient deux corridors, *fauces*, qui conduisaient à un troisième corps de bâtiment, à l'habitation du maître.

Cette habitation était disposée autour d'une grande cour, que l'on appelait *péristyle*, parce qu'elle était entourée d'un portique dont les colonnes étaient jointes par un mur à hauteur d'appui. La cour du péristyle était ornée d'un parterre garni des fleurs les plus rares; un bassin, placé au milieu de la cour, y entretenait l'eau et la fraîcheur.

Les *chambres à coucher* étaient distinguées en chambres à coucher *de jour*, et autres *pour la nuit* : il y en avait aussi *pour l'hiver*, et d'autres pour l'été. Chacune d'elles était précédée par une antichambre, *procœtum*, et elles étaient gardées par des esclaves particuliers. Les lits étaient souvent placés dans des *alcoves*.

Il y avait pour les femmes un corps de logis séparé, nommé *gynécée*, du mot grec *gyné* (femme). Elles y habitaient loin de la vue des hommes, y travaillaient à la laine et à d'autres ouvrages propres à leur sexe. On trouvait dans le gynécée le *thalamus*, ou salle où les femmes se tenaient habituellement.

Le salon de réception du maître de la maison s'appelait

oikos en grec, *œcus* en latin ; il y en avait plusieurs ornés de colonnes de différents ordres. L'*exèdre* était une salle spacieuse où il y avait des bancs en hémicycle pour la conversation. Le *sacrarium* était une chapelle domestique que les gens riches avaient indépendamment de la chapelle des lares ; un jeune esclave était préposé au service de ce lieu. Il était précédé d'une petite cour, ornée de colonnes et d'un bassin, où l'on entretenait des oies sacrées, dont on se servait pour les présages. Le *sacrarium* lui-même formait un petit temple soutenu par des colonnes, et où rien n'était négligé de ce qui, en fait d'objets d'arts ou de luxe appropriés au lieu, pouvait donner une haute idée du goût et de l'opulence du maître.

Outre ces divers appartements, il y avait encore dans le péristyle une *basilique*, c'est-à-dire une pièce spécialement destinée aux affaires : c'était là qu'on recevait les gens avec lesquels on devait s'en occuper.

Il y avait enfin encore, dans le même corps de bâtiment, la *pinacothéca*, ou galerie de tableaux, et la *bibliothèque*. Il était d'usage que l'une et l'autre se trouvassent dans la maison d'un homme opulent.

Les *cuisines* formaient, en arrière du péristyle, une dépendance de cette partie de la maison ; elles étaient voûtées, et souvent d'une dimension colossale : témoin celle dont fait mention une inscription découverte, à Palestrina, par M. Akerblad, et qui avait cent quarante-huit pieds de longueur. La cheminée n'était élevée de terre qu'à hauteur d'appui. Le sol en était fait en pente, pour faciliter l'écoulement des eaux; il était d'ailleurs composé d'un ciment fait de cendre, de sable et de chaux, qui avait la propriété d'absorber promptement toute l'humidité. L'usage excluait les femmes de la cuisine. A côté de cette pièce s'en trouvaient les dépendances naturelles, c'est-à-dire les magasins où l'on serrait les provisions : l'huile, le blé, les viandes. Des esclaves spéciaux étaient préposés à chacun de ces lieux. Il en était de même des celliers pour le vin et de la boulangerie.

Tous les appartements de maître, toutes les grandes distributions publiques ou privées, étaient au rez-de-chaussée de la maison, et les étages supérieurs étaient réservés aux annexes des appartements d'en bas, et aux logements des esclaves, des affranchis et des familiers de la maison. Les escaliers qui y menaient, n'étant guère pratiqués que par des hommes de condition inférieure, étaient d'une construction négligée et d'un usage peu commode. Quant aux pièces des étages supérieurs, l'importance en était tellement secondaire qu'elles n'étaient pas même régulièrement disposées, parce que les plafonds et les voûtes des *œci*, de la *pinakothèque*, de l'exèdre et des autres grandes pièces, prenaient sur ces étages et en interrompaient la communication.

Dans les premiers temps, à Rome, les murs des maisons, faibles et bas, ne pouvaient supporter que des toits de tuiles ou d'ardoises; mais, lorsqu'on eut commencé à élever des murs de pierres de taille, on exhaussa davantage les habitations, et l'on se plut à les terminer par une terrasse. Bientôt le plus grand luxe fut apporté dans la construction et dans l'embellissement de cette partie. On en fit de véritables jardins suspendus, qui rappelaient ceux de Babylone : on les couvrit d'arbres, de fleurs, de verdure ; et le citadin opulent, que ses mœurs corrompues attachaient aux délices de la ville, et qui ne pouvait cependant étouffer entièrement dans son âme le goût des champs, si naturel à l'homme, put, sans sortir de son palais de Rome, respirer les parfums des fleurs, jouir de la brise du soir, et contempler toutes les magnificences d'un horizon romain, tout en admirant, du haut de sa terrasse, l'immense panorama de la ville éternelle qui s'étendait à ses pieds.

Du Spheristerium. — Les Romains dormaient au milieu du jour; en s'éveillant, et avant de se mettre à table, ils se préparaient au souper en prenant de l'exercice dans le *spheristerium*, ou salle du jeu de paume; au sortir de là, ils allaient se mettre au bain. Les personnes délicates jouaient à la paume avec un disque, les autres avec la main. Les vieillards et ceux auxquels leur santé ne permettait pas de prendre part à cet exercice se réunissaient dans une salle voisine, nommée *aleatorium*, et y jouaient aux dés jusqu'à l'heure du bain (1).

Des Bains. — Les anciens faisaient un usage beaucoup plus fréquent des bains que les modernes. Les plus pauvres mêmes se baignaient tous les jours. Il y avait des bains publics et des bains particuliers. Il faut distinguer

---

(1) Le Palais de Scaurus, par Mazois.

entre les bains et les thermes : les bains n'avaient d'autre objet que celui qu'exprime leur nom ; les thermes, au contraire, étaient de vastes et beaux bâtiments, où il y avait, outre les bains, des espaces non couverts, des salles à manger, d'autres à exercer et à instruire la jeunesse, qu'on appelait *ephebea*, des lieux pour les jeux et pour exercer les athlètes, et plusieurs autres choses semblables.

L'heure ordinaire du bain était la neuvième heure du jour dans l'hiver, et la huitième dans l'été ; il était de bon ton de ne s'y présenter qu'un peu tard ; les gens dissolus y allaient la nuit ; les voluptueux, avant et après le souper, pour faciliter, disaient-ils, la digestion. On sait qu'ils se trompaient en cela ; aussi n'était-il pas rare de voir de ces baigneurs imprudents expier cette habitude par une mort subite dans le bain.

Le *bain* complet se composait d'une série d'opérations pour chacune desquelles il y avait un local distinct. C'est ainsi que l'on entrait d'abord dans une cour environnée d'un portique, et au centre de laquelle se trouvait un *baptisterium*, ou grand bassin, pour prendre le bain froid en commun. Ce bassin était couvert d'un toit élégant, soutenu par des colonnes. Sur les parois des portiques on représentait des arbres chargés de fruits et des poissons nageant dans une eau limpide ; enfin le sol de la cour était pavé en mosaïque.

De la cour on passait dans l'*apodyptère*, salle où l'on déposait ses vêtements entre les mains d'esclaves nommés *capsarii*, qui, après les avoir pliés, les serraient dans des cases. On entrait ensuite dans une salle élevée et spacieuse, où l'on trouvait une vaste baignoire pour prendre le bain froid à couvert, lorsqu'on ne voulait point se baigner en plein air dans le *baptisterium* : cette salle s'appelait *frigidarium*. La disposition en était remarquable : la cuve était entourée d'un petit mur d'appui; le pourtour de la pièce était décoré de pilastres et de niches avec des statues ; le soubassement du mur était formé de deux gradins qui régnaient autour de la salle, et sur lesquels s'asseyaient ceux qui, pour s'entretenir avec les baigneurs, assistaient au bain sans vouloir y prendre part. Cette partie se nommait l'*école*, soit parce qu'il fallait avoir du loisir pour se livrer à un tel entretien (1), soit parce que cet entretien roulait, d'ordinaire, sur des matières philosophiques. Entre le soubassement et la cuve régnait un espace libre, où les baigneurs pouvaient se livrer à des exercices propres à développer leur adresse ou leur vigueur : les uns s'efforçaient à lever des anneaux les mains liées; d'autres, à genoux sur le pavé, se courbaient en arrière jusqu'à toucher leurs pieds avec la tête.

Du bain froid on passait au bain chaud, que l'on prenait dans une pièce nommée *tepidarium*, où l'on trouvait deux baignoires assez vastes pour que l'on pût, au besoin, y nager. On prenait ensuite, dans la salle suivante, le bain de vapeur. Cette salle, de forme circulaire et en-

---

(1) Le mot grec *scholè*, d'où vient *école*, signifie à la fois loisir et école.

tourée de trois gradins, était tout entière, atmosphère et parois, imprégnée d'une chaleur et d'une vapeur presque brûlantes : la vapeur s'élevait, en nuages épais, d'un réservoir d'eau chaude situé au milieu de la salle, vers la voûte, où elle s'engouffrait avec violence et s'échappait par une ouverture étroite.

Après être demeuré dans ce lieu aussi long-temps qu'on pouvait le supporter, on retournait au *tepidarium*, où des esclaves vous grattaient la peau avec des instruments nommés *strigiles*, la polissaient avec la pierre-ponce, l'essuyaient avec des éponges, et l'oignaient d'huiles aromatiques. Les pauvres se rendaient eux-mêmes ces divers services.

On raconte que l'empereur Adrien, qui avait coutume d'aller se baigner dans les bains publics, au milieu de la foule, voyant un jour un vétéran, qu'il avait autrefois connu dans les troupes romaines, se frotter le dos et les membres contre les parois de la salle de bain, lui demanda pourquoi il en usait ainsi : « Parce que je n'ai point, répondit le vieux soldat, d'esclave pour me frotter. » L'empereur lui fit donner des esclaves et de quoi les entretenir. Cet événement s'ébruita, et, quelques jours après, plusieurs vieillards, attirés par l'exemple du vétéran, se frottèrent ainsi contre les parois devant l'empereur, dans l'espoir d'exciter sa libéralité ; mais Adrien leur fit dire qu'ils eussent à se frotter les uns les autres.

Les *thermes* étaient des bâtiments très-vastes, employés aux usages les plus variés : il y en avait d'immenses, et qui étaient « grands comme des provinces, » *in modum provinciarum*, selon l'énergique expression d'Ammien-Marcellin. Tels étaient ceux de Caracalla et de Dioclétien; ces derniers existent encore : une partie en est occupée par des chartreux, qui y ont fait bâtir une magnifique église, sur les plans de Michel-Ange; l'autre partie a été transformée en un couvent de feuillants. Ces thermes formaient de vastes corps de bâtiments, disposés en trois rectangles concentriques, et ornés de colonnes, de portiques, de statues, de jardins et de lieux plantés d'arbres pour la promenade à l'ombre. On y trouvait, outre les bains, de riches bibliothèques, des galeries de tableaux, des salles de conversation, des lieux pour s'exercer à la lutte, à la course, et pour se livrer à tous les jeux connus. Rien n'était négligé, en un mot, pour donner à ces monuments toute la magnificence possible, et pour y réunir tout ce qui pouvait y attirer les hommes de toutes les classes de la société, et satisfaire tous les goûts : ceux du savant comme ceux de l'artiste, ceux du vieillard comme ceux du jeune homme.

Des Villas. — Les Grecs, comme les Romains, recherchaient la vie des champs : « Quant à vous, Athéniens, disait Périclès à ses concitoyens, vous n'aimez que vos jardins et les ouvrages d'ostentation que vous y avez élevés. » On étalait, en effet, un luxe inouï dans ces habitations; mais les Romains surpassèrent de beaucoup les Grecs en ce point. Il est vrai qu'ils n'avaient point commencé ainsi : les maisons de campagne de Caton et de Scipion l'Africain ressemblaient plutôt à des chaumières qu'à ce que devinrent celles de leurs opulents successeurs. Cicéron possédait plus de vingt villas ; celles de Caligula étaient immenses, et Adrien en avait fait construire une qui embrassait une superficie de terrain qu'on a évaluée à dix mille mètres carrés : on y avait reproduit, autant que possible, les lieux les plus célèbres de l'antiquité : le Lycée, l'Académie, le Prytanée, Canope, le Pœcile, et même la vallée de Tempé, et jusqu'à l'image des enfers.

Une villa pouvait se diviser en trois parties : 1° la *maison de maître*; 2° la *ferme*; 3° le *fruitier*. Dans la maison de maître, ornée de colonnes, de portiques et de statues, et précédée d'une vaste cour, on trouvait des appartements d'été, et d'autres pour l'hiver; des galeries de tableaux, des bibliothèques et des salles de bain. Des jardins magnifiques, que l'art et la nature embellissaient à l'envi, l'entouraient de leurs bosquets et la pénétraient de leurs exhalaisons parfumées.

V. *Des Théâtres*. — Les Grecs faisaient remonter l'origine du *théâtre* aux jeux qu'on célébrait lors des fêtes de Bacchus, et ce fut à ce dieu qu'ils consacrèrent la plupart des monuments de ce genre. Le plus ancien théâtre d'Athènes datait du temps de Thémistocle; à Rome, ce fut M. Lepidus qui en fit construire un le premier : ce théâtre n'était qu'en bois. Pompée en éleva bientôt après un autre en pierre, vers l'an 669, pour recevoir quarante mille spectateurs.

A l'extérieur, le théâtre affectait ordinairement la forme d'un quadrilatère, muni de portiques et de péristyles. L'intérieur en était partagé en deux parties bien distinctes : la scène et les gradins. Ceux-ci s'élevaient les uns derrière les autres, par demi-circonférences concentriques. L'espace vide qui s'étendait entre le dernier gradin et son diamètre se nommait orchestre (1). L'ensemble des gradins formait la *cavea*. Les gradins inférieurs, plus larges et plus commodes, étaient réservés aux magistrats et aux grands personnages de l'État; la foule se répandait dans les autres, suivant une certaine hiérarchie. Du gradin inférieur partaient des escaliers qui menaient aux gradins supérieurs. Les portes par lesquelles on entrait au théâtre et on en sortait se nommaient *vomitoires* : il y en avait plus ou moins, selon la grandeur de l'édifice.

Nous avons dit que chez les Grecs les chœurs de danse et de chants se tenaient dans l'orchestre; au milieu s'élevait le *thymélé*, petit autel sur lequel on sacrifiait à Bacchus au commencement du spectacle. Chez les Romains, une plate-forme en bois, qui s'avançait dans l'orchestre, et qui portait le nom de *pulpitum*, recevait les chœurs. Derrière le *pulpitum* s'élevait la scène, où déclamaient les acteurs.

La *scène* était ornée d'une manière monumentale; des colonnes de pierre en garnissaient les parois, qui, dans le fond, étaient percées de plusieurs portes fort larges, à travers lesquelles les spectateurs apercevaient des déco-

---

(1) Du mot grec *orchesthai*, qui signifie danser, parce que c'était là que, dans les théâtres grecs, on exécutait les danses et les ballets.

rations. Elle était élevée de dix ou douze pieds au-dessus de l'orchestre, et d'un peu moins au-dessus du lieu où se tenait le chœur. Il y avait trois genres de décorations, suivant celui des pièces que l'on jouait. Pour la tragédie, on figurait, sur les côtés de la scène, de grands monuments, des temples, des palais, des portiques; pour la comédie, des habitations communes; enfin, pour les pièces satiriques, dites atellanes, des paysages, des bosquets, des antres, des fontaines, etc. Il y avait deux sortes de décorations : les unes formaient des prismes qui tournaient sur des pivots; les autres étaient de grands tableaux que l'on faisait glisser dans les coulisses.

Une vaste toile, ornée de peintures, séparait, à Rome, la scène des spectateurs.

On conçoit facilement que des théâtres assez vastes pour contenir trente et quarante mille spectateurs ne pouvaient guère être couverts : ceux-ci étaient exposés aux intempéries de l'air, et il arrivait souvent qu'une pluie soudaine les forçait de se réfugier sous les portiques et dans les édifices publics du voisinage. Ce défaut d'un toit et d'un plafond aux théâtres était aussi un grand obstacle pour la propagation du son. Vitruve rapporte que, pour obvier à cet inconvénient, les architectes grecs ménageaient, sous les gradins où devaient s'asseoir les spectateurs, de petites cellules entr'ouvertes, où ils plaçaient des vases d'airain, destinés à recevoir dans leur cavité les sons qui venaient de la scène, et à les rendre d'une manière forte, claire et harmonieuse. Ces vases, montés à la quarte, à la quinte, à l'octave l'un de l'autre, avaient entre eux les mêmes proportions qu'avaient entre elles les cordes de la lyre qui soutenait la voix. Mais l'usage de ces vases est fort contestable, ou, au moins, paraît ne s'être établi que fort tard, et Rome ne l'adopta jamais. Les empereurs faisaient tendre sur le théâtre un voile immense, qui était ordinairement de toile, mais qui fut aussi de pourpre brochée d'or, et même, dit-on, de soie. Au défaut de ce voile, on se garantissait du soleil par des chapeaux à larges bords, par des voiles et des ombrelles (1).

Les acteurs ne paraissaient point à visage découvert : ils portaient un masque dont la forme et les traits étaient analogues à la situation du personnage représenté. Différentes raisons avaient décidé les Grecs à adopter cet usage, malgré ses inconvénients. D'abord il n'était point permis aux femmes de monter sur le théâtre ; leurs rôles y étaient remplis par des hommes, et un masque leur permettait de mieux se déguiser qu'ils n'eussent pu le faire avec le visage découvert ; en second lieu, les spectateurs, se trouvant fort loin des acteurs, n'eussent pu discerner les nuances des passions sur le visage de ceux-ci, si ces nuances n'eussent été grossies et exagérées au moyen d'un masque. Malgré ces avantages, les Grecs ne se dissimulaient point les inconvénients de cet instrument, qui, outre qu'il faisait perdre à la voix une partie des inflexions délicates qui en font le principal charme, présentait une

---

(1) On alla jusqu'à rafraîchir les spectateurs au moyen d'une pluie fine d'eau parfumée qu'on faisait tomber sur eux.

bouche difforme, toujours immobile, toujours béante, lors même que l'acteur gardait le silence.

C'était un préjugé qui avait généralement cours dans toute l'antiquité, que les héros des anciens temps étaient d'une taille supérieure à celle du commun des hommes; lors donc qu'on les représentait sur le théâtre, les acteurs se donnaient, par divers moyens, une taille conforme à ces rôles; ils chaussaient des cothurnes dont les semelles avaient quelquefois jusqu'à cinq pouces d'épaisseur; des gantelets prolongeaient leurs bras; leur poitrine, leurs flancs, toutes les parties de leur corps, s'élargissaient à proportion : aussi, lorsque, conformément aux lois de la tragédie, qui exigeait une déclamation forte et quelquefois véhémente, cette figure presque colossale, revêtue d'une robe magnifique, faisait entendre une voix dont les bruyants éclats retentissaient au loin, il était peu de spectateurs qui ne fussent point frappés de cette majesté imposante, et qui ne se trouvassent plus disposés à recevoir les impressions qu'ils étaient venus chercher au théâtre.

L'entrée des théâtres fut d'abord gratuite; plus tard, en Grèce, on dut payer une drachme (1) par tête. On distribuait un billet, *tessera theatralis,* à chaque spectateur : ce billet lui indiquait sa place. Périclès réduisit le prix d'entrée, et, pour s'attacher les pauvres, il fit distribuer à

---

(1) La drachme valait 90 centimes. Les représentations duraient toute la journée.

chacun de ceux qui venaient au spectacle deux oboles, l'une pour payer sa place, et l'autre pour subvenir à ses besoins pendant la représentation (1).

On trouve encore en France les ruines de plusieurs théâtres : le mieux conservé est celui d'Orange.

Des Amphithéâtres. — L'établissement des amphithéâtres est attribué aux Etrusques. Les premiers dont il soit fait mention ne consistaient que dans de vastes excavations creusées dans la terre, et environnées de gradins en gazon. On voit encore un amphithéâtre étrusque qui se trouve sur l'emplacement de l'ancienne ville de Sunium, et qui est creusé dans le roc vif.

Le passage suivant de Pline l'Ancien nous donne la curieuse description du premier des monuments de ce genre qui ait été construit à Rome. « Curion, voulant célébrer magnifiquement les funérailles de son père, fit construire, en bois, deux théâtres très-vastes, placés l'un contre l'autre (*chacun du côté hémisphérique*), et posés chacun sur un pivot. Pendant la matinée, on jouait des pièces sur ces deux théâtres, qui étaient alors adossés (*de manière que les spectateurs de l'un tournaient le dos à ceux de l'autre*), afin que les actions ne s'interrompissent pas ; ensuite on les faisait tourner tout-à-coup, de manière qu'ils se trouvaient en présence, leurs extrémi-

---

(1) L'obole valait 15 centimes. *Voir*, sur ce paragraphe, dom Montfaucon, T. III, 2ᵉ Partie ; Barthélemy, Voyage du jeune Anacharsis, et le docteur Batissier.

tés venant se joindre, et ils formaient ainsi un amphithéâtre, dans lequel les gladiateurs venaient se livrer des combats moins dangereux que la promenade aérienne que faisait le peuple romain pour y assister. »

Ce danger était réel en effet, et ce n'est pas sans raison que Pline insiste vivement à ce sujet. Sous le principat de Caïus Caligula, un accident, amené par l'écroulement d'un amphithéâtre, causa, en moins d'un instant, autant de calamités que l'eût pu faire la perte d'une grande bataille. Un affranchi, nommé Atilius, avait entrepris, à Fidène, la construction d'un amphithéâtre, pour y donner des combats de gladiateurs; mais il n'en avait point établi les fondements sur un sol assez ferme, et n'en avait point lié la charpente assez solidement : ce n'était pas, en effet, l'opulence ou le désir d'obtenir des honneurs municipaux qui avait poussé cet homme à une telle entreprise, mais le désir d'un gain sordide. On vit accourir à ce spectacle une foule immense, de tout âge et de tout sexe, d'autant plus avide d'un tel plaisir qu'on en avait été sevré pendant tout le principat de Tibère. Le désastre n'en fut que plus grand : l'édifice, gorgé d'hommes, s'écroula en dedans et en dehors, et entraîna dans sa chute ou couvrit de ses ruines une foule immense, ceux qui assistaient au spectacle, et ceux qui stationnaient autour du bâtiment. Les plus heureux furent ceux qui, par une prompte mort, évitèrent les angoisses de la douleur. Bien plus malheureux, en effet, étaient ceux qui, mutilés ou saisis par une partie du corps, n'avaient point encore rendu l'âme, et qui, le jour, avaient sous les yeux le spectacle de leurs femmes et de leurs enfants expirants, et, la nuit, reconnaissaient leur voix plaintive et leurs gémissements. Le bruit de ce malheur avait attiré, de toutes parts, une foule de personnes : l'un pleurait un frère, l'autre, un père; ceux qui avaient quelque être cher absent pour une cause quelconque tremblaient, et l'on craignait d'autant plus que l'on ne savait pas quels étaient ceux que cette catastrophe avait frappés.

Quand on eut commencé à déblayer les décombres, on s'assembla en foule autour des morts, on les serrait dans les bras, on les embrassait, et souvent on se les disputait, lorsque leurs traits défigurés, ou quelque ressemblance d'âge ou de forme, empêchaient de les reconnaitre distinctement. Cinquante mille personnes furent blessées ou écrasées par la chute de cet édifice. Un sénatus-consulte pourvut à ce que « désormais nul ne donnât des spectacles de gladiateurs s'il avait moins de quatre cent mille sesterces (78,000 fr.) de revenu, et qu'on ne construisît plus désormais d'amphithéâtre ailleurs que sur un terrain d'une solidité éprouvée. Atilius fut envoyé en exil. Du reste, à l'occasion de ce désastre, les maisons des riches s'ouvrirent, des remèdes et des médecins furent fournis à tous ceux qui en avaient besoin, et, pendant les jours suivants, la ville, bien que l'aspect en fût triste, rappela les temps anciens, alors qu'après les grandes batailles, les blessés trouvaient partout des secours et des soins (1).

---

(1) Tacite, Annales, IV.

Le mot *amphithéâtre* vient du grec, et signifie proprement un lieu de spectacles faits de deux théâtres joints l'un à l'autre par leur diamètre, et où les spectateurs sont placés tout autour. On l'appelait encore *cavea*, creux, parce que l'intérieur en était creux, et *arena*, arène, c'est-à-dire *sable*, parce qu'avant de commencer les jeux et les combats, on répandait du sable sur la place où ils devaient avoir lieu. Par une magnificence extravagante, Caligula fit un jour répandre dans l'arène, au lieu de sable, de la limaille de chrysocalle; et Néron, pour enchérir sur cet acte d'une prodigalité insensée, fit ajouter au chrysocalle du cinabre broyé; enfin Hélagabale fit couvrir l'arène de paillettes d'or et d'argent : tout cela pour cacher aux yeux des spectateurs cette terrible couleur du sang.

L'amphithéâtre, dégagé de tous les ornements qu'on y ajoutait, et réduit à ses ornements les plus simples, se composait d'une enceinte circulaire ou ovale, à laquelle étaient adossés un nombre plus ou moins grand de gradins concentriques, qui se terminaient par un dernier gradin nommé *podium*, élevé de douze ou quinze pieds au-dessus du sol de l'arène. Ce sol, entouré de tous côtés par les gradins, était le lieu où se célébraient les jeux et les combats de l'amphithéâtre.

Le *podium* était le gradin inférieur ; il formait comme le mur d'un quai autour de l'arène. C'était la place d'honneur, la place où se trouvaient les siéges des vestales, des sénateurs, des premiers magistrats de la république, des pontifes et de l'empereur ; l'*éditeur*, c'est-à-dire celui qui donnait les jeux, y avait aussi sa place. Afin que les spectateurs distingués du *podium* fussent à l'abri des insultes des bêtes de l'amphithéâtre, on disposait au-devant d'eux un treillis très-fin, mais solide, qui les garantissait, sans les empêcher de jouir du spectacle sanglant de l'arène. Par surcroît de précaution, on plaçait en avant du *podium* de gros troncs de bois arrondis, qui tournaient quand les bêtes voulaient s'en servir comme d'un point d'appui pour s'élancer vers les spectateurs. Malgré ces mesures, il arriva fréquemment que les bêtes envahirent les rangs des spectateurs et y causèrent du désordre. Cet inconvénient suggéra l'idée de placer autour du *podium* des fossés pleins d'eau.

Les gradins de l'amphithéâtre étaient disposés de la même manière que ceux des théâtres; comme ceux-ci, ils étaient coupés par des escaliers, et divisés par étages ou *précinctions* : on appelait ainsi des degrés plus hauts et plus larges que les autres, qui distinguaient les siéges plus hauts des plus bas, et facilitaient le passage pour se rendre d'un escalier à un autre. L'endroit où un gradin était coupé par un escalier s'appelait *coin*, *cuneus*. Les spectateurs, assis sur un gradin, avaient les pieds posés sur le gradin inférieur, sur le devant duquel étaient assis d'autres spectateurs, qui, à leur tour, avaient les pieds sur le gradin inférieur.

Au pied de chaque escalier se trouvaient des portes qui donnaient accès dans des voûtes par lesquelles on entrait au théâtre, et qui passaient sous tous les gradins, pour déboucher dans l'enceinte de l'amphithéâtre : ces voûtes et ces portes s'appelaient *vomitoria*, vomitoires. Il y avait, en outre, des canaux disposés en différents endroits, et par lesquels on faisait couler une liqueur aromatisée, composée ordinairement de safran infusé dans du vin.

Autour de l'arène, et au-dessous des gradins inférieurs, s'étendaient de vastes loges voûtées, *carceres, caveæ*, dans lesquelles on renfermait les bêtes féroces, et qui communiquaient directement avec l'arène. On raconte qu'un joaillier ayant vendu à la femme de l'empereur Gallien des pierres fausses pour des pierres précieuses, ce prince le condamna à être dévoré par un lion; il ordonna qu'on le plaçât devant la porte d'une de ces loges dans laquelle se trouvait un lion, mais il recommanda en même temps, en secret, qu'on retirât de cette cage l'hôte formidable des déserts, et qu'on mît en place un chapon. Le malheureux joaillier infidèle, amené dans l'arène, et placé devant cette porte, pâle et tremblant, se croyait déjà à sa dernière heure, et, quand il entendit rouler sur ses gonds la porte de la cage, il sentit ses cheveux se hérisser sur sa tête; il ferma les yeux, et attendit la mort : un immense éclat de rire, arraché aux quatre-vingt mille spectateurs par la vue d'un chapon qui sortait de la cage du lion, ne put même l'arracher de sa torpeur, et il fallut l'emporter de l'arène, et l'avertir que l'empereur n'avait voulu que se jouer de lui. « L'imposteur, avait dit Adrien, a été puni par une imposture. »

Les combats qui se célébraient dans l'arène étaient de trois sortes : les combats d'animaux entre eux s'appelaient *venationes*, chasses; il y avait ensuite les combats des hommes, des *bestiaires*, contre des animaux, et enfin des combats d'hommes contre hommes : ces combats s'appelaient *munera*, et ceux qui y combattaient, *gladiateurs*. C'étaient de véritables carnages que ces fêtes sanglantes, objets d'une passion effrénée pour les Romains. Pompée fit combattre vingt éléphants, quatre cent dix panthères et six cents lions ; lors de son triomphe, César fit descendre dans l'arène quatre cents lions. La dédicace du temple de Marcellus coûta la vie à deux cent soixante-huit lions et à deux cent soixante-dix panthères. Durant son principat, Auguste fit combattre, devant le peuple romain, trois mille cinq cents bêtes sauvages de diverses espèces. Lors de l'ouverture du Colisée, neuf mille bêtes sauvages inaugurèrent, dit-on, par leur mort, ce sanglant édifice. Dans les jeux que Trajan célébra à l'occasion de ses triomphes sur les Parthes, onze mille bêtes féroces combattirent jusqu'à la mort. Enfin Probus laissa loin derrière lui ces scènes de carnage : il fit planter dans l'arène toute une forêt, avec des monticules et des rochers, et y lâcha une multitude innombrable de bêtes sauvages, parmi lesquelles se trouvaient mille cerfs, mille sangliers et plus de mille autruches. On s'amusa à percer ces animaux à coups de flèches.

L'usage barbare des combats de gladiateurs prit son origine de celui que l'on pratiquait dans la haute antiquité, d'immoler sur la tombe des grands des esclaves et des prisonniers faits à la guerre. Le peuple sombre et cruel de l'Etrurie avait adopté cet usage, et l'avait transmis à ses voisins de Rome. Plus tard il parut moins cruel de faire combattre ces malheureux les uns contre les autres; on prit alors goût à ce spectacle : de là les combats de gladiateurs. La passion pour ces combats devint telle qu'on finit par en introduire jusque dans les festins : on mettait des couples de gladiateurs aux prises devant les convives, qui continuaient leur repas pendant que ces infortunés s'entr'égorgeaient. Le premier spectacle public de gladiateurs, à Rome, fut donné l'an 490 de la fondation.

Les gladiateurs portaient différents noms, selon leur manière de combattre. Les *sécuteurs* portaient un casque, un bouclier et une épée, ou une massue plombée. Le *rétiaire* était armé d'un filet et d'une fourche : il jetait son filet sur la tête ou sur l'épée du sécuteur, et, lorsqu'il l'avait atteint, il le frappait de sa fourche; sinon, il fuyait en toute hâte, et se préparait à jeter de nouveau son filet. Il combattait aussi quelquefois contre une espèce de gladiateurs nommés *Myrmillons* ou *Gaulois*, qui portaient des poissons sur leurs casques : pendant qu'ils luttaient l'un contre l'autre, on chantait : « *Pourquoi me fuis-tu, ô Gaulois? ce n'est pas à toi que j'en veux, mais à ton poisson.* » Les Gaulois étaient armés d'une faux; les *Samnites*, d'un baudrier, d'un bouclier d'argent ciselé, d'une botte à la jambe gauche, d'un casque à aigrette et d'une épée; les *Thraces*, d'une épée et d'un poignard; les *dimachères*, de deux épées, une de chaque main; les *laquearii*, d'un cordon à nœud coulant; les *essedarii* combattaient sur des chars, et les *andabates*, à cheval et les yeux bandés. Dans l'arène, ils recevaient d'autres noms encore, d'après diverses circonstances : on appelait *meridiani* ceux qui étaient réservés pour l'heure de midi; *supposititii*, ceux qui remplaçaient leurs camarades fatigués ou vaincus; *postulatitii*, ceux qui étaient spécialement demandés par le peuple; *catervarii*, ceux qui combattaient en troupes.

Les gladiateurs, en entrant dans l'arène, passaient devant la loge de l'empereur, et lui disaient : « *Morituri te salutant*, ceux qui vont mourir te saluent. » Quand un gladiateur était blessé, le peuple décidait, par un signe, s'il fallait l'achever ou non ; à son regard, qui demandait grâce, une foule implacable, ivre de sang, répondait : « *Recipe ferrum*, reçois le fer, » et il était tué sans pitié ; puis des esclaves le traînaient, avec un croc de fer, au lieu appelé *spoliarium*. Si un gladiateur tombait mort sous le coup de son adversaire, celui-ci le soulevait sur ses épaules pour le montrer au peuple ; il y en avait qui, plus cruels encore, portaient de nouveaux coups au cadavre, pour voir s'il était véritablement mort ; d'autres, dans leur rage, allaient jusqu'à boire du sang de leur adversaire expirant. Le gladiateur vainqueur recevait une baguette et était déclaré libre.

On prenait les gladiateurs parmi les prisonniers de guerre, les esclaves condamnés, et même les hommes libres réduits par la misère à trafiquer de leur vie. Il y en eut qui descendirent dans l'arène pour plaire au souverain ; des femmes mêmes, qui n'étaient retenues ni par la pudeur ni par la crainte, prirent part à ces combats et s'y entre-tuèrent.

Enfin l'arène servait aussi de lieu de supplice : on y exposait aux bêtes les condamnés à mort, qui y étaient dévorés sous les yeux des spectateurs. Les martyrs honorèrent cette scène de leur mort héroïque. Quand les criminels manquaient, la populace féroce s'écriait : *Les chrétiens aux lions*, et des chrétiens étaient jetés aux lions.

C'étaient là les fêtes qu'il fallait au peuple romain. Le premier empereur chrétien eut la gloire de publier le premier édit qui les condamnait ; mais cette loi bienfaisante, en annonçant les vœux du prince, ne réforma pas un abus antique qui dégradait un peuple d'ailleurs civilisé. Plusieurs milliers de victimes offraient, tous les ans, dans les grandes villes, particulièrement pendant le mois de décembre, aux yeux des citoyens enchantés le spectacle sanglant de la fureur, de l'agonie et de la mort. Une circonstance imprévue mit enfin un terme à ces horribles scènes, l'an 404 après Jésus-Christ, lors des fêtes qui furent célébrées, à Rome, à l'occasion de la victoire que Stilicon, général de l'empereur Honorius, avait remportée sur Alaric, à Pollentia. Tandis que cette victoire et cette fête excitaient les transports de la joie publique, un poète chrétien exhorta l'empereur à détruire un usage barbare qui s'était perpétué malgré les cris de la religion et de l'humanité. Les représentations pathétiques de Prudence furent moins efficaces que la généreuse audace de Télémaque, solitaire de l'Asie, qui se précipita dans l'arène entre les gladiateurs, et les sépara. Les Romains, irrités de voir interrompre leurs plaisirs, l'accablèrent sous une grêle de pierres. Mais, rougissant bientôt d'une telle brutalité, ils honorèrent la mémoire de Télémaque, qui avait cueilli la couronne du martyre, et se soumirent sans murmurer à la loi par laquelle Honorius proscrivait désormais les combats de gladiateurs.

Statilius Caurus, ami d'Auguste, fit élever, dans le Champ-de-Mars, le premier amphithéâtre en pierres qu'il £ ait eu à Rome, l'an 725 de la fondation de cette ville. Les empereurs en construisirent plusieurs autres, dont le plus fameux fut le *Colisée* ou *amphithéâtre de Flavien*, qui, malgré son immense étendue, fut, chose prodigieuse, terminé en deux ans et neuf mois (1). Commencé par Vespasien, il fut achevé par Titus, qui en fit la dédicace l'an 80 de l'ère chrétienne. Il pouvait contenir cent neuf mille spectateurs. Comme la plupart des amphithéâtres, l'enceinte en était formée de trois étages de galeries en arcades, superposées et surmontées d'une attique, percée aussi d'arcades voûtées. Chaque étage, ainsi que l'attique, contient deux rangs d'arcades parallèles ou plutôt concentriques, et communiquant ensemble, par chacun de leurs entre-colonnements, de manière à former autant de galeries transversales et croisant les galeries circulaires qu'il y a d'entre-colonnements ou d'arcades. L'étage inférieur est formé de cinq arcades, dont deux grandes et trois petites, chargées de supporter le poids des gradins. La grandeur extraordinaire de cet édifice excita l'admira-

---

1) Le nom de *Coalisée* lui fut donné à cause de la statue *colossale* de Néron, qui se trouvait auprès, ou peut-être encore à cause de ses proportions colossales.

tion de toute l'antiquité (1). « Que tout monument, dit Martial, le cède à l'amphithéâtre de César ; que la renommée célèbre cet édifice entre tous. » Au XIe siècle, le Normand Robert Guiscard, craignant qu'il ne pût servir de citadelle contre lui, y fit faire une large brèche; une partie de ce qui en restait debout fournit des matériaux pour la construction des palais Farnèse, Saint-Marc et de la Chancellerie, à Rome; enfin le pape Benoit XIV, afin de sauver ce précieux débris de l'art antique, le plaça sous la protection des martyrs (2).

Nous avons, en France, des amphithéâtres plus ou moins bien conservés : ceux d'Arles, de Fréjus, de Saintes, de Nîmes et un autre près de Montbéliard. Celui de Nîmes est le mieux conservé, après celui de Vérone.

On transformait quelquefois l'arène en un petit lac, où l'on représentait des scènes nautiques et des combats entre des galères montées par des gladiateurs (3).

Des Cirques ou *Hippodromes* et *du Stade*. — Le stade était une chaussée de six cents pieds de long et d'une lar-

---

(1) Omnis cæsareo cedat labor amphitheatro;
Unum pro cunctis fama loquatur opus.

(2) Dimensions du Colisée : diamètres extérieurs : 188 mètres cinquante centimètres, et 155 mètres 50 centimètres ; diamètres intérieurs : 86 mètres 40 centimètres, et 53 mètres cinquante centimètres. On voit qu'il était de forme ovale.

(3) Sur les amphithéâtres, *voir* dom Montfaucon, tome III, 2e Part.; Godefroy, Comment. sur le Code Théodosien, T. V, p. 396; Liv. XV, Titre XII ; loi 1re, Juste Lipse, Saturnales, T. III, p. 403-545 ; et M. le docteur Batissier, Archéologie nationale, p. 252—259.

geur proportionnée, où se faisaient, dans la Grèce, les courses à pied, et où se donnaient la plupart des combats.

L'hippodrome était destiné aux courses des chars et des chevaux : il se composait, dans ses éléments les plus simples, d'une galerie munie de portiques ou d'arcades, et environnant un terrain de forme ovale ; le milieu de ce terrain était occupé par une plate-forme, elliptique aussi, du centre de laquelle s'élevait un obélisque, et qui se terminait par deux bornes appelées *meta*, une à chaque extrémité. L'espace resté libre entre la plate-forme et l'enceinte était le terrain sur lequel couraient les chars et les chevaux. Les spectateurs étaient assis sur des gradins, comme à l'amphithéâtre.

La plate-forme centrale s'appelait *spina*; on l'ornait de statues, d'autels, de petits temples. Enfin l'aire du cirque était circonscrite, depuis César, par un canal rempli d'eau, nommé *Euripus*, fait pour préserver les spectateurs pendant les combats d'animaux (il s'en donnait aussi dans le cirque), mais qui avait en même temps un caractère religieux : on le regardait comme l'image de la mer, et l'on voyait sortir de son sein des statues de divinités marines.

A l'une des extrémités se trouvaient les remises pour les chars et les chevaux; à chacune de ces remises, *carceres*, il y avait une porte qui donnait sur la carrière; elles étaient, de plus, disposées obliquement par rapport à la *spina*, de telle sorte que tous les chars et les chevaux qui sortaient des *carceres* avaient la même distance à parcourir pour arriver à la borne du côté opposé. Il y avait trois portes qui donnaient dans le cirque : la porte *circencis*, par laquelle entrait la procession que l'on faisait, en l'honneur des dieux, avant les courses ; la porte *triomphale*, par laquelle sortaient les vainqueurs, et la porte *libitinaria* ou de la *mort*, par laquelle on emportait ceux qui avaient péri dans les jeux.

La plus grande difficulté dans les courses de chars consistait à doubler les deux bornes des extrémités de la *spina*. Posées dans la largeur de la carrière, elles ne laissaient, pour le passage des chars, qu'un défilé très-étroit, où l'habileté des guides venait souvent échouer. Le péril était d'autant plus redoutable qu'il fallait doubler chaque borne jusqu'à douze fois ; car on était obligé de parcourir douze fois la longueur de l'hippodrome, soit en allant, soit en revenant. A chaque évolution, il survenait quelque accident : des chars étaient emportés hors de la lice ; d'autres se brisaient en se choquant avec violence, et parsemaient la carrière de débris qui rendaient la course plus périlleuse encore.

Vers la fin de l'empire romain, les jeux du cirque firent naître des luttes ardentes et passionnées. Les cochers qui conduisaient les chars se distinguaient par la couleur de leurs vêtements, qui étaient rouges, blancs, bleus ou verts. Les spectateurs se passionnaient pour certains cochers, ou plutôt pour les cochers d'une certaine couleur, et se divisaient en cette occasion en *factions* qui en venaient parfois aux prises. Ces *faction*s portaient le nom de la couleur des cochers qu'elles préféraient. Du temps de l'empereur Justinien, il s'éleva une lutte si furieuse entre la *faction* verte et la *faction* bleue qu'il y eut près de quarante mille hommes de tués. Depuis cet affreux événement, le nom de *faction* fut aboli.

Les cirques pouvaient contenir beaucoup plus de spectateurs que les amphithéâtres : celui de Sextus Rufus, à Rome, offrait place à deux cent quarante mille spectateurs, et l'étendue de celui de Constantinople, qui renfermait un grand nombre de monuments magnifiques, était sept fois plus considérable que celle du Champ-de-Mars de Paris.

VI. *Du Forum*. — Le Forum était la principale place publique de Rome : c'était un vaste terrain oblong, situé entre les monts Capitolin et Esquilin, et appelé aujourd'hui *il campo vaccino*, le marché aux vaches. C'était là que se tenaient les assemblées du peuple, qu'on rendait la justice et qu'on traitait les affaires publiques. Il était entouré de portiques, d'édifices et de boutiques, principalement de banquiers et d'orfèvres. Autour du Forum se trouvaient les *basiliques*, salles spacieuses où s'assemblaient les cours de justice, et ornées de colonnes et de portiques. Quand la religion chrétienne fut devenue celle de l'empire romain, beaucoup de *basiliques* furent transformées en *églises*, d'où vient que ces deux noms se prennent souvent l'un pour l'autre.

La tribune aux harangues se nommait les *rostres*, parce qu'elle était ornée de rostres, c'est-à-dire des pointes que l'on plaçait en avant des vaisseaux de guerre. Ceux de ces rostres que l'on avait pris sur les ennemis étaient attachés à la tribune. Auprès de celle-ci on avait encore placé la statue du satyre Marsyas, qui avait osé provoquer Apollon au combat du chant, et qui, ayant été vaincu, fut écorché vif. On avait voulu, dit-on, avertir par-là les plaideurs de ne point susciter de procès injustes.

Il n'y eut d'abord qu'un seul *Forum* à Rome; plus tard on en établit plusieurs. César en construisit un dont l'emplacement seul coûta près de vingt millions. Auguste et Domitien en établirent deux autres; mais celui de Trajan surpassa tous les autres en magnificence : il l'orna des dépouilles qu'il avait remportées sur les ennemis (1).

VII. *Des Arcs de triomphe.* — Pline attribue aux Grecs l'invention des arcs de triomphe; mais on ne connaît point d'exemple d'un monument de ce genre établi dans la Grèce, et l'on n'en trouve que dans Rome et ses provinces. On sait qu'on les élevait en l'honneur des généraux illustres qui, pendant la guerre, avaient obtenu d'éclatants succès. Les premiers ne furent qu'en bois; puis on les fit en briques ou en pierres de taille, de forme demi-circulaire; mais, plus tard, on finit par les faire du plus beau marbre, de forme carrée, avec une arcade haute et large au milieu, et deux autres plus petites sur les côtés : le tout somptueusement décoré de colonnes, de statues et de bas-reliefs. Quelques-uns cependant n'avaient qu'une arcade, comme celui de Saint-Remy en France, et celui de Titus à Rome; d'autres avaient deux

---

(1) Adam, Antiquités romaines.

arcades, tels que ceux de Langres et de Vérone. Ils sont généralement surmontés d'une attique, et couronnés d'une statue équestre ou d'un quadrige.

Quand le triomphateur passait sous l'arc, une figure de la Victoire, attachée par des cordes, déposait une couronne sur sa tête.

VIII. *Des Trophées.* — Les trophées étaient encore des signes ou des monuments de la victoire. On les formait des armes et des plus nobles dépouilles enlevées à l'ennemi, et on les érigeait tantôt sur le champ de bataille, tantôt à quelque distance, avec une inscription. Les peuples qui élevaient des trophées en pierre ou en bronze étaient détestés des autres nations; par un sentiment analogue, on ne réparait pas les trophées dégradés par le temps, pour éviter de perpétuer les inimitiés des peuples. Les Romains n'érigèrent que rarement des trophées, pour ne pas s'aliéner l'esprit des peuples vaincus. On considérait comme un sacrilége de détruire un trophée : c'est ainsi que César laissa subsister les trophées élevés par Pompée sur les Pyrénées, et même ceux qu'avait érigés Mithridate pour perpétuer le souvenir d'une victoire remportée sur les Romains.

On voit encore à Rome deux blocs de marbre que l'on considère comme ayant fait partie des trophées qui furent dressés en l'honneur de Marius, après ses victoires sur les Cimbres et les Teutons (1).

---

(1) Adam.

IX. *Des Colonnes.* — L'usage des colonnes ne fut point borné au soutien des édifices, mais il arriva fréquemment qu'on en éleva d'isolées, qui étaient destinées uniquement à marquer une place, à honorer un homme, ou à perpétuer le souvenir d'un événement. C'est ainsi qu'on distinguait : les *colonnes statuaires*, qui portaient une statue ; les *colonnes chronologiques*, qui portaient une inscription historique ; les *colonnes zoophoriques*, qui portaient des animaux ; les *colonnes honorifiques*, élevées à la mémoire des hommes morts pour le service de la république ; les *colonnes légales*, sur lesquelles on gravait les lois ; les *colonnes limitrophes*, qui indiquaient les limites du pays conquis ; les *colonnes manubiaires*, qui étaient ornées de trophées ; les *colonnes militaires*, sur lesquelles était inscrit le dénombrement des troupes ; les *colonnes rostrales*, auxquelles on attachait les proues des vaisseaux pris sur l'ennemi ; les *colonnes funéraires* ou *cippes* ; les *colonnes itinéraires* ou *milliaires*, qui étaient placées de distance en distance sur les routes, comme aujourd'hui les pierres kilométriques, et enfin la *colonne lactaire*, au pied de laquelle on déposait, à Rome, les enfants trouvés (1).

Les plus célèbres des colonnes érigées en l'honneur des grands hommes, ce sont : la colonne de Pompée, sur la plage de l'Egypte, et celles de Trajan et d'Antonin, à l'imitation desquelles fut faite et élevée celle de la place Vendôme, à Paris.

---

(1) M. le docteur Batissier.

La colonne que fit ériger l'empereur Trajan au milieu de son forum était composée de trente-quatre blocs de marbre, cimentés avec tant d'art qu'ils paraissaient n'en former qu'un seul. Elle avait environ cent quarante pieds de hauteur, douze pieds de diamètre à la base et dix au sommet. Un escalier de cent quatre-vingt-cinq marches, recevant le jour par quarante-trois fenêtres, menait au sommet. La surface était entièrement couverte de sculptures en relief, disposées en spirale, et représentant les exploits militaires de l'empereur. Au sommet s'élevait la statue colossale de Trajan, portant de sa main gauche un sceptre, et de la droite un globe d'or, dans lequel on dit que furent renfermées ses cendres.

Des Camps romains. — Parmi les monuments des Romains, il est impossible de ne pas mentionner leurs camps. On sait que les légions, ne dussent-elles passer qu'une nuit dans un lieu, y établissaient un camp, muni d'un parapet en bois garni de terre et d'un fossé. Mais, outre ces camps de passage, il y en avait de fixes, où les troupes prenaient leurs quartiers d'hiver, et qui réunissaient tous les établissements que réclame le séjour d'une grande masse d'hommes. Ces camps ont donné naissance, dans la plupart des provinces romaines, à des bourgades ou à des villes.

On choisissait principalement, pour y établir les camps, des lieux qui dominassent les contrées voisines, et d'où l'on pût découvrir un vaste horizon. Quand on avait trouvé un tel lieu, chaque corps de l'armée prenait aussitôt la place que lui assignaient d'avance les règlements militaires; puis les soldats se mettaient à creuser un fossé large de neuf pieds et profond de douze, dont la terre, rejetée du côté du camp, formait un rempart, dans lequel on plantait des pieux munis encore de branchages. Des éminences en saillie sur le rempart, et le dominant, offraient l'aspect de tours, et en faisaient l'office Les camps affectaient, autant que la configuration du sol le permettait, la forme carrée. Il existe encore aujourd'hui un grand nombre de camps romains. On a l'habitude de les attribuer aux légions de César, mais il est inutile de dire que c'est presque toujours à tort : la plupart de ces établisssements sont d'une date postérieure, et se rattachent à l'époque où l'empire fut envahi par les barbares, du IIe au IVe siècle.

X. *Des Routes romaines.* — C'est peut-être dans la construction des routes que le génie et la puissance des Romains se sont montrés avec le plus d'éclat et de grandeur : cet objet, que les Grecs avaient négligé, était regardé, surtout par le gouvernement impérial, comme d'une importance capitale, et l'on y consacrait des sommes énormes. « Les Romains, dit saint Isidore, ont établi des routes presque sur toute la surface du globe, pour abréger les trajets, et pour occuper les peuples. » C'étaient, en effet, les peuples des provinces conquises qui, ainsi que les légions, étaient chargés de construire ces routes immenses, qui s'étendaient depuis les extrémités occidentales de l'Europe et de l'Afrique jusque sur les rives de l'Euphrate : dans cette direction, vingt-cinq grands chemins, suivant une direction à peu près parallèle, parcouraient l'empire romain dans toute sa longueur.

Les grandes voies romaines, destinées aux convois militaires et à la marche des troupes, étaient faites avec un soin extrême : elles suivaient, autant que possible, la ligne droite, recherchant les plateaux et évitant les terrains marécageux. Vitruve a décrit les travaux successifs que nécessitait la construction d'une route ; il est inutile de dire que cet ordre subissait de très-fréquentes exceptions.

Après avoir creusé deux sillons parallèles, qui indiquaient la largeur que l'on se proposait de donner à la route (de 15 à 60 pieds), on enlevait tout le terrain meuble entre ces deux sillons, et on le remplaçait par une couche, nommée *pavimentum*, qui se composait de matériaux de choix ; on affermissait ce sol en le battant avec des pilons ferrés : c'étaient là les fondements de la route ; on posait dessus une première couche de pierres et de moellons, noyés dans du mortier, ou rangés à sec, les uns à côté des autres, avec une certaine régularité. Sur cette couche on en mettait une autre faite de deux parties de chaux, contre cinq de pierrailles, puis venait un troisième lit, formé d'un mélange de chaux, de craie, de brique, de tuiles broyées et de terre, ainsi que de chaux, le tout battu et fondu ensemble. Venait enfin la couche dorsale, composée de cailloux, de pierres taillées, de grandes dalles, de béton ou de briques, ou même de terre foulée avec des pilons de fer.

Ainsi étaient faites, sauf les exceptions dans le détail, ces routes monumentales, dont les tronçons, disséminés encore sur la surface du sol, excitent, à si juste titre, notre admiration pour les mains puissantes qui les ont construites, et qui y ont laissé leur indestructible cachet.

XI. *Des Aqueducs*. — Les Romains ont peut-être surpassé, dans la construction des aqueducs, les merveilles qu'ils avaient produites dans celle de leurs grands chemins : ces travaux étaient si gigantesques qu'ils étonnaient même ceux qui les avaient faits. « Une juste appréciation, dit Pline au sujet des aqueducs, y verra des prodiges au-dessus desquels il n'y a rien. »

Les aqueducs sont des canaux en pierre ou en maçonnerie, destinés à conduire une certaine quantité d'eau d'un point à un autre, et du bassin d'un cours d'eau dans celui d'un autre. Il y en a *d'apparents*, et d'autres qui sont souterrains. Les premiers, qui passaient au-dessus des plaines et des vallées, étaient supportés par des trumeaux et des séries d'arcades souvent superposées. Ils étaient simples quand ils ne reposaient que sur un seul étage d'arcades ; doubles, quand il y avait deux étages ; triples, quand il y en avait trois. Enfin, pour dernier détail technique, on leur donnait un centimètre de pente par mètre.

Les aqueducs avaient presque tous pour objet d'amener les eaux d'une source ou d'une rivière dans une ville où elles n'avaient pas été destinées à couler naturellement. Elles étaient reçues, à leur arrivée, dans de grands réservoirs ou châteaux d'eau, *castelli*, disposés de manière à les distribuer aux différents quartiers qu'elles devaient alimenter.

Le nombre des aqueducs à Rome était de neuf sous

Néron, et de quatorze du temps de Procope; et la quantité d'eau que fournissaient les premiers était de 787,000 mètres cubes par vingt-quatre heures. Sous Nerva, cette quantité s'était déjà élevée à plus de 1,320,000 mètres. Les Romains n'épargnèrent aucuns frais dans la construction de ces magnifiques ouvrages. Les briques, dont ils sont faits ordinairement, sont si bien cimentées qu'on a peine à en détacher des morceaux. Quelques-uns avaient jusqu'à vingt et trente lieues de long, à travers des rochers, des montagnes et au-dessus des vallées.

Si, pour donner à l'eau la pente et la direction convenables, il fallait traverser un rocher, on le perçait, ainsi qu'on fit à Tibur, où l'aqueduc s'est ouvert, pendant près d'une lieue, à travers la roche vive, un passage de cinq pieds de haut et de quatre de large. D'autrefois, au contraire, les aqueducs étaient soutenus par des arches de plus de cent pieds de hauteur. Il y avait des aqueducs qui contenaient plusieurs canaux à la fois : tel était celui de Rimini, qui fut fait par Auguste, et qui était percé de trois canaux.

C'était un des premiers magistrats de Rome qui était chargé spécialement, sous le titre de *curator aquarum*, *curateur des eaux*, de l'entretien et de la construction des aqueducs. Il avait le rang consulaire et trois licteurs pour le précéder, outre un grand nombre d'employés de tout grade et d'ouvriers sous ses ordres.

Il reste encore des fragments considérables de plusieurs des plus beaux aqueducs construits par les Romains, et rien n'est plus propre à nous donner une haute idée des conceptions et de la puissance de ce peuple que la contemplation de ces œuvres prodigieuses. L'aqueduc de Caligula coûta seul cinquante millions cinq cent mille sesterces (9,746,500 fr.).

Parmi les plus renommés de ces aqueducs, il faut citer ceux de Metz et de Ségovie. Le premier fut, dit-on, construit par les soldats de Drusus, frère de Tibère. Il passait par-dessus la Moselle, au village de Jouy, et se développait dans une vallée sur de hautes arcades dont il existe encore d'imposants débris. Il fut construit tout entier en pierres de taille, et la partie apparente avait six lieues de long; quant à la partie souterraine, elle était tellement spacieuse qu'un homme pouvait y marcher presque sans se courber. Celui de Ségovie a encore cent cinquante-neuf arcades debout; il est à deux étages, et s'élève à plus de cent pieds de hauteur. Il passe par-dessus la ville et au-dessus du toit des maisons. Il y en avait encore plusieurs autres de fort beaux à Lyon, à Vienne, à Luynes, à Saintes, à Néris, à Paris; mais le plus remarquable de tous est, sans contredit, celui de Nimes. Le gigantesque monument connu sous le nom de Pont-du-Gard n'est qu'un fragment de cet aqueduc, qui s'étendait sur une longueur de 41 kilomètres, et conduisait à Nimes les eaux des fontaines d'Eure et d'Airan. Le Pont-du-Gard, qui est à peu près le seul débris qui nous en reste, se compose de trois étages d'arcades à pleincintre, qui franchissent, de niveau avec les sommets, une vallée profonde au fond de laquelle coule le Gardon. La hauteur de chacun des deux étages inférieurs est de 20 mètres

12 centimètres, et celle de l'étage supérieur est de 8 mètres 53 centimètres : en tout, 48 mètres 77 centimètres (1). Enfin l'épaisseur du monument, d'une paroi à l'autre, est de 61 mètres 36 centimètres au premier étage, et de 3 mètres 7 centimètres au troisième. C'était au-dessus du troisième étage que coulaient les eaux.

XII. *Des Pavés et des Mosaïques.* — Les pavés des appartements se faisaient à peu près de la même manière que ceux des routes et des rues, sauf qu'on les travaillait avec plus de délicatesse. On employait divers matériaux pour cet usage, selon la fortune et le luxe de ceux qui faisaient construire. Les pauvres se servaient de briques; les riches, de pierres polies, de marbre, de jaspe, de porphyre.

La *Mosaïque* (2) est une sorte de peinture exécutée par l'assemblage de pierres ou de pâtes de couleurs diverses appliquées sur un mastic, et formant ainsi des représentations de toute espèce, comme les couleurs mariées par le pinceau (3). Elle servit, dans l'antiquité, à orner les pavés, les murs et les plafonds des édifices publics et privés, auxquels elle donnait une grande élégance. Elle ne pouvait d'ailleurs être remplacée, sur les pavés, par la

---

(1) Cent cinquante pieds et quelques lignes.

(2) M. Champollion-Figeac, Résumé complet d'Archéologie.

(3) Ce nom vient sans doute de celui de *muse*, parce que c'était surtout dans les temples des Muses que le pavé en mosaïque était employé; on l'appelait, en effet, en latin, *opus musivum, opus musaicum.*

peinture, qui n'eût point, comme elle, résisté à l'humidité, aux chocs et aux frottements. Les sujets qu'on représentait ainsi, au moyen de la mosaïque, sont très-variés, mais appartiennent, en général, à la mythologie et à l'histoire héroïque, à l'exception des mosaïques destinées à orner les pavés des salles à manger, où l'on représentait des restes de viande qui paraissaient être tombés de la table.

On ne connaît qu'un seul exemple de l'emploi de la mosaïque en Egypte; mais l'extrême perfection qui y éclate accuse un art cultivé et arrivé à un haut degré de développement : c'est un fragment de cercueil de momie, dont les peintures sont exécutées en mosaïque avec une précision et une finesse incomparables. La matière en est en émail, et les couleurs, très-diverses et très-variées, rendent le plumage des oiseaux avec une précision qui ne laisse rien à désirer.

Les Grecs distinguaient diverses espèces de mosaïques, selon la grandeur des morceaux de marbre dont elles étaient composées. Ils appelaient *lithostroton* la mosaïque faite de grands morceaux; et *asaraton* la mosaïque destinée à orner le pavé des salles : celle dont les morceaux étaient fort menus, et imitaient, par leurs détours, la marche des vers, s'appelait en latin *opus tesseratum* ou *opus vermiculatum*. Le marbre était la matière que les Grecs préféraient à toute autre dans ce genre de travail ; ils construisaient en pierres plates un fonds solidement contenu, qu'on couvrait d'un mastic épais, et l'artiste, ayant sous les yeux le dessin colorié qu'il avait à exécuter ou le tableau qu'il copiait, implantait les cubes colorés dans le mastic, et polissait toute la surface quand elle était consolidée, en ayant soin toutefois que la trop grande perfection du poli ne nuisît, par ses reflets, à l'effet général de son ouvrage (1). Les Grecs avaient appris cet art soit des Egyptiens, soit des peuples de l'Orient, chez lesquels, selon toute vraisemblance, l'invention en avait été inspirée par le désir d'imiter, avec des pierres précieuses, les lignes variées et les couleurs éclatantes des tapis. Cet art parvint, dans la Grèce, à un degré de perfection dont les monuments qui nous en restent nous donnent la plus haute idée. Le plus ancien qui nous en soit parvenu, la mosaïque du Capitole, trouvée dans la *villa Hadriani*, près de Tivoli, représente un vase rempli d'eau, sur les bords duquel sont posées quatre colombes, dont l'une est dans l'attitude de boire : ce travail, d'une merveilleuse beauté, est fait sans mélange de pâte et de verres coloriés, et est, sans doute, d'une époque antérieure à celle où ces deux éléments furent mis en usage. Une mosaïque trouvée, en 1763, près de Pompéi, nous offre un spécimen d'une perfection qu'on ne saurait surpasser dans l'emploi de ces éléments : elle représente trois femmes portant des masques comiques, jouant de différents instruments, et ayant un enfant auprès d'elles. Vinkelman assure que le travail en est tellement fin qu'on ne peut le reconnaître qu'à l'aide d'une loupe.

---

(1) M. Champollion, ouvr. cité ci-dessus.

Mais ce furent les Romains qui firent le plus grand usage de ce genre d'ornementation : il convenait particulièrement à un peuple qui ne comprenait la beauté artistique qu'au milieu d'un luxe exubérant, et sur lequel le prix de la matière faisait plus d'impression que l'art avec lequel elle avait été travaillée. Les Romains perfectionnèrent dans l'art des mosaïques, non sous le rapport du goût et de la composition, mais en ajoutant des matières nouvelles à celles que les Grecs avaient employées. Ils avaient commencé par transporter à Rome les plus beaux pavés de ce genre qu'ils avaient trouvés dans les villes grecques lors de la conquête; puis ils essayèrent de produire à leur tour des travaux du même genre. Ce fut Sylla qui fit exécuter la première mosaïque d'origine romaine, dans le temple de la Fortune, à Palestrine, où elle subsiste encore en grande partie. Cette tentative eut le plus heureux succès : les mosaïques furent prises en faveur, l'usage en devint général, et l'on alla jusqu'à en fabriquer de portatives pour les tentes des princes et des généraux. César en faisait porter une à sa suite dans les expéditions militaires. On apprit bientôt à colorier le verre et même à teindre le marbre et à le tacheter. Il nous est parvenu un nombre fort considérable de mosaïques romaines; on en a trouvé presque partout où il y avait eu, dans l'antiquité, une grande ville ou des palais, ou des temples. La plus célèbre est celle que l'on a découverte à Palestrine, et qui représente le séjour de l'empereur Adrien en Egypte. On y voit des courses sur le Nil, des sacrifices devant les temples, des jeux et des fêtes publiques, la chasse aux animaux féroces, et un grand nombre d'inscriptions grecques.

Pour déterminer l'âge relatif des mosaïques, on aura égard à la nature des matériaux employés : plus ils seront nombreux ou factices, moins la mosaïque sera ancienne; on se fondera encore sur le degré de perfection et le style du dessin, et sur la composition du sujet. Les Romains furent les premiers qui employèrent le verre dans ces ornements; dans le Bas-Empire, on y introduisit des perles et des pierres précieuses, et la richesse de la matière fut substituée par des artistes impuissants aux beautés de l'art qui avait dégénéré.

CHAPITRE IV.

DE LA SCULPTURE.

1. *Introduction.* — *Matières des œuvres de la sculpture.*
— Dans tous les arts, et surtout dans les arts plastiques, on a commencé par le nécessaire, ensuite on a cherché le beau, et enfin on a donné dans le superflu. L'art est comme ces grandes rivières qui commencent et finissent par de petits ruisseaux. Ainsi en advint-il de la sculpture : comme nous l'avons vu plus haut, elle débuta par des gaines informes, surmontées d'une tête à peine dégrossie ; nous la verrons aboutir à l'art subtil et maniéré du Bas-Empire.

L'argile fut long-temps la seule matière employée par les artistes ; elle le fut même encore dans les beaux siècles de l'art et dans ceux de la décadence, soit pour les ouvrages de relief, soit pour les vases peints.

La terre cuite servait aussi pour les modèles des artistes. Pour multiplier ces modèles, on avait soin de les mouler : la quantité de monuments qui nous restent d'un seul et même sujet sont une preuve de cette assertion. Enfin les modèles en plâtre, d'une confection beaucoup moins dispendieuse que ceux de pierre ou de métal, permettaient aux artistes de multiplier leurs œuvres et de se faire connaître en les montrant dans les expositions publiques qui avaient lieu dans plusieurs villes de la Grèce.

L'usage du bois dans la sculpture est postérieur à celui de la terre. Les Egyptiens se servirent fréquemment de cette matière, et plusieurs des ouvrages de la statuaire grecque en étaient aussi.

L'ivoire fut aussi travaillé dès la plus haute antiquité : Homère parle de plusieurs objets d'arts faits de cette matière. On sait que les chaises curules des premiers rois de Rome et des principaux magistrats de cette ville étaient en ivoire. Les Grecs employaient fréquemment cette matière dans la confection de leurs statues. Il n'en fut pas de même des Romains : on ne connaît point de statues d'ivoire sorties de leurs ateliers, et l'on ne cite à ce sujet qu'une dent de loup sur laquelle on avait représenté, avec une délicatesse infinie, les traits des douze dieux.

Plusieurs sortes de pierres furent employées par la statuaire ; mais le marbre fut toujours celle que l'on préféra. Les marbres que l'on travaillait le plus volontiers étaient ceux du Pentélique et de Paros, tous deux, et surtout le dernier, remarquables par la finesse et l'homogénéité de leur grain, et par leur belle couleur. Celui de Paros est d'une blancheur qui approche de celle de la peau. Dans le commencement, on n'employa le marbre que pour les extrémités des statues : la tête, les pieds et les mains ; le reste était en bois. Ces statues s'appelaient *akrolithi* (extrémités en pierre). Ce ne fut guère qu'après la cinquantième olympiade que l'on fit des statues tout entières en marbre. Elles furent d'abord vêtues d'une étoffe réelle; puis on sculpta leur vêtement, et on le peignit.

L'Italie eut des statues de bronze long-temps avant la Grèce : celle-ci cependant avait déjà produit des œuvres fort remarquables de cette matière dès le temps de César, témoin la coupe d'argent sculptée que ce prince envoya en présent à l'oracle de Delphes.

II. *Du style dans la sculpture.* — Le premier pas à faire dans l'étude des monuments de la sculpture, la plus importante des notions qui s'y rapportent, et la plus nécessaire, c'est de distinguer d'abord avec certitude quelle est l'origine de la figure qu'on examine, et cette distinction repose entièrement sur la connaissance approfondie du *style* particulier et spécial de chaque peuple (1).

On entend par style d'une école ou d'un peuple les ca-

---

(1) M. Champollion-Figeac, ouvr. déjà cité.

ractères distinctifs des monuments de cette école ou de ce peuple. Quatre peuples, dans l'antiquité, cultivèrent avec assez de succès la sculpture pour s'y faire un style spécial : ce sont les Egyptiens, les Grecs, les Etrusques et les Romains.

Le style égyptien se reconnaît aux caractères généraux qui suivent : dans le nu, les lignes droites ou peu courbées dominent dans les contours généraux de la figure, du corps et des membres; l'attitude, roide et gênée, a un aspect monumental : tout y respire, au milieu même d'un mouvement apparent, le calme et une immobilité réelle; la tête, ronde par-derrière, a les traits de la figure très-saillants; les lèvres sont fortes; les oreilles, longues; les yeux, très-fendus; l'ensemble du visage a une expression naturelle, celle d'un portrait; les bras sont d'une longueur souvent disproportionnée, et toujours pendants, excepté dans les bas-reliefs; le buste, un peu long et fort large, mais mince autour des épaules, se rétrécit rapidement vers les hanches; les cuisses et les jambes sont fort alongées; les jointures, très-marquées; les extrémités des pieds et des mains, mal terminées; les doigts, d'une longueur outrée; les os et les muscles, faiblement exprimés; les veines et les tendons ne sont pas même indiqués (1).

Tels sont les caractères généraux des statues égyptiennes : ces caractères, la sculpture égyptienne les emprunta aux conditions mêmes au milieu desquelles elle se déve-

---

(2) M. Champollion-Figeac, ouvr. déjà cité.

loppa, savoir : la conformation physique de la nation, la nature du gouvernement et enfin la situation qui était faite aux artistes.

On sait aujourd'hui que la population de l'Egypte se composait de deux races : une race indigène et soumise, et une race étrangère et dominante, qui probablement était d'extraction indienne. Ces deux races ne se mêlaient jamais l'une à l'autre, et se subdivisaient chacune en castes et en familles, séparées également l'une de l'autre. Il en résultait que chaque caste, chaque race, chaque famille maintenait invariablement dans son sein un type unique, le type originaire de la race, modifié seulement par la condition sociale de la caste ou de la famille. Au sein de cette immobilité, toutes les distinctions individuelles devaient tendre à s'effacer; ce qui a permis de dire, avec une certaine vérité, qu'il n'y eut, dans toute l'ancienne Egypte, qu'*un* ou *deux Egyptiens*, multipliés un certain nombre de fois. Tel était le modèle unique, à peu près, de l'artiste égyptien ; de là vient aussi cette uniformité entre toutes leurs images de l'homme, qua fait dire encore que toutes les statues égyptiennes se réduisaient à une seule infiniment répétée.

Quant à la seconde condition sous l'influence de laquelle les arts plastiques se développèrent en Egypte, il suffira de rappeler la fameuse loi, rapportée par Platon, d'après laquelle il était interdit aux artistes de s'éloigner, en quoi que ce fût, dans l'exécution des simulacres, du type consacré par l'autorité publique. De là cette uniformité vraiment prodigieuse entre des productions que séparait une longue suite de siècles, et qui ne différaient, si l'on excepte les symboles ou les attributs variés de chaque divinité, que par la proportion, la matière et le plus ou moins de perfection du travail.

Cette uniformité se fortifiait encore par la situation qui était faite aux artistes en Egypte, situation qui était la même que celle de tous les habitants de cette contrée : chaque individu exerçait le métier de son père, sans pouvoir jamais changer ou améliorer sa condition primitive. Chacun faisait, dans sa profession, ce que faisaient ses ancêtres, et le faisait de la même manière : les générations se succédaient, les siècles se suivaient, mais les principes se perpétuaient, et les œuvres se ressemblaient ; l'homme devenait machine, et l'art, routine.

Du reste, il importe, avant de quitter ce sujet, de constater qu'il y eut trois périodes dans le style égyptien : ce style demeura tel que nous venons de le décrire tant que l'Egypte s'appartint; mais la conquête vint le modifier; il subit d'abord l'influence du génie grec sous les Ptolémée, ce qui donna lieu à la seconde période de ce style; il subit une troisième altération lors de cette manie qui s'introduisit à Rome, du temps des empereurs, et principalement sous Adrien, d'imiter les simulacres égyptiens, et généralement de revenir à tous les types étrangers et surannés; manie qui se retrouve à toutes les époques de la civilisation, où l'épuisement et la satiété forcent l'esprit humain à se jeter dans les voies de l'innovation, qui ne sont pas celles de l'invention, bien qu'on semble confondre ces deux choses par suite de la ressemblance de ces deux mots; temps où l'on n'a plus d'autre ressource, pour faire du nouveau, que de refaire de l'ancien, et où le mauvais, qui paraît neuf, est préféré au beau qui a vieilli (1).

Passons au *style étrusque*. — Les caractères principaux en sont, comme ceux du style égyptien, les lignes droites, l'attitude roide, le défaut de proportion dans les membres, qui sont ordinairement si minces qu'ils ne donnent aucune idée de chairs ni de muscles. Le traits de la figure sont à peine ébauchés ; la tête est un ovale rétréci vers le menton, qui se termine en pointe ; les yeux sont ou droits, ou relevés, et toujours parallèles à l'os supérieur. Les bras sont pendants et serrés le long du corps ; les pieds, parallèles ; les plis des draperies, relevés avec un simple trait. C'est là ce qu'on appelle le *premier style* ; le *second* apporte quelques perfectionnements à ce modèle informe : il se reconnaît à une expression forte des traits du visage et des membres ; les muscles et les os sont indiqués durement, et, en général, toute l'expression est outrée, sans que la statue n'ait rien perdu de la roideur et de la gêne de la pose du premier style. Toutes les figures étrusques se ressemblent, et ne se distinguent l'une de l'autre que par leurs attributs. Les yeux sont monstrueux ; les cheveux tombent par tresses, et les draperies sont indiquées par des plis parallèles. L'influence de la Grèce, que les Etrusques subirent, comme toute l'antiquité, produisit chez

---

(1) M. Raoul-Rochette, Cours de 1828, 2e leçon.

eux troisième style, qui ne se distingue plus du style grec que par l'imperfection du dessin, et par l'air et la forme des têtes étrusque, plus grosses, plus rondes, plus caractériseés que celles des Grecs.

Le *style grec* eut aussi plusieurs époques : nous nous sommes déjà étendu longuement sur l'une d'elles, l'époque dédaléenne ; nous ne nous occuperons donc plus, dans cette partie, que des deux autres, qui sont beaucoup trop importantes pour qu'il nous eût pu être permis d'en parler par forme de digression, ainsi que nous l'avons fait de la première.

Nous avons vu aussi quelles furent les principales causes qui produisirent l'étonnant développement des arts qui éclata, pour ainsi dire, tout-à-coup dans la Grèce, vers la 50e olympiade, et qui amena, dans la statuaire, ce qu'on appelle le *second style* ; nous avons vu aussi que le trait le plus caractéristique de l'art grec, c'était la recherche, l'amour et l'expression aussi parfaite que possible du beau idéal, et l'horreur du laid (1). Pendant cette période, l'art de la statuaire paraît avoir atteint son apogée : il concilie, dans un accord et une harmonie parfaite, la force, la beauté et le sublime.

Les monuments du *troisième style* se reconnaissent à la recherche non plus du beau dans son austère simplicité, mais du beau soumis aux lois d'une grâce parfois

---

(1) Voir ci-dessus, Architecture grecque, 1re Epoque, 2e Période, 1re Partie, page 98.

peut-être un peu maniérée; il n'y a pas encore décadence, mais il n'y a plus progrès.

Le *style romain* manque complètement d'originalité, ou plutôt il n'y eut jamais de style romain proprement dit : les Romains empruntèrent d'abord leurs artistes à l'Etrurie; plus tard, quand ils connurent les monuments de la Grèce, ils tournèrent en ridicule leurs anciennes statues d'argile, et firent venir des sculpteurs grecs; dès lors l'histoire de l'art romain se confond avec celle des vicissitudes de l'art grec. On peut remarquer seulement que les figures romaines sont plus ramassées, moins sveltes, plus graves, et d'une expression moins idéale que les figures grecques, quoique faites également par les artistes grecs (1).

III. *Des monuments de la sculpture antique.* — 1. *Monuments égyptiens.* — La même divinité, chez les Egyptiens, était représentée sous trois formes différentes : 1° forme humaine pure, avec les attributs spéciaux au dieu; 2° corps humain portant la tête d'un animal qui était spécialement consacré à cette divinité; 3° cet animal même avec les attributs du dieu.

Les dieux égyptiens sont figurés en toute matière : baumes, cire, bois, argile, porcelaine, terre vernissée, pierres tendres ou dures, pierres fines, bronze, argent ou or. Les statues sont souvent dorées ou peintes de couleurs variées et *consacrées*, rien n'étant laissé à l'arbitraire

---

(1) M. Champollion-Figeac.

de l'artiste. Les mêmes attributs indiquent toujours la même divinité, et l'alliance des attributs, celle des personnages divins. Les figures des rois et des reines qu'on rencontre sur les monuments égyptiens de tout genre sont de forme humaine pure, nues ou vêtues, ou bien en gaîne. Pour les rois, comme pour les dieux, un appendice pendu au menton indique la barbe, et est le signe du sexe masculin. Le roi se reconnaît encore à *l'uraeus* ou aspic égyptien, qui, mêlé au diadème, avance et élève son cou renflé au-dessus du front de la statue; en second lieu, le nom du roi est toujours écrit à côté de lui ou sur la statue, ou dans un *cartouche* (encadrement elliptique) en caractères hiéroglyphiques. Les honneurs du cartouche étaient réservés aux rois et aux reines, et à ceux des dieux qui étaient considérés comme *dynastes*, c'est-à-dire comme ayant régné sur l'Egypte.

Les statues des autres Egyptiens, voire même celles des prêtres, ne portent aucun signe très-distinctif. Les hommes ont la tête rasée, ou couverte de cheveux artistement tressés, ou de grandes perruques très-soignées. Une étoffe rayée les entoure des reins aux genoux; le reste du corps est nu. Les femmes portent une longue tunique retenue sur les épaules par deux bretelles. Un chef de famille se reconnaît à sa longue canne; s'il est mort, il a devant lui une table chargée d'offrandes, et parfois une flamme sur la tête; et si une femme est assise à côté de lui, ayant en main une tige de lotus avec sa fleur, dont elle respire l'odeur, c'est que cette femme a aussi cessé de vivre.

Une autre espèce de sculptures exécutées en l'honneur

des morts consistait en des bas-reliefs ciselés sur des pierres isolées, arrondies par le haut, brutes par-derrière, et qui représentaient des offrandes faites par une ou plusieurs personnes, soit à des dieux, soit à des hommes. Ces offrandes sont celles des défunts aux dieux, et celles qu'ils reçoivent, à leur tour, de leur famille. On a donné le nom de *stèles* à ce genre de sculptures funéraires; elles étaient placées dans des monuments sépulcraux, et avaient depuis quelques pouces jusqu'à six pieds de hauteur.

Mais les monuments les plus dignes de fixer l'attention dans ce genre, ce sont les tombes royales, et notamment celles des XVIIIe, XIXe et XXe dynasties, dans la vallée de Biban-el-Molouk; tel est l'intérêt qui s'y attache, à juste titre, que, malgré le peu d'espace dont nous disposons, nous ne croyons pas pouvoir nous refuser à leur donner ici une mention un peu détaillée. Cette mention, nous l'emprunterons à Champollion le jeune, qui a vu ces monuments, et les a étudiés en détail en 1829.

« La vallée de Biban-el-Molouk était, dit l'illustre voyageur, la nécropole royale, et on avait choisi un lieu parfaitement convenable à cette triste destination : une vallée aride, encaissée par de très-hauts rochers coupés à pic, ou par des montagnes en pleine décomposition, offrant, presque toutes, de larges fentes, occasionées soit par l'extrême chaleur, soit par des éboulements intérieurs, et dont les croupes sont parsemées de bandes noires, comme si elles eussent été brûlées en partie. Aucun animal vivant ne fréquente cette vallée de mort :

je ne compte point les mouches, les renards, les loups et les hyènes, parce que c'est notre séjour dans les tombeaux et l'odeur de notre cuisine qui avaient attiré ces quatre espèces affamées.

» En entrant dans la partie la plus reculée de cette vallée, par une ouverture étroite, évidemment faite de main d'homme et offrant encore quelques légers restes de sculptures égyptiennes, on voit bientôt, au pied de la montagne ou sur les pentes, des portes carrées, encombrées pour la plupart, et dont il faut approcher pour apercevoir la décoration : ces portes, qui se ressemblent toutes, donnent entrée dans les *tombeaux des rois*. Chaque tombeau a la sienne, car jadis aucun ne communiquait avec l'autre; il étaient tous isolés : ce sont les chercheurs de trésors, anciens ou modernes, qui ont établi quelques communications forcées.

» ..... On n'a suivi aucun ordre, ni de dynastie ni de succession, dans le choix de l'emplacement des diverses tombes royales : chacun a fait creuser la sienne sur le point où il croyait trouver une veine de pierre convenable à la sépulture et à l'immensité de l'excavation projetée. Il est difficile de se défendre d'une certaine surprise lorsque, après avoir passé sous une porte assez simple, on entre dans de grandes galeries ou corridors, couverts de sculptures parfaitement soignées, conservant en grande partie l'éclat des plus vives couleurs, et conduisant successivement à des salles soutenues par des piliers encore plus riches de décorations, jusqu'à ce qu'on arrive enfin à la salle principale, celle que les Egyptiens nommaient la *salle dorée*, plus vaste que toutes les autres et au milieu de laquelle reposait la momie du roi dans un énorme sarcophage de granit. La vue de ces tombeaux donne seule une idée exacte de l'étendue de ces excavations, et du travail immense qu'elles ont coûté pour les exécuter au pic et au ciseau. Les vallées sont presque toutes encombrées de collines formées par les petits éclats de pierre provenant des effrayants travaux exécutés dans le sein de la montagne..... La décoration des tombeaux royaux était systématisée, et ce que l'on retrouve dans l'un reparait dans presque tous les autres, à quelques exceptions près.....

» Le bandeau de la porte d'entrée est orné d'un bas-relief qui n'est, au fond, que la *préface* ou plutôt le *résumé* de toute la décoration des tombes pharaoniques. C'est un disque jaune au milieu duquel est le soleil à tête de bélier, c'est-à-dire le soleil couchant entrant dans l'hémisphère inférieur, et adoré par le roi à genoux ; à la droite du disque, c'est-à-dire à l'orient, est la déesse Nephtys, et à la gauche, la déesse Isis, occupant les deux extrémités de la course du dieu dans l'hémisphère supérieur : à côté du soleil, et dans le disque, on a sculpté un grand scarabée, qui est ici, comme ailleurs, le symbole de la régénération ou des renaissances successives ; le roi est agenouillé sur la montagne céleste, sur laquelle portent aussi les pieds des deux déesses.

» Le sens général de cette composition se rapporte au roi défunt : pendant sa vie, semblable au soleil dans sa course de l'orient à l'occident, le roi devait être le vivificateur, l'illuminateur de l'Egypte, et la source de tous les biens physiques et moraux nécessaires à ses habitants; le Pharaon mort fut donc encore naturellement comparé au soleil se couchant et descendant vers le ténébreux hémisphère inférieur, qu'il doit parcourir pour renaître de nouveau à l'orient et rendre la lumière et la vie au monde supérieur (celui que nous habitons), de la même manière que le roi défunt devait renaître aussi, soit pour continuer ses transmigrations, soit pour habiter le monde céleste et être absorbé dans le sein d'Hammon, le père universel.

» Dans le tableau décrit est toujours une légende dont suit la traduction littérale : « *Voici ce que dit Osiris, Seigneur de l'Amenti* (région occidentale habitée par les morts) : JE T'AI ACCORDÉ UNE DEMEURE DANS LA MONTAGNE SACRÉE DE L'OCCIDENT, COMME AUX AUTRES DIEUX GRANDS (les rois ses prédécesseurs); A TOI OSIRIEN, ROI SEIGNEUR DU MONDE, RHAMSÈS, ETC., ENCORE VIVANT. »

» Cette dernière expression prouverait, s'il en était besoin, que les tombeaux des Pharaons, ouvrages immenses et qui exigeaient un travail fort long, étaient commencés *de leur vivant*, et que l'un des premiers soins de tout roi égyptien fut, conformément à l'esprit bien connu de cette singulière nation, de s'occuper incessamment de l'exécution du monument sépulcral qui devait être son dernier asile. » — « C'est ce que démontre encore mieux un bas-relief qu'on trouve toujours à la gauche en entrant dans tous ces tombeaux. Ce tableau avait évidemment pour but de rassurer le roi vivant sur le fâcheux augure qui semblait résulter pour lui du creusement de sa tombe au moment où il était plein de vie et de santé :

ce tableau montre, en effet, le Pharaon en costume royal, se présentant au dieu Phré à tête d'épervier, c'est-à-dire au soleil dans tout l'éclat de sa course (à l'heure de midi), lequel adresse à son représentant sur la terre ces paroles consolantes : « *Voici ce que dit Phré, dieu grand, Seigneur du ciel* : Nous t'accordons une longue série de jours pour régner sur le monde et exercer les attributions royales d'Horus sur la terre. » Au plafond de ce premier corridor du tombeau, on lit également de magnifiques promesses faites au roi pour cette vie terrestre, et le détail des priviléges qui lui sont réservés dans les régions célestes ; il semble qu'on ait placé ici ces légendes comme pour rendre plus douce la pente toujours trop rapide qui conduit à la salle du sarcophage.

» Immédiatement après ce tableau, sorte de précaution oratoire assez délicate, on aborde plus franchement la question par un tableau symbolique, le disque du soleil criocéphale, parti de l'orient, et avançant vers la frontière de l'occident, qui est marquée par un crocodile, emblème des ténèbres dans lesquelles le dieu et le roi vont entrer, chacun à sa manière.

» ..... A ces tableaux généraux et d'ensemble succède le développement des détails : les parois des corridors et salles qui suivent (presque toujours les salles les plus voisines de l'orient) sont couvertes d'une longue série de tableaux représentant la marche du soleil dans l'hémisphère supérieur (image du roi pendant sa vie), et sur les parois opposées, on a figuré la marche du soleil dans l'hémisphère inférieur (image du roi après sa mort). Plusieurs autres salles succèdent à ce corridor; elles sont également ornées de peintures et de sculptures. La salle qui précède celle du sarcophage, en général consacrée aux quatre génies de l'Amenti, contient, dans les tombeaux les plus complets, la comparution du roi devant les quarante-deux juges divins qui doivent décider du sort de son âme, tribunal dont ne fut qu'une simple image celui qui, sur la terre, accordait ou refusait aux rois les honneurs de la sépulture. Une paroi entière de cette salle, dans le tombeau de Rhamsès V, offre les images de ces quarante-deux assesseurs d'Osiris, mêlées aux justifications que le roi est censé présenter, ou faire présenter en son nom, à ces juges sévères, lesquels paraissent être chargés, chacun, de faire la recherche d'un crime ou péché particulier, et de le punir dans l'âme soumise à leur juridiction. Ce grand texte, divisé, par conséquent, en quarante-deux versets ou colonnes, n'est, à proprement parler, qu'une *confession négative*, comme on peut en juger par les exemples qui suivent :

« *O dieu* (tel)! *le* ROI, *soleil modérateur de justice, approuvé d'Ammon, n'a point commis de méchancetés, n'a point blasphémé, ne s'est point enivré, n'a point été paresseux, n'a point enlevé les biens voués aux dieux, n'a point dit de mensonges, n'a point été libertin, ne s'est point souillé par des impuretés, n'a point secoué la tête en entendant des paroles de vérité, n'a point inutilement alongé ses paroles, n'a pas eu à dévorer son cœur* (c'est-à-dire à se repentir de quelque mauvaise action). »

» On voyait enfin, à côté de ce texte curieux, dans le

tombeau de Rhamsès-Meiamoun, des images plus curieuses encore, celles des péchés capitaux : il n'en reste plus que trois de bien conservées : ce sont *la luxure*, *la paresse* et *la voracité*, figurées sous forme humaine, avec les têtes symboliques de *bouc*, de *tortue* et de *crocodile*.

» La grande salle du tombeau de Rhamsès V, celle qui renfermait le sarcophage, et la dernière de toutes, surpasse toutes les autres en grandeur et en magnificence. Le plafond, creusé en berceau et d'une très-belle coupe, a conservé toute sa peinture : la fraîcheur en est telle qu'il faut être habitué aux miracles de conservation des monuments de l'Egypte pour se persuader que ces frêles couleurs ont résisté à plus de trente siècles. Les parois de cette vaste salle sont couvertes, du soubassement au plafond, de tableaux sculptés et peints comme dans le reste du tombeau, et chargés de milliers d'hiéroglyphes formant les légendes explicatives; le soleil est encore le sujet de ces bas-reliefs, dont un grand nombre contiennent aussi, sous des formes emblématiques, tout le système cosmogonique et les principes de la physique générale des Egyptiens. Une longue étude peut seule donner le sens entier de ces compositions que j'ai toutes copiées moi-même, en transcrivant en même temps tous les textes qui les accompagnent. C'est du mysticisme le plus raffiné; mais il y a certainement, sous ces apparences emblématiques, de vieilles vérités que nous croyons très-jeunes.....

» ..... Ces diverses représentations témoignent en faveur de l'avancement des arts en Egypte. Le luxe des tombeaux ne cédait en rien à celui des palais; de grands ouvrages d'art les décoraient; l'or était prodigué dans la préparation des momies royales : on en a trouvé dont tous les doigts des mains et des pieds, la face et même la tête entière étaient enfermés dans des étuis d'or massif ayant la forme de ces diverses parties du corps; des momies étaient même entièrement dorées et chargées de bijoux..... »

Nous voudrions pouvoir mentionner encore quelques-uns des monuments les plus intéressants de la sculpture égyptienne; mais il faudrait choisir, et quel choix faire là où tout est également beau, également fini, également admirable? Tous ces monuments ne laissent rien à désirer sous le rapport de l'exécution : ils sont tous marqués au même cachet, et l'on dirait qu'ils sont tous l'œuvre d'un même artiste, d'un artiste qui n'aurait jamais connu ni la fatigue, ni la vieillesse, ni aussi l'inspiration; mais qui, toujours égal à lui-même, produisait ses œuvres d'après un modèle prescrit, duquel il ne lui était point permis de s'écarter, même dans le moindre détail.

L'Egypte, comme la Grèce, avait son peuple de statues à côté de celui des vivants et même de celui des morts; le sol et les monuments étaient couverts de sculptures, et des volumes entiers suffiraient à peine à en énumérer les principales. Obligé de nous restreindre, nous ne quitterons point cependant ce sujet sans donner ici quelques détails sur le plus connu de ces monuments, sur la *statue parlante de Memnon*.

C'était l'habitude que les rois fissent ériger leurs statues colossales dans les cours principales des grands temples : ces immenses ouvrages, d'un effet si grandiose encore, après avoir subi les offenses des hommes et les coups meurtriers des siècles, n'étaient pas rares dans les grandes villes, et les fondateurs des principaux édifices de l'Egypte n'oublièrent pas d'y élever leurs images ; chaque portion de ces monuments, agrandis successivement, renfermait le colosse du souverain qui avait ordonné ces travaux. Le Memnonium de Thèbes en fournit la preuve et l'exemple.

« Que l'on se figure, dit Champollion, un espace d'environ 1,800 pieds de longueur, nivelé par les dépôts successifs de l'inondation, couvert de longues herbes, mais dont la surface, déchirée sur une multitude de points, laisse encore apercevoir des débris d'architraves, des portions de colosses, des fûts de colonnes et des fragments d'énormes bas-reliefs, que le limon du fleuve n'a pas enfouis encore ni dérobés pour toujours à la curiosité des voyageurs. Là ont existé plus de dix-huit colosses, dont les moindres avaient vingt pieds de hauteur ; tous ces monolithes, de diverses matières, ont été brisés, et l'on rencontre leurs membres énormes dispersés çà et là, les uns au niveau du sol, les autres au fond d'excavations exécutées par les fouilleurs modernes. »

C'est vers l'extrémité des ruines et du côté du fleuve que s'élèvent encore, en dominant la plaine de Thèbes, les deux fameux colosses, d'environ soixante pieds de hauteur, dont l'un, celui du nord, jouit d'une si grande célébrité sous le nom de *colosse de Memnon*. Formés chacun d'un seul bloc de grès-brèche, transportés des carrières de la Thébaïde supérieure, et placés sur d'immenses bases de la même matière, ils représentent tous deux un Pharaon assis, les mains étendues sur les genoux, dans une attitude de repos. Sur le dossier du trône on lit : « L'Aroëris puissant, le modérateur des modérateurs, etc., le roi soleil, seigneur de vérité, le fils du soleil, le seigneur des diadèmes, Aménophtheph, modérateur de la région pure, le bien-aimé d'Ammon-Ra, etc., l'Horus resplendissant, celui qui a agrandi la demeure... (lacune) à toujours, a érigé ces constructions en l'honneur de son père Ammon ; il lui a dédié cette statue colossale de pierre dure, etc. »

Ces deux colosses décoraient, suivant toute apparence, la façade extérieure du principal pylône de l'Aménophion ; et, malgré l'état de dégradation où la barbarie et le fanatisme ont réduit ces antiques monuments, on peut juger de l'élégance, du soin extrême et de la recherche qu'on avait mis dans leur exécution, par celles des figures accessoires formant la décoration de la partie antérieure du trône de chaque colosse. Ce sont des figures de femmes debout, sculptées dans la masse même de chaque monolithe, et n'ayant pas moins de quinze pieds de haut. La magnificence de leur coiffure et les riches détails de leur costume sont parfaitement en rapport avec le rang des personnages dont elles rappellent le souvenir. »

Le temple d'Ibsamboul, creusé dans le roc, excavation merveilleuse au plus haut degré, est annoncé par quatre colosses, n'ayant pas moins de 61 pieds de hauteur quoique assis, admirables portraits de Rhamsès-

Sésostris, où la perfection du travail répond au grandiose de la composition.

La statue d'Aménophtheph, connue vulgairement sous le nom de colosse de Memnon, passe, comme on sait, pour jouir de la propriété étrange de produire un son lorsque le soleil levant darde ses rayons sur elle. « Cambyse l'ayant fait briser, dit Strabon, la moitié supérieure du corps est étendue à terre, l'autre moitié est restée en place et rend chaque jour, au lever du soleil, un son que je ne puis mieux comparer qu'à celui que produit une corde de guithare ou de lyre qui se rompt. » Cette propriété avait excité au plus haut degré la curiosité des voyageurs et de toute l'antiquité, ainsi que l'attestent une prodigieuse quantité d'inscriptions dont le monolithe est couvert, et parmi lesquelles se trouvent celles de très-hauts personnages, et notamment celle de l'empereur Adrien et de sa femme Sabine. Bientôt, et surtout après cette illustre visite, la curiosité prit un caractère religieux : Memnon devint un dieu auquel tout visiteur, outre l'hommage d'une inscription plus ou moins pompeuse, rendit encore celui de son adoration et de ses sacrifices.

Reste à expliquer ce fait merveilleux. Le colosse fut brisé soit, selon le témoignage de Strabon, par ordre de Cambyse, soit, selon d'autres, lors d'un tremblement de terre; et des fissures s'étaient formées à la surface de la cassure. Il est constaté que les granits et les brèches produisent souvent un son au lever du jour : ainsi en advenait-il du colosse d'Aménophtheph ; les rayons du soleil, venant à le frapper, séchaient l'humidité abondante dont les fortes rosées de la nuit avaient couvert sa surface, et ils achevaient ensuite de dissiper celle dont ces mêmes surfaces dépolies et lézardées s'étaient imprégnées. Il résultait de la continuité de cette action que, des granits ou des plaques de cette brèche cédant et éclatant tout-à-coup, cette rupture subite causait dans la pierre rigide et un peu élastique un ébranlement, une vibration rapide, qui produisait un son particulier que faisait entendre la statue au lever du soleil. Mais ce son ne se fait plus entendre; Memnon est mort depuis seize siècles : à l'époque même où la renommée du prodige était à son apogée, l'empereur Septime-Sévère fit restaurer le colosse au moyen de cinq assises de pierre, qui rétablirent l'effigie du Pharaon dans ses anciennes proportions.

Depuis lors sa voix harmonieuse n'a plus salué le lever du soleil : comprimés sans doute par les cinq assises de pierre, ses fibres n'ont plus vibré sous l'influence de l'insolation, et cet oracle aussi s'est tû au moment même où tous les autres se taisaient.

II. *Des Monuments de la sculpture étrusque.* — On attribue aux Étrusques l'invention de la plastique ou statuaire en terre : quoi qu'il en soit à cet égard, il est certain que Rome ne connut pour ornement de ses temples, pendant les cinq premiers siècles de son existence, que des statues, des bas-reliefs et des frises en terre cuite étrusque. Tels étaient, entre autres, ces *dieux de terre*, *dii fictiles*, des anciens Romains, dieux vils en matière, mais dont la pauvreté austère et vénérable était opposée avec tant d'avantage par les vieux républicains, tels que Caton l'Ancien, à ces dieux nouveaux de bronze doré qui n'avaient point arrêté la corruption des mœurs et la chute de l'État, qui étaient même les symboles de l'une et l'avant-coureur de l'autre.

Nous possédons encore aujourd'hui un grand nombre de monuments de la statuaire étrusque, surtout des urnes ornées de bas reliefs ; mais ces monuments, la plupart funéraires, ne remontent pas, en général, à une haute antiquité, et doivent être presque tous rapportés aux derniers siècles de la république ou même aux temps de l'empire. C'est dans les asiles de la mort que se sont conservés, pour se produire un jour, presque tous les éléments de nos connaissances archéologiques ; et nous ne saurions presque rien de l'antiquité, sans le soin religieux qu'elle eut des morts, et sans l'intérêt profane qui nous fait violer leurs asiles (1).

Parmi les plus anciens monuments de la statuaire étrusque, il faut remarquer surtout deux figures de bas-relief représentant un guerrier étrusque, avec une inscription en cette langue : ce sont deux exemplaires de la même figure, et qui, par la rudesse du style et l'imperfection du dessin, marquent indubitablement la première enfance de l'art. L'une de ces statues est à Volterra, et l'autre à Florence.

III. *Des Monuments de la sculpture grecque.* — Nous avons vu précédemment que l'histoire de l'art grec, et surtout celle de la statuaire, pouvait se diviser en trois époques principales ; nous avons vu aussi ce qu'il y avait

---

(1) M. Raoul-Rochette, Cours d'Archéologie, 1828.

de plus important à dire sur la première de ces époques, sur l'époque dédaléenne ; nous n'avons donc plus à nous occuper ici que des deux dernières.

Le grand nom de Phidias remplit la première de ces deux époques. Cet homme prodigieux était né à Athènes, dans cette ville si féconde en beaux génies, entre les années 498 et 490 avant J.-C. Il eut pour maître, entre autres, Ageladas, chef de l'école la plus célèbre de son temps. On ne sait que peu de chose sur ses premières années. Il se lia intimement avec Périclès : de tels hommes se comprenaient trop bien pour ne pas se convenir. Heureux les administrateurs qui trouvent de tels artistes à leur côté ! heureux aussi les artistes qui trouvent de tels souverains ! Trois ou quatre fois seulement le cours des siècles nous présente de ces heureuses et fécondes rencontres, et chaque fois il en résulte cette chose merveilleuse entre toutes, que l'on appelle un des quatre grands siècles. Ainsi Horace et Virgile trouvèrent Auguste et Mécène ; ainsi Bramante fut l'homme de Jules II, et Raphaël l'ami de Léon X.

Phidias eut, pour privilége unique, la gloire de souffrir pour son illustre ami : les ennemis de Périclès, non contents de combattre ce grand homme, cherchaient encore à le frapper dans tous ceux qui lui étaient chers, et attaquaient ses parents et ses amis. Ils accusèrent Phidias d'avoir soustrait, à son profit, une partie de l'or destiné au vêtement de la Minerve du Parthénon ; mais Périclès et Phidias connaissaient les allures ombrageuses de la démocratie ; ils avaient prévu d'avance qu'une accusation de cette espèce était de nature à être proposée par leurs adversaires et accueillie par le peuple ; et Phidias avait disposé le vêtement de l'idole de manière à ce qu'il pût être enlevé. Le manteau de Minerve, apporté dans l'assemblée et pesé sous les yeux du peuple, confondit l'impudence des accusateurs et fit tomber l'accusation. Mais la haine, repoussée sur ce terrain, ne se tint pas pour battue : les prétextes, bons ou mauvais, n'ont jamais manqué aux inimitiés politiques. On attaqua Phidias à propos d'une sculpture en relief dont il avait orné le bouclier de sa Minerve : le sujet en était le *combat des héros athéniens contre les Amazones*, sujet que le travail de Phidias rendit depuis lors populaire, et qui fut reproduit on ne peut plus fréquemment d'après le travail du grand statuaire d'Athènes. Phidias s'était représenté lui-même, dans cette composition, sous les traits d'un *vieillard chauve* élevant une pierre de ses deux mains ; et il y avait représenté de même Périclès sous les traits de la beauté la plus accomplie, combattant contre une Amazone, et brandissant sa lance à la hauteur de son visage, de manière à en cacher une partie (1). L'accusation fut accueillie, et Phidias, jeté en prison, y mourut, suivant une version suspecte ; et, suivant les récits les plus dignes de foi, s'en évada, et trouva un asile chez les Eléens, où il mourut sept ans après.

Les détails que nous avons donnés précédemment sur

---

(1) Il existe une copie de cette composition sur un vase grec.

les sculptures des métopes du Parthénon feront comprendre facilement qu'il n'y aurait aucune exagération à affirmer que rien, ni dans l'art moderne ni dans l'art antique, n'égala jamais les prodiges que fit jaillir le ciseau de Phidias. Il n'entre point dans notre plan d'examiner successivement chacun des chefs-d'œuvre de ce grand homme, dont la description nous est parvenue; nous nous bornerons à quelques détails sur les deux plus célèbres de ces monuments, la Minerve du Parthénon et le Jupiter Olympien.

La statue de Minerve était un colosse d'or et d'ivoire, haut de trente-sept pieds. Avant de commencer cet ouvrage, Phidias entretint l'assemblée du peuple de la matière qu'il se proposait d'employer : il eut préféré le marbre, parce que l'éclat en subsiste plus long-temps. On l'écoutait avec intérêt; mais, quand il ajouta qu'il en coûterait moins, l'assemblée entière se récria, on lui imposa silence, et il fut décidé que l'artiste emploierait les matières les plus précieuses alors, l'ivoire et l'or. On choisit donc l'or le plus pur, et il en fallut une masse du poids de quarante talents (1).

La plus grande partie en fut employée au vêtement de la statue, vêtement qui consistait en une *tunique longue* et en un *peplus* ou manteau jeté par-dessus; le reste passa dans les accessoires, le *casque*, le *bouclier* et une petite statue de la *Victoire*; que la déesse soutenait de la main

---

(1) Deux millions huit cent mille fr.

gauche. Ce riche vêtement fut enlevé deux fois de dessus les épaules de la statue : la première fois, momentanément, lorsqu'il s'agit de confondre les ennemis de Périclès; et la seconde fois, au temps de Démétrius de Phalère, par un nommé Lacharès, tyran éphémère, qui se signala, dit Pausanias, *par sa cruauté envers les hommes, et par son impiété envers les dieux*. Athènes, appauvrie, ne put réparer le tort fait au chef-d'œuvre de Phidias par la rapacité sauvage de Lacharès, et la déesse demeura désormais dépouillée de son manteau.

Minerve était représentée debout, tenant d'une main une lance, et de l'autre une statue de la Victoire en or massif, et haute de cinq pieds huit pouces. Son casque, surmonté d'un sphinx, était orné, dans les parties latérales, de deux griffons, et, au-dessus de la visière, huit chevaux de front, s'élançant au galop, offraient une image sublime de la puissance et de la rapidité avec lesquelles agit la puissance divine. Sur la face extérieure du bouclier posé aux pieds de la déesse, Phidias avait représenté ce combat des Amazones où le grand artiste avait donné place à son image et à celle de Périclès; sur la face intérieure, le combat des dieux et des géants; sur la chaussure, celui des Lapithes et des Centaures, et sur le piédestal, la naissance de Pandore entourée d'une vingtaine de divinités, apportant des présents à la première femme. On sait que Phidias travailla seul à ce bas-relief pendant plusieurs mois. Les parties apparentes du corps étaient en ivoire, excepté les yeux, où l'iris était figuré par une pierre précieuse.

Tel était ce monument, que Pline renonça à décrire, désespérant, dit-il, d'atteindre par la sublimité de ses expressions à celle de la statue même. Les moindres détails, les accessoires les plus insignifiants, en avaient été traités avec le même soin que les plus importants ; et tout y avait été distribué avec tant d'art et d'intelligence qu'on y admirait dans les petites choses une magnificence égale à celle que l'artiste avait déployée dans l'ensemble. Cet homme, qui jouait, pour ainsi dire, avec des colosses, avait imprimé la perfection de son art sur une cigale et sur une abeille en bronze; aussi bien que sur la Minerve.

Lorsque Phidias, fugitif, arriva en Elide, il y trouva le temple de Jupiter Olympien qui, récemment terminé, attendait encore l'idole qui devait en compléter l'ornementation, et qui était destinée à devenir le chef-d'œuvre de son auteur, le miracle de l'art, et la plus haute manifestation matérielle et artistique de la divinité. Phidias y travailla six années, qui furent les dernières années de sa vie. Comme la Minerve du Parthénon, la statue de Jupiter était en or et en ivoire. [Quoique assise, elle s'élevait presque jusqu'au plafond du temple. De la main droite, elle tenait une Victoire également d'or et d'ivoire ; de la gauche, un sceptre travaillé avec goût, enrichi de diverses espèces de métaux, et surmonté d'un aigle. La chaussure était en or, ainsi que le manteau, sur lequel l'artiste avait ciselé des animaux et des fleurs, et surtout des lis, emblèmes de la nature animée et fécondée par le pouvoir divin. La partie supérieure de l'idole, la *tête*, la *poitrine* et les *bras*, tout ce qu'il y a de plus noble dans la figure humaine, était nu et en ivoire; le reste était vêtu et en or.

La statue était assise sur un *trône*, dont les ornements surpassaient tout ce qui était jamais sorti de la main des hommes, et peut-être tout ce qui en sortira jamais. L'ébène, l'or, l'ivoire et les pierres précieuses composaient, avec une multitude de figures sculptées ou peintes, l'assemblage merveilleux de ce trône, digne siége du maître des dieux. Phidias avait profité des moindres espaces pour en multiplier les ornements : des bas-reliefs, travaillés avec ce soin que le grand artiste apportait dans les moindres détails de ses œuvres, couvraient les côtés, la base, l'estrade, le marche pied et les pieds du trône, et jusqu'aux traverses qui liaient ces pieds. La plupart de ces sculptures étaient exécutées en or, et représentaient les scènes mythologiques qui étaient relatives au dieu.

Enfin, aux pieds de Jupiter, l'artiste avait mis cette inscription : *Je suis l'œuvre de Phidias, Athénien, fils de Charmidès.* En outre, pour perpétuer le nom d'un disciple chéri, il écrivit sur un des doigts de la statue ces mots : *Pantarcè est beau* (1).

On a dit de Phidias qu'il avait mieux représenté les dieux que les hommes, parce qu'il avait vu les seconds de trop haut et les premiers de fort près. On lui demanda

---

(1) Si l'on eût voulu faire à Phidias un crime de cette inscription, il eût pu se justifier en disant que l'éloge s'adressait à Jupiter, le mot signifiant *Pantarcès* en grec : *Celui qui suffit à tout.*

où il avait puisé cette splendide image de son Jupiter Olympien ; il répondit en citant les vers d'Homère où ce père de la poésie profane représente le dieu du tonnerre ébranlant tout l'Olympe du seul mouvement *de ses noirs sourcils* (1). Ainsi l'image du Jupiter Olympien remplissait tout le temple, et le dieu ne pouvait ni se dresser, ni faire un mouvement sur son siége, sans ébranler l'édifice entier. Conception sublime, par laquelle ce colosse imprimait dans l'esprit une idée terrible de l'immensité, non plus seulement du vain Jupiter, mais de Dieu lui-même, du Créateur du ciel et de la terre. On conçoit dès-lors, dit à ce sujet M. R. Rochette, quel effet devait produire sur des esprits qui s'y trouvaient d'ailleurs préparés par les idées religieuses et par les solennités olympiques la première apparition de ce chef-d'œuvre ; et quand le long voile de pourpre qui le dérobait habituellement aux regards s'écartait au milieu des nuages de l'encens, de la vapeur des sacrifices, des chœurs de prière et de musique, qui remplissaient l'enceinte sacrée, on conçoit que le Romain Paul-Emile, que le vainqueur même de la Grèce, se sentit ému et troublé, comme en la présence même de Jupiter (2).

Cette œuvre magnifique devint, par la suite, l'objet d'une

---

(1) Le fils de Saturne baisse ses noirs sourcils ; la divine chevelure s'agite sur la tête immortelle du monarque : le vaste Olympe tremble. (Homère, *Iliade*, I, v. 530.)

(2) Jovem velut præsentem intuens motus animo est (Tite-Live, XLV, 28)

curiosité aussi ardente qu'était enthousiaste l'admiration qu'en inspirait la vue au siècle des Antonins, près de six cents ans après Phidias; le pélerinage d'Olympie, entrepris uniquement afin d'y contempler le colosse de Jupiter, était encore une de ces folies populaires dont se plaignait l'austère Epictète; et, de l'aveu de ce philosophe, on regardait encore comme un malheur pour chacun de ses contemporains, de mourir sans avoir vu le chef-d'œuvre de Phidias (1).

Outre Phidias, le siècle de Périclès produisit encore une foule de sculpteurs du plus grand mérite, parmi lesquels brillèrent surtout *Polyclète* et *Myron*.

Le second était Athénien; on sait peu de choses sur sa vie et sur ses œuvres. L'autre était de Sicyone, dans le Péloponèse. Il s'était formé, comme Phidias, sous la direction d'Agéladas, et, quand plus tard il ouvrit lui-même une école, il compta dans son atelier, parmi ses disciples, plusieurs hommes qui se firent un grand nom par la suite.

L'une de ses statues, représentant un jeune homme couronné, se vendit cent talents (2); ce n'était pas cependant son chef-d'œuvre; et il fit la statue d'un *doryphore* (3), où il rencontra si heureusement toutes les proportions du corps humain qu'elle fut appelée la *règle*, et

---

(1) Arrien, Lett. I, 6. — M. Raoul-Rochette, Leç. de 1828.
(2) Quatre cent cinquante mille fr.
(3) Lancier.

que les sculpteurs vinrent de toutes parts pour se former, en voyant cette statue, une idée juste de ce qu'ils avaient à faire pour exceller dans leur art. Aussi cet artiste passe-t-il pour avoir porté à sa dernière perfection l'art de la sculpture, comme Phidias pour l'avoir le premier mis en grand honneur.

Il avait entrepris une statue par ordre des Athéniens, et l'avait exposée quand elle s'était trouvée à peu près achevée. Chacun y trouva quelque chose à redire. Polyclète écouta tous les avis, et retoucha son ouvrage, pour corriger et changer ce qui avait déplu aux Athéniens; mais en même temps il avait fait en secret une autre statue, où il n'avait écouté que son génie et les règles de son art. Il exposa l'une et l'autre aux yeux du public, et il n'y eut qu'une voix pour condamner la première et pour admirer l'autre. « Ce que vous condamnez, dit alors Polyclète aux Athéniens, est votre ouvrage; ce que vous admirez est le mien. »

La *troisième époque de la sculpture grecque*, celle du *beau style*, commença peu après Phidias, et compta parmi ses plus illustres représentants Lysippe, Praxitèle et Scopas.

Lysippe était de Sicyone, et florissait vers la CXIV[e] olympiade. Il dut principalement son talent à ses heureuses dispositions, et à l'étude de la nature, qu'Eupompe lui conseilla de regarder comme l'unique modèle à suivre. La statuaire lui dut plusieurs perfectionnements importants : il travailla la chevelure de ses statues avec une perfection inconnue jusqu'à lui, diminua la grosseur des têtes, rendit les corps plus sveltes et plus gracieux; enfin il donna une harmonie séduisante à toutes les parties, en leur ôtant les formes anguleuses qu'affectaient ses prédécesseurs, et en soignant les moindres détails. Il vit bientôt ses efforts couronnés du plus brillant succès, auquel Alexandre mit le comble en comprenant ce sculpteur dans cet édit célèbre par lequel il accordait au seul Apelles le droit de peindre son image; au seul Pyrgotèles celui de la graver sur des pierres précieuses, et au seul Lysippe celui de l'exécuter en bronze. Un trait fera mieux comprendre que toutes les paroles le degré auquel était portée, plusieurs siècles encore après la mort de Lysippe, l'admiration des peuples pour ses œuvres. Au commencement de son règne, Tibère faillit exciter une sédition dans Rome, en s'emparant d'une statue de ce sculpteur, nommée *Apoxiomenes*, qui avait été placée par Agrippa au-devant des thermes qu'il avait fait bâtir. Le peuple, s'étant aperçu qu'elle avait été remplacée par une autre, courut en foule au théâtre, et redemanda l'Apoxiomenes, que Tibère n'osa refuser.

Ce n'est pas ici le lieu d'énumérer toutes les œuvres de ce grand artiste; nous n'en mentionnerons que les plus célèbres. Il fit un grand nombre de statues d'Alexandre, dans lesquelles il sut tirer parti de l'inclination de tête que ce prince avait contractée, pour le représenter le visage tourné vers le ciel, avec une noblesse qui n'ôtait rien à la ressemblance. Une de ces statues parut si belle à Néron qu'il la prit en attachement; mais, comme elle n'était que de bronze, ce prince, qui était sans goût, et qui n'était frappé que de l'éclat, s'avisa de la faire dorer. Cette nouvelle parure, toute précieuse qu'elle était, lui fit perdre tout son prix, en déguisant la délicatesse du travail. On s'en aperçut, et il fallut ôter tout cet or postiche; mais la malheureuse statue ne recouvra plus qu'une partie de son ancienne beauté, à cause des vestiges et des cicatrices qu'avait laissés l'opération de la dorure.

Ce fut surtout dans une statue de l'*Occasion* que le génie de Lysippe se montra dans tout son éclat : rien n'égala l'admiration que cet ouvrage excita parmi les Grecs, et l'antiquité a épuisé pour lui toutes les formes de la louange.

« Nous étions, dit à ce sujet Callistrate, frappés d'étonnement en voyant le bronze faire l'office de la nature et transgresser ses lois. » Ce chef-d'œuvre périt à Constantinople, lors de la prise de cette ville par les Français, en **1204.**

Lysippe avait fait encore, à la demande d'Alexandre, les statues équestres des cavaliers macédoniens qui avaient été tués au passage du Granique. Métellus fit transporter ces statues à Rome, et l'on a cru reconnaître quelques-uns des chevaux de ces statues dans ces fameux chevaux de Venise, dont le sort semble attaché aux révolutions des empires. Mais cette opinion ne se fonde sur aucune autorité. C'est avec plus de vraisemblance que l'on regarde comme une copie d'un Hercule de Lysippe la statue connue sous le nom d'Hercule Farnèse.

Praxitèle florissait, selon toute apparence, vers la CXII[e] olympiade. On fixe sa naissance vers la quatrième année de la CIV⁰ olympiade, et sa mort vers la fin de la CXXII⁰(1). Ce grand artiste a fait connaître lui-même à la postérité, et par une circonstance étrange, quelles étaient, parmi les nombreuses statues qui étaient sorties de ses mains, celles qu'il préférait. Il s'était fort attaché à Phryné, jeune fille fameuse dans l'antiquité par sa beauté, mais aussi par ses mœurs déréglées. Elle l'avait souvent pressé de lui faire présent de celui de ses ouvrages qu'il estimait davantage, et il ne s'y était point refusé; mais, quand il s'agissait de se décider, il remettait de jour en jour, et l'affaire trainait ainsi en longueur. Phryné lui arracha enfin son secret par surprise. Un jour qu'il était chez elle, un esclave du statuaire, qu'elle avait su gagner, accourut tout hors d'haleine, et lui dit : « Le feu a pris à votre atelier et menace vos ouvrages : quels sont ceux qu'il faut sauver de préférence ? » Le maître, tout hors de lui, s'écria : « Je suis perdu si les flammes n'ont point épargné mon Satyre et mon Cupidon. — Rassurez-vous, reprit aussitôt la rusée jeune fille; il n'y a rien de brûlé ; j'ai appris ce que je voulais savoir. » Elle lui demanda aussitôt le Cupidon, que Praxitèle ne put lui refuser, et dont elle fit don à Thespies, sa patrie. Cette statue, transportée plus tard à Rome par Mummius, subsiste encore, s'il faut croire certains antiquaires, et aurait même obtenu un triomphe des plus glorieux. Michel-Ange avait fait une

---

(1) 361 — 285 av. J.-C.

statue du même dieu : celle-ci et l'antique se trouvèrent réunies toutes deux dans la magnifique collection qu'Isabelle d'Este avait réunie à Pavie; ce qui permettait de comparer les œuvres des deux maîtres, de Praxitèle et de Buonarotti. Mais la supériorité de la statue antique sur la moderne était si éclatante que Michel-Ange, le premier, l'avait reconnue, et qu'il avait prié instamment la comtesse Isabelle de ne jamais faire voir son Cupidon après l'antique, de peur que son infériorité ne frappât trop vivement les spectateurs (1).

Le Satyre auquel Phryné avait préféré le Cupidon fut placé dans un temple à Athènes, et sa réputation, accrue de jour en jour, le fit surnommer le Célèbre (*Periboëtos*). Mais de toutes les œuvres de Praxitèle, la plus renommée est, sans contredit, la Vénus de Cnide. Il avait fait deux statues de la même déesse : l'une était vêtue, et l'autre ne l'était point. Les habitants de Cos lui en ayant demandé une, il leur donna le choix entre les deux pour le même prix. Bien que la dernière l'emportât

---

(1) Ce qui fait douter que le Cupidon en question dans cette anecdote soit celui de Praxitèle, c'est que ce dernier passe pour avoir péri dans l'incendie des portiques d'Octavie, à Rome. Au reste, Praxitèle lui-même et une foule d'artistes de l'antiquité imitèrent et reproduisirent cette belle statue, tellement célèbre qu'il y a jusqu'à vingt-deux pièces de vers sur elle dans le IVe livre de l'Anthologie, et que Cicéron disait : « Thespies n'est plus rien, mais elle conserve le Cupidon de Praxitèle, et il n'est aucun voyageur qui n'aille la visiter pour connaître cette belle statue. »

infiniment sur la première pour la beauté, les habitants de Cos eurent la sagesse de donner la préférence à l'autre, « persuadés, dit Rollin, que la bienséance, l'honnêteté et la pudeur ne leur permettaient pas d'introduire dans leur ville une telle image, capable d'y faire un ravage infini pour les mœurs. » Les Cnidiens furent moins scrupuleux et moins moraux : ils achetèrent la Vénus sans voiles. On sait quelle fut l'admiration de toute l'antiquité pour ce chef-d'œuvre. « Le Jupiter de Phidias, dit M. Eméric-David, et la Vénus de Cnide de Praxitèle, paraissent avoir été regardés, dans des genres différents, comme les deux productions les plus achevées de la sculpture grecque. » « De toutes les extrémités de la terre, disait Pline, on navigue vers Cnide pour voir la Vénus de Praxitèle. » Nicomède, roi de Bithynie, offrit aux Cnidiens, s'ils voulaient la lui céder, d'acquitter toutes leurs dettes, qui étaient fort considérables. Ils refusèrent cette proposition; et, dit encore Pline, « c'est avec raison, car ce chef-d'œuvre fait la splendeur de leur ville. » Les poètes et les prosateurs n'ont point de mots assez forts pour égaler leur admiration : « Vénus est vivante à Cnide, dit Maxime de Tyr; elle respire dans le marbre. » On avait, dans le temple de Cnide, un Bacchus de Bryaxis, un Mercure de Scopas; le plus bel éloge de Praxitèle, c'est qu'en présence de ces beaux ouvrages, on ne s'est occupé que de sa Vénus.

Le style de Praxitèle était fin, noble, soutenu; il n'avait rien d'austère, ni même de pathétique : vérité, grâce et expression tempérée, telles furent les qualités dominantes dans ses œuvres. « Lysippe et Praxitèle, dit Quintilien, se sont approchés de la vérité au degré le plus convenable. » Un autre Aristarque, Callistrate, a dit de Praxitèle : « L'airain s'amollit sous sa main, il s'anime, il devient une chair moelleuse; il trompe les sens. Ce Bacchus ne marche point, mais on sent qu'il est prêt à marcher. »

Scopas fut en même temps excellent architecte et excellent sculpteur. Il était de l'île de Paros et florissait dans la LXXXIVe olympiade. Comme Praxitèle, ce fut par une statue de Vénus qu'il se distingua le plus : on prétend même que la sienne l'emportait sur celle de ce maître; ce qui nuisit à sa gloire, parce qu'elle se confondit, pour ainsi dire, dans le nombre et l'importance des chefs-d'œuvre dont cette ville était remplie. Il fit l'une des colonnes du temple de Delphes, et ce fut celle de toutes que l'on admira le plus. Il contribua aussi beaucoup à la beauté et à l'ornement du fameux mausolée que la reine Artémise fit ériger à Mausole, son mari, dans la ville d'Halicarnasse, et qui a été mis au nombre des sept merveilles du monde pour la noblesse et la grandeur de son architecture, ainsi que pour la quantité et l'excellence des ouvrages de sculpture dont il était orné.

IV. *De la Sculpture romaine.* — Les Romains n'eurent point de genre spécial en sculpture; ils ne firent qu'imiter et continuer les Grecs dans cet art comme dans tous les autres. On retrouve donc, dans les ouvrages exécutés sous les premiers empereurs romains, toutes les pratiques de l'art grec. Sous Adrien, il se forma cependant comme un genre nouveau : le style se montre plus fini, plus pur que sous les prédécesseurs de ce prince ; les cheveux sont plus travaillés et plus naturels ; les cils sont relevés, et les pupilles sont indiquées par un trou profond, caractère distinctif, rare avant cette époque, fréquent depuis. Mais en même temps le style perd de la grandeur et de la majesté de la belle époque grecque; il ne fit plus depuis que décliner, et tomba bientôt dans une imitation grossière : les statues de ces temps de décadence se reconnaissent aux sillons profonds tracés sur le front, aux cheveux et aux barbes à longues lignes, aux pupilles plus profondément creusées, à l'incertitude des physionomies, à la sécheresse générale de la composition.

CHAPITRE V.

DE LA PEINTURE.

I. *Introduction*. — Les commencements de la peinture furent fort simples et forts grossiers ; à l'aide du temps et de l'expérience elle se développa peu à peu ; elle trouva les jours et les ombres, avec la différence des couleurs qui se relèvent l'une par l'autre, et enfin elle mit en usage le clair-obscur, comme le dernier éclat et la consommation du coloris. De même que dans la nature les couleurs ne se succèdent point, en général, par des transitions brusques, mais par des tons différents qui s'unissent les uns aux autres d'une manière insensible, de même dans la peinture il y a des combinaisons et des dégradations de lumière presque imperceptibles, qui passent des nuances les plus éclatantes aux plus douces et aux moins brillantes. C'est par cette distribution enchanteresse des lumières et des ombres, et par les prestiges de cet art merveilleux, que les peintures font illusion aux sens et en imposent aux yeux des spectateurs.

Cet appât séduisant de la peinture qui frappe et attire tout le monde est la principale source de l'effet qu'elle produit; c'est elle qui fait que personne ne peut passer indifféremment par un lieu où sera quelque tableau qui porte ce caractère, sans être comme surpris, sans s'arrêter et sans jouir quelque temps du plaisir de sa surprise. Mais ce caractère, la peinture ne peut le posséder qu'à une seule condition, à la condition d'être vraie. « Rien n'est beau que le vrai, le vrai seul est aimable », a dit Boileau, et cette pensée si juste s'applique à la peinture comme à la poésie.

Il importe cependant de remarquer qu'il y a, pour l'une comme pour l'autre, trois sortes de vrai : il y a le vrai *simple*, le vrai *idéal* et le vrai *composé*. Le vrai *simple* n'aspire qu'à reproduire la nature physique telle qu'elle est, soit pour elle-même, soit comme un symbole des idées ou des sentiments des hommes; le vrai *idéal* aspire à reproduire non plus la nature telle qu'elle est, mais telle que la pensée la conçoit, avec toute la grâce, toute la beauté, toute l'harmonie que l'imagination peut concevoir; enfin le vrai *composé* consiste dans l'art de combiner, dans ses œuvres, le vrai *idéal* et le vrai *simple*.

Le vrai simple fournit le mouvement et la vie ; il est pauvre dans certaines parties, mais riche dans son tout.

Il n'est point d'homme ni de femme, quelque beaux qu'ils puissent être, en qui une critique sévère ne puisse trouver quelque point par où ils laissent à désirer, où ils n'ont point toute la perfection de forme imaginable. La pensée conçoit une beauté infiniment plus parfaite que la beauté physique : la réalité physique est toujours inférieure à l'idée ; c'est pourquoi elle nous procure toujours des déceptions quand, dégradant notre noble nature, nous nous reposons en elle et voulons y trouver le bonheur. L'art consiste précisément à produire des œuvres supérieures à la réalité de toute la supériorité de la pensée sur la matière. C'est là la mission de l'art, ou plutôt c'en est la première partie.

La vraie mission de l'art, c'est de *moraliser* : il moralise, en élevant nos âmes, par la reproduction de la beauté idéale, beauté qui n'est ou au moins ne doit être que le symbole de la beauté morale. Tout autre but assigné à l'art en général et à la peinture en particulier en est une véritable dégradation. C'est dans sa moralité que l'art puise sa grandeur et son unique valeur. Il est vrai qu'un indigne abus en été fait trop souvent : mais l'abus qu'on a pu faire d'une chose ne fut jamais un argument contre elle. Cette grande et noble fin de l'art fut comprise ainsi dans toute l'antiquité. Fabius, Scipion et tous les vieux Romains dont l'histoire a conservé les noms avouaient qu'à la vue des images de leurs ancêtres ils se sentaient puissamment animés à la vertu : « il leur semblait, dit

Polybe, que ces grands hommes, sortis un instant de leurs tombeaux et pleins de vie, les animaient de vive voix à marcher sur leurs traces. » Agrippa, gendre d'Auguste, dans une harangue magnifique et digne d'un grand citoyen, représenta avec force combien il eût été utile à la république qu'on exposât publiquement, à Rome, les chefs-d'œuvre de l'antiquité, pour allumer dans les jeunes gens une noble émulation; ce qui eût mieux valu que de reléguer ces monuments à la campagne dans les jardins et les lieux de plaisance. Aristote dit avec raison que les œuvres de la sculpture et de la peinture enseignent à former les mœurs par une méthode plus courte et plus efficace que celle des philosophes, et qu'il est des tableaux aussi capables de faire rentrer en eux-mêmes les hommes vicieux que les plus beaux discours de morale. Un trait rapporté par un Père de l'Eglise confirme cette assertion : saint Grégoire de Nazianze raconte qu'une femme de mauvaises mœurs, se trouvant dans un lieu où elle n'était d'ailleurs pas venue pour faire un retour sur elle-même, ni même des réflexions sérieuses, jeta, par hasard, les yeux sur le portrait de Polémon, philosophe fameux par son changement de vie, qui tenait du prodige, et rentra en elle-même à la vue de ce portrait. Un historien rapporte qu'un tableau du jugement dernier contribua beaucoup à la conversion d'un roi des Bulgares; et saint Grégoire de Nysse avoue qu'il fut touché jusqu'aux larmes par la vue d'un tableau.

Les monuments de l'art ont donc une influence capitale sur les âmes : quand cette influence est employée pour le bien, l'art remplit la mission pour laquelle il a été donné à l'homme; quand elle est employée pour le mal; quand, au lieu de moraliser, l'art se fait corrupteur, il se déshonore, et, devenu indigne du nom de libéral, il n'est plus qu'un odieux instrument de débauche et de crime. Quelle responsabilité énorme que celle de l'artiste! surtout de celui qui emploie à enseigner le vice, à troubler les âmes, à allumer le feu des passions, ce talent que Dieu lui avait donné pour une autre fin. Tant que son œuvre vivra elle fera le mal, et prolongera peut-être ses ravages et la culpabilité de l'artiste long-temps après qu'il sera déjà descendu dans la tombe.

II. *Des différentes espèces de peintures.* — Les anciens n'ont point connu le procédé de la peinture à l'huile : ce procédé fut inventé par un peintre flamand nommé Van-Eyk, plus connu sous le nom de Jean de Bruges, au commencement du XV° siècle.

Les anciens ne peignaient donc qu'à *fresque* ou à *détrempe*, à l'*encaustique* ou en *émail*.

On appelle *fresque* une peinture faite sur un enduit de mortier encore frais, avec des couleurs détrempées dans de l'eau. La peinture s'incorpore ainsi avec le mortier et participe à sa solidité et à sa durée. Polygnote et Diognète avaient peint ainsi les murs du temple des Dioscures à Athènes, et Pausanias, qui vit ces peintures six cents ans après, assure qu'elles s'étaient conservées dans un état d'intégrité parfaite. Néanmoins les peintres ne se servaient point volontiers de ce genre, qui attachait leurs œuvres à la fortune des édifices, et les exposait à périr avec eux :

ils préféraient faire des tableaux mobiles, qu'en cas de danger on pouvait emporter facilement, et préserver soit des flammes, soit de tout autre agent destructeur.

La *détrempe* est une peinture faite seulement de couleurs délayées avec de l'eau et de la colle ou de la gomme.

L'*encaustique* est une peinture faite avec de la cire colorée diversement que l'on applique sur le bois ou sur l'ivoire au moyen du feu.

L'*émail* est une espèce de verre opaque ou diaphane, que l'on fait avec un mélange de silicates de soude, de plomb et d'étain. On lui donne, au moyen du deutoxide d'étain, cet aspect blanc de lait et opaque qui le distingue de la faïence. On le colore comme les autres verres, en ayant soin seulement de prendre une dose de matière colorante plus forte.

III. *De la Peinture chez les Egyptiens.*—Les Egyptiens cultivèrent la peinture dès la plus haute antiquité; ils l'employèrent surtout à l'ornement de leurs édifices, et l'appliquèrent également sur les matières les plus dures et les plus tendres. Leurs couleurs étaient, en général, à base métallique, ce qui leur donnait cette solidité et cette durée qui font qu'après trente siècles elles ont encore conservé leur fraîcheur et leur éclat primitif. Ils variaient leurs procédés de coloration selon les matières sur lesquelles ils peignaient : ils appliquaient immédiatement la couleur sur la pierre; le bois, au contraire, était recouvert d'abord d'une couche de blanc de céruse. C'était encore sur cette dernière matière qu'ils appliquaient les feuilles d'or des dorures. Les sculptures et les parois même de presque tous leurs monuments sont coloriées; il en est de même des tombes des vieux Pharaons à Biban-el-Molouk. Ils n'employèrent que six couleurs : le blanc, le noir, le bleu, le rouge, le jaune et le vert. Le noir leur servait surtout à tracer les contours des figures, dont l'intérieur était ensuite colorié par des teintes plates assez heureusement combinées. Le bleu fut employé par eux jusqu'à profusion; et ce qu'il y a de plus remarquable, c'est qu'ils faisaient cette couleur avec le cobalt, dont l'usage en peinture, perdu depuis eux, est une des découvertes les plus importantes du XVIIIe siècle. — C'est principalement dans les tombeaux qu'on a découvert les monuments de la peinture égyptienne. Ces monuments sont des plus variés : outre les scènes religieuses ou funéraires, on y voit une foule de traits tirés de la vie civile, militaire ou domestique; les travaux de l'agriculture, les échanges du commerce, la pêche, la chasse, des danses, des jeux gymniques, des instruments de musique, des meubles d'une grande élégance, des vues de jardins très-étendus, et peuplés d'habitants qui se livrent à des occupations ou à des divertissements. On a trouvé un plan levé, et même des caricatures fort bien faites. Toutes les figures sont dessinées de profil; mais la science des lumières, des ombres et de la perspective n'y est pas fort avancée. Il en était, du reste, de la peinture en Egypte, comme de la sculpture; pour chaque sujet, le choix des couleurs était déterminé par les lois ou par l'usage, et ici encore rien n'était laissé à l'arbitraire.

IV. *De la Peinture chez les Etrusques*. — Au témoignage de Pline, la peinture chez les Etrusques avait atteint déjà un certain degré de perfection, avant même que chez les Grecs elle n'eût secoué les langes de l'enfance. Les caractères de leur statuaire se retrouvent, en général, dans leur peinture. Bien qu'ils employassent celle-ci dans toutes les parties de l'architecture, c'était cependant dans les tombeaux qu'ils en faisaient le plus fréquent usage. Ces demeures suprêmes de la mort étaient pour ce peuple, comme pour toute l'antiquité, l'objet de la sollicitude la plus louable : on les décorait avec un soin parfait, et on appelait à leur secours, pour les embellir, toute la magie des beaux-arts ; on les entourait, on les remplissait d'images douces et riantes, dans la Grèce ; sombres et austères, dans l'Etrurie ; mais partout le dogme de l'immortalité de l'âme, dogme nécessaire et sublime autant qu'il est consolant, était écrit dans tous leurs ornements, comme une protestation vivante de la mort au sein de la mort même. On a trouvé des peintures étrusques dans presque tous les monuments de l'Etrurie, et jusque dans la campagne de Rome, qui était primitivement un territoire étrusque. A Cornéto, ville bâtie sur l'emplacement de l'ancienne Tarquinie, on voit encore, de nos jours, près de deux mille grottes, creusées à une vingtaine de pieds sous terre, et ayant autrefois servi de tombeaux aux Etrusques. Les pilastres en sont chargés d'arabesques, et une frise, qui tourne autour de chacune d'elles, est ornée de figures peintes, de deux à trois palmes de hauteur, drapées, ailées, armées, combattant ou traînées dans des chars attelés de chevaux; on y voit des larves, des génies ailés, des fantômes, des furies, des figures réelles ou symboliques, des scènes du passage des âmes dans l'autre vie, des images, tantôt rassurantes, tantôt terribles, du sort qui les y attend, et, en un mot, toutes les représentations relatives à la doctrine des Étrusques sur l'immortalité de l'âme.

Dans quelques-unes de ces grottes funéraires, qui ont été découvertes récemment (1), les couleurs brillent encore de tout leur éclat; elles ne sont pas fondues, mais appliquées par couches plates sur un enduit de stuc très-fin, avec une apparence très-brillante.

Ces grottes, qui toutes remontent à une haute antiquité, attestent combien fut considérable l'influence de la Grèce sur l'art étrusque : les costumes, dans les peintures, les accessoires, les vases, les instruments, tout y est grec. Le style du dessin est entièrement semblable à celui des vases grecs d'ancienne fabrique; il est d'ailleurs ferme et correct, sans sécheresse. Mais ce qu'il y a de plus remarquable, ce sont les couleurs, qui, par leur nombre, soulèvent un problème assez difficile à résoudre. En effet, Pline assure que les anciens peintres grecs ne connurent l'usage que de quatre couleurs, tandis que l'on en trouve six dans les grottes funéraires en question :

---

(1) En 1827, M. Raoul-Rochette les a visitées, et les a décrites dans le Journal des Savants, 1828, janvier, p. 3 à 15, et février, p. 80 à 90.

ces couleurs sont : le *blanc*, le *noir*, le *rouge*, le *jaune*, le *bleu* et le *vert*, c'est-à-dire toutes les couleurs essentielles, celles du mélange desquelles peuvent se former toutes les autres ; d'où il résulte, dit à ce sujet M. Raoul-Rochette, qu'à l'époque, quelle qu'elle soit, mais certainement très-ancienne, où ces peintures furent exécutées, les anciens connaissaient et mettaient en œuvre tous les éléments nécessaires à l'achèvement de l'art ; et cela bien avant l'époque marquée dans Pline.

Voici la traduction du passage de Pline qui soulève cette difficulté : après avoir énuméré les couleurs que la peinture employait de son temps, il ajoute : « Sur quoi je ne puis m'empêcher, à la vue d'une si grande variété de couleurs et de coloris, d'admirer la sagesse et l'économie de l'antiquité : car ce n'est qu'avec *quatre* couleurs simples et primitives que les anciens peintres ont exécuté ces ouvrages immortels qui font encore aujourd'hui toute notre admiration : le *blanc* de Mélos, le *jaune* d'Athènes, le *rouge* de Sinope et le simple *noir*. Voilà tout ce qu'ils ont employé ; et néanmoins c'est avec ces quatre couleurs bien ménagées qu'un Apelles, un Mélanthe, les plus grands peintres qui furent jamais, ont produit ces pièces merveilleuses dont une seule était d'un tel prix qu'à peine toutes les richesses d'une ville suffisaient-elles pour l'acheter. » (Pline, XV, 7.)

V. *De la Peinture chez les Grecs.* — La Grèce a dû passer par tous les degrés d'épreuves qu'exigeait le perfectionnement successif de la peinture. On peut, à la vérité, objecter à cette assertion que, plusieurs siècles avant la guerre de Troie, elle avait reçu des colonies égyptiennes, qui avaient pu lui faire connaître la peinture proprement dite, qui décorait des monuments bien antérieurs à l'époque de la migration de ces colonies ; mais il faut observer que la même objection se reproduirait à propos de l'architecture et de la sculpture, et que l'on sait cependant, par des documents authentiques et irrécusables, que ces deux arts aussi, malgré la venue des colonies égyptiennes, avaient passé par les phases de la plus extrême enfance. Il paraît cependant que la peinture se développa de meilleure heure que la statuaire, puisque l'on trouve déjà de grands tableaux, tels que la Bataille des Magnésiens en Lydie, par Bularchus, peints dès la XVIIIe olympiade, au commencement du VIIe siècle avant notre ère (1).

Quoi qu'il en soit, les Grecs portèrent la peinture au plus haut degré de perfection, bien qu'ils lui préférassent, et de beaucoup, la sculpture. Pausanias ne cite que 88 tableaux et 43 portraits, tandis qu'il décrit 2,827 statues. La Grèce n'en produisit pas moins un grand nombre de peintres célèbres, qui traitèrent tous les genres, depuis l'histoire jusqu'à la caricature. Quelques détails sur les principaux de ces peintres ne paraîtront peut-être pas hors de propos ici.

Polygnote, qui florissait vers le milieu du Ve siècle avant J.-C., fit les peintures du *Pœcile*, où il représenta

---

(1) Pline a remarqué qu'Homère ne parle nulle part de la peinture.

les principaux événements de la guerre de Troie. Malgré l'immensité de ce travail, il fut assez riche et assez généreux pour pouvoir en refuser le salaire. Le conseil des Amphictyons, qui représentait les Etats de la Grèce, l'en remercia par un décret solennel au nom de la nation, et ordonna que, dans toutes les villes où il passerait, il serait désormais logé et défrayé aux dépens du public.

Apollodore trouva le secret de représenter au vif et dans la plus grande beauté les objets de la nature, par la correction du dessin, par l'entente du coloris, par la distribution de la lumière, des ombres et du clair-obscur. (Il florissait au temps de Polygnote.)

Zeuxis, son disciple, profita de ses découvertes pour faire faire de nouveaux pas à la peinture. Il obtint par-là de prodigieux succès, qui lui inspirèrent la vanité la plus puérile. Il se fit voir aux jeux olympiques, devant toute la Grèce, couvert d'une robe de pourpre, avec son nom, en lettres d'or, brodé au dos de ce vêtement. Il en vint à ce point de vanité de ne vouloir plus vendre ses tableaux, et de les donner gratuitement, parce que, disait-il, aucun prix ne pouvait les payer. Son amour-propre reçut pourtant un jour une atteinte cruelle, s'il faut en croire un récit peu vraisemblable. Parrhasius lui disputa le prix de peinture. Zeuxis fit, pour ce concours, un tableau où il avait si bien peint des raisins que des oiseaux s'en approchèrent pour en becqueter le fruit. Aussitôt, transporté de joie et tout fier du suffrage de ces juges, non suspects et non récusables, il demanda à Parrhasius de faire paraître ce qu'il avait à lui opposer. Parrhasius obéit, et présenta un tableau qui paraissait couvert d'un rideau d'une étoffe délicate. « *Tirez ce rideau*, dit Zeuxis d'un air ironique, *et que nous voyions ce beau chef-d'œuvre.* » Zeuxis avait trop parlé, et ces paroles lui coûtèrent la victoire : le rideau était le tableau même. Le peintre vaniteux, qui ne savait pas se taire à propos, dut s'avouer vaincu : « *Je n'ai trompé que des oiseaux*, dit-il, *et Parrhasius m'a trompé moi-même, qui suis peintre* (1). »

Parrhasius, que nous venons de voir lutter contre Zeuxis, et qui fit aussi faire de fort grands progrès à la peinture, était, s'il est possible, plus présomptueux que son rival. Il ne rougissait pas de se donner à lui-même les épithètes les plus flatteuses et les noms les plus relevés, en signant ses tableaux : *l'élégant, le poli, le délicat Parrhasius; l'artiste consommé, le fils d'Apollon, né pour peindre les dieux mêmes*. Lui aussi, et ce fait est plus certain que le précédent, eut à dévorer une cruelle défaite. Il s'agissait de remporter le prix d'un concours : le sujet du tableau était un Ajax outré de colère contre les Grecs de ce qu'ils avaient adjugé les armes d'Achille à Ulysse. Le prix fut adjugé à Timanthe. Le vaincu chercha à se consoler de la honte de sa défaite par un bon mot où perçait encore sa vanité : « Voyez, dit-il, mon héros ! son sort me touche encore plus que le mien propre : il est vaincu une seconde fois par un homme qui ne le vaut pas. »

---

(1) Ces genres de tableaux se nomment des *trompe-l'œil*; il sont à la vraie peinture ce que les tours de force sont à l'art.

Pamphile, qui était contemporain de ces maîtres, fut le premier qui joignit l'érudition au talent dans la peinture; il s'était attaché à l'étude des mathématiques, et soutenait que sans elles il était impossible de devenir bon peintre. Ses leçons furent tellement recherchées qu'il put en fixer le prix à dix talents par an (1). Il eut l'honneur de compter parmi ses disciples Apelles et Mélanthe. Il obtint, d'abord à Sicyone, puis dans toute la Grèce, l'établissement d'une espèce d'académie, où les enfants de condition libre qui avaient des dispositions pour les beaux-arts étaient élevés et instruits avec soin. Il obtint encore un autre édit de tous les États de la Grèce, par lequel la peinture fut interdite aux esclaves.

Le chef-d'œuvre de Timanthe fut son tableau du sacrifice d'Iphigénie : il avait épuisé d'abord tout son art à représenter la tristesse à ses divers degrés chez les divers assistants de cette scène tragique; quand il en vint au père de l'infortunée jeune fille, désespérant de rendre *dignement* une si grande douleur, il prit le parti de lui voiler le visage (2). Cette idée fit le plus grand honneur à cet artiste : ce n'était point, en effet, par impuissance d'exprimer un violent désespoir qu'il avait eu recours à ce

---

(1) Quarante-cinq mille francs.
(2) Cette idée lui fut sans doute inspirée par Euripide, qui dit : « Lorsque Agammemnon vit sa fille, qu'on menait dans le bois pour y être sacrifiée, il gémit, et, détournant la tête, versa des larmes, et se couvrit les yeux de sa robe. »

moyen; non : plus la passion est forte, plus les traits du visage, mis en rapport avec elle, prennent des formes prononcées et faciles à rendre ; mais Timanthe était pénétré des vrais principes de l'art; il savait que tout doit y être subordonné au beau; une affection aussi vive que celle d'Agamemnon n'eût pu se peindre que par des formes ingrates pour l'art, et, en montrant le principal personnage de son tableau sous un aspect peu agréable, il eût détruit et la dignité de ce personnage, et celle de sa composition tout entière. Il préféra donc sacrifier une figure qui ne pouvait être vue telle qu'elle eût dû être, et la voila, laissant ainsi deviner ce qu'il ne pouvait pas montrer et qu'il ne voulait pas peindre (1).

Apelles est le Phidias de la peinture : il fut dans l'antiquité ce que Raphaël et Michel-Ange furent pour les temps modernes. Il était né à Cos, et reçut le droit de cité à Ephèse. Ce qui distingua son talent, ce fut surtout une grâce inimitable, la pureté, l'élégance et le choix des formes. Mais ce qui doit le distinguer encore davantage au milieu de tous ces peintres que nous avons vus aussi présomptueux et vains que célèbres, c'était sa rare modestie. Bien qu'il jouit déjà d'une grande renommée, il n'en entreprit pas moins un grand voyage, dans l'unique but de visiter tous les ateliers de la Grèce et de se perfectionner dans son art, en étudiant les procédés de ses plus illustres confrères. Ce fut dans le cours de ce voyage

---

(1) *V.* M. R. Rochette, ouv. déjà cité.

qu'il fit connaissance avec l'un des premiers peintres de son temps, Protogène, qui vivait à Rhodes, et dont la réputation était depuis long-temps parvenue aux oreilles d'Apelles. La manière dont se fit cette connaissance entre ces deux grands hommes est digne d'être rapportée.

Lorsque Apelles arriva dans l'atelier de Protogène, il n'y trouva qu'une vieille esclave qui le gardait, et une toile montée sur un chevalet, mais sur laquelle il n'y avait encore rien de peint. L'esclave lui demandant son nom : « Je vais le mettre ici, » dit-il; et, prenant un pinceau, il fit quelques traits d'une extrême délicatesse. Protogène apprit, à son retour, de l'esclave ce qui s'était passé, et, considérant avec admiration les traits qui avaient été dessinés, il s'écria : « C'est Apelles; il n'y a que lui au monde qui soit capable d'un dessin de cette finesse et de cette légèreté. » Prenant alors une autre couleur, il fit sur les mêmes traits des lignes plus correctes et plus délicates encore, et dit à l'esclave que, si l'étranger revenait, elle lui montrât ce qu'il venait de faire, et l'avertît en même temps que c'était là l'ouvrage de l'homme qu'il était venu chercher. Il sortit là-dessus, et Apelles revint bientôt après; mais, honteux de se voir inférieur à son rival, il prit une troisième couleur, et, à travers les traits qui avaient été faits, il en conduisit de si savants et de si merveilleux qu'il y épuisa toute la subtilité de son art. A cette vue, Protogène ne put s'empêcher de dire : « Je suis vaincu, et je cours embrasser mon vainqueur. » Ils se lièrent depuis lors d'une vive amitié, qui ne se démentit jamais. Quant au tableau qui avait été le champ glorieux de leur lutte, ils convinrent de le laisser tel qu'il était. Ce tableau devint, en effet, un monument précieux et des plus recherchés ; il fut transporté à Rome, et y fut exposé à la curiosité publique dans la galerie de peinture d'Auguste : il fut consumé dans un incendie qui dévora cette galerie.

Apelles travaillait avec beaucoup de soin chacune de ses compositions ; mais cependant il ne poussait point l'exactitude en ce point jusqu'au scrupule, ainsi que le faisait Protogène : aussi disait-il de ce dernier qu'il n'y avait qu'une chose dans laquelle Protogène lui fût inférieur, c'était que *celui-ci ne savait point quitter son pinceau.* Un de ses disciples lui montra un jour un tableau, en lui disant qu'il l'avait fait très-vite : « Je le vois bien, lui répondit-il, sans que vous me le disiez ; et je suis étonné que dans ce temps, quelque court qu'il fût, vous n'en ayez pas fait davantage de cette sorte. » Un autre lui montra le portrait d'une Hélène qu'il avait chargée de pierreries : « Mon ami, lui dit-il, n'ayant pu la faire belle, vous avez voulu du moins la faire riche. »

Nous avons déjà parlé de son extrême modestie : il avait l'habitude, quand il pensait avoir achevé un ouvrage, de l'exposer aux regards des passants, et d'écouter, caché derrière un rideau, ce qu'on disait, dans l'intention de corriger les défauts qu'on pourrait y remarquer. Un cordonnier trouvant un jour qu'il manquait quelque chose à la sandale d'un personnage représenté sur un de ces tableaux, le dit librement. La critique était fondée, et, lorsqu'il repassa le lendemain, il vit que la faute avait été corrigée. Tout fier de son succès, il s'avisa de censurer aussi une jambe à laquelle il n'y avait rien à reprocher. Appelle, sortant de derrière sa toile, avertit le cordonnier de se borner à sa spécialité : *Que le cordonnier*, dit il, *ne s'élève pas au-dessus de la chaussure* : *Ne sutor ultrà crepidam*.

Nous avons vu de quelle faveur ce grand peintre jouit près d'Alexandre le Grand : de tels hommes étaient faits pour s'estimer et s'aimer. Il ne fut pas également heureux près des généraux du conquérant. L'un de ceux-ci vint le voir un jour dans son atelier, et, tout en considérant les tableaux, il se répandit en réflexions peu justes sur la peinture, comme font tous ceux qui veulent parler d'une chose qu'ils ignorent. Apelles, lassé de ces discours, ne put s'empêcher de lui dire : « Voyez-vous ces jeunes garçons qui broient mes couleurs ? tant que vous avez gardé le silence, ils vous ont admiré, éblouis de l'éclat de votre pourpre et de l'or qui brille sur vos habits; depuis que vous avez parlé de choses que vous n'entendez point, ils ne cessent de rire. » Apelles s'attira, on ne sait comment, la disgrâce de Ptolémée, et ayant été jeté par une tempête sur les côtes de l'Egypte, où régnait ce prince, il n'eut pas beaucoup à se louer de l'accueil qu'il y reçut. Il s'en vengea en composant un tableau où il représenta un homme couvert de vêtements splendides, mais portant de longues oreilles, comme Midas, et qui appelait à lui une femme sous les traits de laquelle le peintre avait représenté la calomnie.

Protogène, avec qui Apelles avait eu des relations si célèbres, florissait vers le milieu du IVe siècle avant

Jésus-Christ. Son chef-d'œuvre était un tableau qui représentait un personnage nommé Jalisus, au sujet duquel on n'est point d'accord. L'artiste y travailla pendant sept ans. Il avait à peindre, dans cet ouvrage, un chien écumant de fatigue et de chaleur : vingt fois il recommença sa gueule béante, sans pouvoir l'exprimer avec vérité. Enfin le hasard le servit au moment où, de dépit, il effaçait avec une éponge ce qu'il avait fait. L'éponge, en passant sur la couleur, lui donna les traits et les nuances que Protogène avait demandés à son art. Le même trait est attribué à Apelles pour l'écume d'un cheval. Ce dernier artiste, en voyant le tableau de Jalisus, demeura, dit-on, muet d'admiration. Ce tableau devint l'honneur de Rhodes, qu'habitait Protogène. Cette ville dut même son salut à la possession de ce chef-d'œuvre. Démétrius Poliorcète, qui l'assiégeait, se préparait à brûler un faubourg qui lui fermait les approches de la place; mais, apprenant que le tableau de Jalisus décorait un des édifices destinés à être livrés aux flammes, il aima mieux renoncer à son entreprise que de se faire reprocher une perte si déplorable pour les arts. Pendant ce siége, Protogène habita tranquillement une petite maison située au milieu des lignes des assiégeants. Etonné de sa sécurité, Démétrius lui demanda quelle en était la source : « Je sais, répondit l'artiste, que vous faites la guerre aux Rhodiens, et non pas aux arts. » Démétrius prit à cœur de faire respecter l'asile du peintre, et il fit mettre un poste pour le protéger. Ce fut dans cette situation qu'il fit la plus gracieuse de ses compositions : elle avait pour sujet un satyre se reposant et jouant sur ses pipeaux; près de lui était un fût de colonne, sur lequel une caille s'était posée. Elle était peinte avec tant de goût et de vérité que tous les yeux se portaient sur elle, et que le satyre, quelque admirable qu'il fût, et bien que ce fût le principal personnage du tableau, n'attirait ni l'attention ni les éloges. Protogène comprit qu'il avait mis trop de soin et de perfection à ce qui ne devait être que l'accessoire, et il effaça lui-même cette caille, qui faisait manquer l'effet véritable que son tableau eût dû produire (1).

Tels sont les faits les plus intéressants que présente l'histoire de la peinture ancienne : malheureusement, de tous ces beaux ouvrages, rien ne nous est parvenu que la juste renommée dont ils jouirent dans l'antiquité. Les œuvres de la peinture, plus fragiles que celles de tous les autres arts, ont aussi le plus souffert de l'injure du temps; et si nous possédons encore plusieurs des beaux monuments de l'architecture et de la sculpture, nous n'avons plus, en fait de monuments de la peinture antique, que les fresques découvertes à Pompéï et à Herculanum, et qui, pour la plupart, ont été enlevées des murailles sur lesquelles elles avaient été appliquées au moyen d'un procédé fort ingénieux, indiqué par un ancien, par Varron. On en a formé une galerie à Portici.

---

(1) M. Lasalle.

CHAPITRE VI.

DES VASES PEINTS.

I. *Les vases peints*, dit M. Champollion Figeac, sont au nombre des monuments les plus curieux, les plus élégants et les plus instructifs qui nous soient parvenus de l'antiquité. La beauté des formes, la finesse de la matière, la perfection du vernis, la hardiesse des compositions, la variété des sujets et leur intérêt pour l'histoire donnent aux vases peints une importance peu commune parmi les productions de l'art des anciens.

De ces vases, les uns servirent aux usages domestiques, les autres aux cérémonies religieuses, quelques-uns enfin ne furent qu'un ornement pour l'intérieur des habitations, un meuble de luxe, ainsi que l'attestent suffisamment leur volume, leur poids et leur forme, et cette circonstance que plusieurs d'entre eux n'avaient point de fond et ne pouvaient rien contenir. Malgré l'intérêt que la science et l'histoire des arts avaient à la conservation de ces précieux monuments, il n'y a nul doute que bien peu d'entre eux nous fussent parvenus s'ils n'avaient été placés dans les tombeaux, et s'ils n'eussent participé ainsi à toutes les conditions de conservation qu'offraient ces retraites funèbres. On les y trouve, les uns accrochés aux murs, les autres placés près de la tête ou entre les jambes du mort, dans les pays où, tels que dans la Grande-Grèce, on ne brûlait point les morts. Le nombre et la richesse de ces vases répondaient au rang qu'avait occupé le personnage enseveli.

II. *Des Vases peints grecs*. — On trouve dans ces vases deux enveloppes, l'une interne, l'autre externe. Celle-ci se faisait avec une espèce d'ocre rouge, que l'on pulvérisait, et qui, mêlée ensuite à un corps gommeux ou huileux, était appliquée, au moyen d'un pinceau, sur la surface externe du vase, avant la cuisson. L'enveloppe interne était appliquée de même; mais on n'est pas d'accord sur la nature de la composition avec laquelle on la formait. Elle donnait à la surface interne du vase une belle couleur noire qui avait l'éclat de l'émail. Ce procédé fut le plus anciennement en usage.

Plus tard, l'application des couleurs se fit d'une manière différente, qui constitua un second genre de vases. On répandit le vernis noir sur tout le vase, et non plus seulement en dedans, en épargnant toutefois en dehors la place et la forme des figures, qui furent alors de la couleur de la pâte du vase : les contours intérieurs de la figure, les cheveux, les vêtements, furent dessinés avec des lignes de cette même couleur noire sur les vases anciens; au contraire, la surface extérieure du vase, teinte en rouge avec l'ocre, recevait les figures tracées en noir, en forme de silhouettes. Ces vases appartiennent, en général, à une plus haute antiquité que les autres : on les désigne sous le nom de vases à *figures noires*, et les autres, sous celui de vases à *figures jaunes*.

Les vases anciens se distinguent ordinairement par la grâce de leur forme : celle-ci dérive le plus souvent de celle de l'œuf, ou de celle d'une cloche renversée. D'autres affectent la forme d'une corne. On appelle *rythons* ces derniers; *diota*, ceux qui ont deux anses, et *patères*, ceux qui ont la forme d'un disque. La peinture se trouve sur la panse du vase; tantôt elle en couvre tout le pourtour, tantôt seulement le devant, tantôt le devant et le derrière, laissant les côtés libres. Dans ce dernier cas, il est d'habitude que la peinture postérieure n'ait qu'un sujet de fantaisie, et que la peinture antérieure seule ait un sujet réel et choisi. Les vases peints ont quelquefois deux étages de peintures : dans ce cas, ils sont dits vases à *deux registres*.

Ce qui frappe le plus dans ces peintures, c'est la hardiesse avec laquelle elles sont exécutées, et que l'on concevra facilement si l'on observe qu'elles ne pouvaient être exécutées qu'avec la plus grande célérité, parce que la terre absorbait très-vite les couleurs, et qu'il fallait que les lignes fussent tirées sans aucune interruption, toute reprise devenant sensible. L'artiste s'aidait, à la vérité, dans ce travail, en esquissant d'abord avec une pointe sur la terre molle les traits essentiels, qu'il arrêtait ensuite avec le roseau ou avec le pinceau garni de couleur noire.

Les vases peints portent fréquemment des inscriptions, qui leur donnent beaucoup de prix, soit parce que, par la forme et la direction de leurs caractères, elles permettent de déterminer l'âge du monument, soit parce qu'elles indiquent le sujet de la peinture. Ces sujets sont forts divers; néanmoins on peut les ranger sous trois catégories, qui les renferment tous : on les divise donc 1° en sujets mythologiques; 2° en sujets héroïques; 3° en sujets historiques. Ce qui est fort remarquable dans les deux premiers de ces genres de sujets, c'est qu'on y trouve une mythologie et une histoire héroïque à part de celles des poètes et des prosateurs grecs; on voit dans ces peintures des personnages et des scènes entières entièrement inconnus à l'histoire écrite, ou qui sont représentés avec des circonstances que celle-ci n'a point mentionnées. Il est facile de s'imaginer combien l'étude de ces vases est importante pour la mythologie et l'histoire héroïque de l'antiquité(1).

---

(1) Aucun auteur ancien ne fait mention des vases peints, si ce n'est César, et encore dans un passage diversement interprété, et seulement en passant.

Des Vases peints étrusques. — Ces vases, avec lesquels on a long-temps, et à tort, confondu les vases grecs, sont fort rares en comparaison de ceux-ci. Ils sont faits d'une terre d'un jaune pâle ou rougeâtre ; le vernis est en terre ; le travail, grossier ; l'ornementation, dépourvue de goût, et le style des figures rappelle tout-à-fait celui des statues étrusques. Les figures sont dessinées en noir sur la couleur naturelle de l'argile ; quelquefois un peu de rouge est jeté sur le fond noir des vêtements. Ces caractères, joints à la couleur des sujets et à celle de l'écriture, serviront à distinguer facilement ces vases des vases peints d'origine grecque.

CHAPITRE VII.

DES PIERRES GRAVÉES OU DE LA GLYPTOGRAPHIE

L'ART de graver sur pierres fines se nomme *glyptique*, et la connaissance de celles de ces pierres gravées qui nous viennent de l'antiquité, *glyptographie*, Nous avons déjà vu que les anciens étaient grands amateurs de pierres fines; ils étaient aussi fort habiles à les tailler. Ils savaient tout ce qu'il y a de flatteur pour le goût dans ce genre d'ouvrages, soit qu'il ornât les diadêmes, les boucles d'oreilles, les vêtements ou même les chaussures; soit que, monté sur un anneau d'or, il servît à la fois de bague et de cachet.

On voit, par le témoignage des saintes Ecritures, que l'usage des pierres fines et l'art de les tailler étaient connus dès la plus haute antiquité : l'Exode (1) énumère les diverses pierres gravées qui devaient faire partie du vêtement du grand-prêtre. On voit, en outre, et ce fait remonte encore à une plus haute antiquité, Pharaon donner à Joseph son anneau, orné d'une pierre gravée, en témoignage de l'autorité qu'il lui confiait. Enfin les collections de pierres gravées égyptiennes (2) nous en montrent qui, dans leurs inscriptions, portent des noms de rois antérieurs à l'existence même de Joseph. Il est présumable que des colons égyptiens portèrent en Italie la connaissance de l'art de graver des pierres précieuses attendu que les plus anciennes pierres gravées de l'Etrurie ont la même forme que celles de l'Egypte. Les Grecs apprirent cet art des Etrusques, et le cultivèrent avec le même succès qu'ils firent tous les autres arts. Quant aux Romains, élèves des Grecs en ce point comme en beaucoup d'autres, ils n'atteignirent jamais leur perfection.

L'une des principales sources de cette perfection, c'était l'usage qu'avaient adopté les artistes grecs de polir eux-mêmes les pierres qu'ils avaient gravées, au lieu de s'en rapporter, sur ce point, à la main moins délicate d'un ouvrier secondaire, ainsi qu'on le fait communément. Aussi la beauté du poli est-elle un des caractères distinctifs des pierres gravées de l'ancienne Grèce.

---

(1) XVII, 9, sqq.
(2) Appelées *scarabées* parce qu'elles ont la forme de cet insecte.

On distingue les pierres gravées en *intailles* et en *camées* : celles-ci sont gravées en relief, et les autres en creux. On réunissait quelquefois les deux manières.

On appelle *abraxas* ou *basilidiennes* une sorte de pierres où sont gravées ordinairement avec peu d'exactitude des divinités égyptiennes ou autres, combinées avec des symboles tirés des religions de l'Inde ou de la Perse, et accompagnées d'inscriptions en lettres latines, cophthes ou hébraïques, ou de signes cabalistiques mêlés ensemble. Le mot d'*abraxas* est formé de lettres grecques qui, prises numériquement, donnent ensemble le nombre 365 (A, 1 ; B, 2 ; P, 100 (1) ; A, 1 ; X (en grec Ξ), 60 ; A, 1 ; S, 200). On attribue ces pierres aux sectes des gnostiques ou des basilidiens.

Il y a une autre espèce de pierres gravées, qui est particulière à l'Egypte et à la Perse : on leur donne le nom de cylindres, à cause de leur forme cylindroïde ; elles sont faites en pierres très-dures ou même de matières artificielles, et longues d'un à trois pouces. Les sujets qui y sont gravés sont empruntés à la religion des Perses ou à celle des Egyptiens, ce qui rend ces monuments fort intéressants pour l'archéologie.

Déjà même dans l'antiquité il existait des collections considérables de pierres gravées; on les recueillait dans les temples des principales divinités. Plus tard, ces pré-

---

(1) L'R majuscule en grec s'écrit avec le caractère du P majuscule français.

cieux ornements furent adaptés aux vases et aux manuscrits des églises chrétiennes, et ce fut ce dernier usage qui en préserva un grand nombre de la destruction, lors des invasions des barbares au IVe et au Ve siècle de l'ère chrétienne. Le nombre des pierres gravées qui sont parvenues jusqu'à nos temps est fort considérable : les catalogues de celles qui sont connues le portent à près de vingt mille.

Mais, le goût de la glyptographie s'étant répandu, les pierres gravées antiques furent très-recherchées, et devinrent bientôt l'objet d'un commerce, dans lequel la fraude s'introduisit. On vendit pour antiques des pierres gravées qui n'en étaient que des imitations plus ou moins bien dissimulées.

Des artistes modernes se firent même un nom par l'art d'imiter les pierres antiques : tels furent Flaviano Sirleti, Natter et Pichler, au XVIIIe siècle. Ces trois graveurs en étaient venus à un tel degré d'habileté qu'ils ne craignaient pas de signer leurs ouvrages, en prenant seulement la précaution d'écrire leur nom en lettres grecques. Rien n'est donc plus difficile que de discerner les pierres antiques d'avec les imitations ou les compositions modernes : les plus habiles connaisseurs s'y méprennent parfois. Cependant on trouve des indices pour se guider dans cette recherche critique, dans la nature même de la pierre, et dans celle du travail : ainsi une pierre gravée donnée pour antique, si elle provient d'un gisement inconnu aux anciens, est évidemment fausse ; l'emploi de la perspective dans la gravure rend encore l'origine de la pierre fort suspecte; l'aspect des pierres antiques est, en général, plus mat et moins brillant que celui des pierres modernes. Une gravure peu profonde, et même presque à plat, est encore un indice d'un travail antique ; il en est de même du méplat, c'est-à-dire de l'aplatissement des parties rudes du corps humain. Enfin quelques pierres réellement antiques ont été retouchées par des artistes modernes : un œil exercé reconnaît aisément ce travail. Quelques pierres portent des traces d'un autre genre de travail moderne : ce sont les noms des amateurs qui les ont possédées ; c'est ainsi que Laurent de Médicis avait fait graver ses initiales : Laur. Méd. sur les pierres antiques de sa collection ; et l'on raconte que le célèbre antiquaire Malféi, ignorant cette circonstance, se donna d'abord beaucoup de peine pour interpréter ces sept lettres.

L'art de graver les pierres précieuses subit, chez les peuples divers de l'antiquité, toutes les phases des autres arts plastiques, et principalement celles de la sculpture. Ce fut en Egypte et en Grèce qu'il fut cultivé avec plus de succès ; l'Etrurie s'y distingua aussi, et Rome y fit de même que dans les autres arts, elle imita la Grèce.

CHAPITRE VIII.

DES MÉDAILLES OU DE LA NUMISMATIQUE.

Les *médailles* furent la monnaie des anciens. Les matières dont elles furent faites sont: l'*or*, l'*argent*, le *bronze* et le *potin*, mélange de cuivre, de plomb, d'étain et d'un cinquième d'argent. On connaît aussi des pièces de *plomb* et d'*étain*, mais elles sont fort rares; enfin les Spartiates et les Bysantins se servirent de monnaies de fer et même de cuir, et les Carthaginois de monnaies de bois; mais il ne nous est parvenue aucun spécimen de ces pièces.

Pour fabriquer une médaille, on prépare deux morceaux d'acier fortement trempés, que l'on appelle *carrés*, à cause de leur forme, et *coins* par rapport à leur destination : c'est sur ces morceaux que l'on grave en creux tout ce que l'on désire représenter en relief sur la médaille. Ces coins portent l'empreinte, l'un de la face, et l'autre du revers de la pièce, pour la fabrique de laquelle on les a préparés ; ils sont placés l'un au-dessus de l'autre sous le balancier ; on place entre les deux la pièce de métal qui doit devenir monnaie ou médaille, et qui s'appelle *flan* ou *flaon*, et l'on laisse tomber le balancier sur le tout. Le flan, d'un métal plus tendre que celui des coins, reçoit alors la double empreinte, et la reproduit en relief comme une cire molle qui, pressée entre les parois d'un moule, est forcée d'en suivre les contours et d'en remplir tous les vides. Tel est le procédé dont on se sert pour frapper la monnaie. Ce procédé qui, depuis qu'il a été découvert, a reçu, comme tous les arts, de nombreuses et importantes améliorations ; ce procédé, disons-nous, fut connu dès la plus haute antiquité.

La médaille, sortie d'entre les coins, présente deux côtés : une *face* et un *revers* : le premier côté tire son nom de ce qu'il représente ordinairement l'image (ou quelquefois seulement le nom) de celui au nom duquel la pièce a été frappée. — Il y a d'ailleurs plusieurs autres parties de la médaille qui ont chacune leur nom particulier: — 1º Le *champ* de la médaille consiste dans la surface plane et polie qui, sur la *face* et sur le *revers*, demeure libre et sans figure ni inscriptions; — 2º Les *types* sont les sujets figurés sur la médaille; — 3º L'*exergue* est cette petite place qui, au bas d'une médaille, est séparée du reste du champ par une corde ou ligne tirée d'un des points de la circonférence à l'autre; — 4° La *tranche* est formée par les bords extérieurs de l'épaisseur de la médaille; 5° La tranche est parfois découpée par de petits points : ceux-ci forment alors ce qu'on appelle le *grenetis*. — Il y a aussi des noms divers pour les diverses sortes d'inscriptions dont on charge les médailles : on appelle *inscription* les mots écrits en une ou plusieurs lignes à la place de la tête, ou dans le type du revers, ou dans le champ; on appelle *légende de l'exergue* les mots ou les signes gravés dans l'exergue; et *légende de la tranche* ou du *contour* (ces deux mots sont synonymes), les mots gravés sur cette partie.

On distingue les médailles selon leur grandeur : c'est ce qu'on appelle le *module*. Les plus grandes ont de vingt-sept à trente-trois millimètres de diamètre; celles qui dépassent cette dimension reçoivent le nom de *médaillon*.

Certaines espèces de médailles portent des noms particuliers : c'est ainsi qu'on appelle : — *chouettes* les médailles d'Athènes qui portent la figure de cet oiseau; — *tortues*, celles du Péloponèse, pour une raison analogue; — *sciées* ou *dentées*, celles dont la tranche est dentée; — *scyphatées* celles qui sont convexes d'un côté et concaves de l'autre; *incuses*, celles dont le type est en relief d'un côté et en creux de l'autre, ce qui est un caractère de haute antiquité pour les médailles grecques; —*fourreés* ou *bractéates*, celles dont l'*âme* est en bronze ou en plomb, recouverte d'une légère feuille d'argent ou d'or : ces médailles sont l'œuvre des faux monnayeurs; — *saucées*, celles qui, frappées sur cuivre, ont été ensuite argentées; — *refrappées* celles dont les contours des figures du type sont doubles, par suite de l'inhabileté de l'ouvrier, qui, obligé de frapper la même pièce de plusieurs coups de balancier, a laissé glisser le flan, de manière que les coups successifs ne l'ont pas atteint à la même place; — *sur-frappées* celles qui ont reçu un nouveau type légal; — *restituées* celles qu'un empereur romain a fait frapper à l'image d'un de ses prédécesseurs; — *encastrées* celles qui sont formées de la tête d'une médaille et du revers d'une autre, sciés et soudés ensemble par un faussaire.

On appelle *médailles parlantes* celles dont le type se compose d'un objet dont le nom avait de l'analogie ou était même identique avec celui de la ville ou du personnage qui faisait frapper la médaille : c'est ainsi qu'une rose est gravée sur les médailles de Rhodes, dont le nom, en grec, signifie *rose*.

Enfin on appelle médaille *fruste* celle dont les types et les inscriptions sont plus ou moins effacés.

Il faut se garder, pour mieux étudier une médaille, de toucher à la *patine*, belle ou brillante couleur verte ou brune qui recouvre les bronzes et qui ajoute tant à leur prix. Quelques amateurs frottent ces médailles avec un morceau de drap imbibé d'huile, et ce procédé fort simple leur donne plus d'éclat.

Indépendamment des documents historiques que fournissent les médailles, ce qui les fait le plus rechercher, c'est la rareté : cette qualité seule suffit pour leur donner, surtout aux yeux des faiseurs de collections, un prix souvent hors de proportion, soit avec l'intérêt scientifique qui s'y rattache, soit avec la valeur du métal, soit avec la perfection des types. Celle-ci n'est même qu'un des éléments secondaires de la valeur des médailles, et c'est leur plus ou moins de rareté qui en détermine presque seul le prix. Le degré d'antiquité d'une médaille est aussi un des éléments qui contribuent le plus à les faire rechercher. Les plus vieilles médailles, qui sont aussi les plus imparfaites, ne sont pas toujours rondes : il y en a de carrées ou de forme irrégulière, et elles ne sont, le plus souvent, frappées que d'un seul côté.

Ce goût pour les médailles, comme celui pour les pierres gravées, a donné lieu à la fraude : les médailles fausses se multiplièrent, et, dès l'origine, l'art de les frapper fit de tels progrès qu'il devint excessivement difficile de distinguer ces pièces des médailles authentiques. Des artistes aussi habiles que savants se firent un nom par le talent avec lequel ils composèrent de ces pièces fausses et surent leur donner un aspect antique, qui déjoue souvent la sagacité des amateurs les plus exercés. Le plus connu de ces faussaires célèbres est Jean-Joseph Cauvin, de Padoue, que l'on désigne, d'ordinaire, sous le nom de Padouan. Le cabinet du roi, à Paris, possède une belle suite de coins gravés par cet artiste. Cependant, quelque habile qu'il fût, un examen rigoureux permet de distinguer ses pièces des médailles authentiques. D'abord elles sont presque parfaitement rondes, et une médaille antique ne l'est presque jamais. Les lettres en sont grêles, bien-alignées, de forme moderne, et les flans n'en sont ni usés ni rognés, ainsi que cela a presque toujours lieu pour les médailles véritables; en outre, la patine manque sur ses bronzes, ou plutôt y est noire, grasse, luisante, et s'enlève facilement. Enfin ces médailles fausses sont beaucoup plus légères que les autres, parce que le métal en a été employé chaud, et n'est, par conséquent, pas aussi condensé que celui des médailles qui ont été frappées à froid.

Les médailles antiques véritables, et même les médailles fausses, ont servi à une autre espèce de fraude : on les a moulées, et on a fait ensuite, au moyen de la fonte, des médailles fausses, qu'il était presque impossible de distinguer des authentiques. Mais ici encore un examen attentif permettait de les reconnaître, de même que l'on discerne un cristal ou un objet en métal fondu de celui qui a été taillé.

Chez les peuples modernes, les types des monnaies sont fixes et changent tout au plus à chaque règne; il n'en était pas de même chez les anciens : ce type changeait alors fréquemment, plusieurs fois même par année, et les types nouveaux étaient presque toujours inspirés par l'événement contemporain le plus important : une victoire, une fondation de ville ou d'édifice, un avènement d'un nouveau souverain, etc., etc. De là cette quantité prodigieuse de types que présentent les monnaies anciennes, et qui élève à soixante et dix mille le nombre de ceux qui sont connus jusqu'à ce jour; de là aussi la différence fondamentale entre les monnaies anciennes et les monnaies modernes, différence qui a fait donner à celles-là le nom de *médailles*.

On n'a point trouvé de médailles égyptiennes du temps des Pharaons, mais on en a de fort belles du règne de Darius. Ariandis, que ce prince avait chargé du gouvernement de l'Egypte, fit frapper des monnaies d'argent qu'on appela, de son nom, *aryandiques*. Il paya de sa vie cette innovation, que Darius traita de rébellion. On possède quelques-unes de ces pièces. Il existe encore un grand nombre de médailles des Ptolémée, dont la plus ancienne date de la 19e année après la mort d'Alexandre.

De toutes les branches de la numismatique, celle qui concerne les médailles grecques est la plus étendue et la plus variée : on le concevra facilement si l'on se rappelle que la Grèce fut constamment divisée en un grand nombre de petites souverainetés, qui avaient chacune leur monnaie. Les plus anciennes médailles grecques sont celles qui sont antérieures à Alexandre le Grand : elles se reconnaissent à la simplicité des types, à l'incorrection du dessin, à l'absence de toute légende, et du type au revers, enfin à l'antique forme des lettres grecques, quand elles en portent; elles sont rondes, épaisses, souvent globuleuses. Parfois un grenetis en entoure le champ. Les pièces en or sont plus communes que les pièces en bronze, à mesure que l'on remonte à un plus haut degré d'antiquité. Après Alexandre le Grand le perfectionnement qui s'était introduit avec tant d'éclat dans les autres arts se communique à l'art de frapper les monnaies : le dessin en devient plus correct, et les inscriptions y sont plus fréquentes et plus étendues. « Les médailles grecques fournissent de nombreuses indications historiques. C'est ainsi que, lorsqu'on n'y trouve l'indication d'aucun pouvoir supérieur à celui de la ville qui les faisait frapper, elles attestent par-là l'indépendance politique de cette ville : ces médailles sont dites alors *autonomes*. On appelle *autonomie officieuse* la situation d'une ville grecque qui, soumise à un pouvoir étranger, conservait cependant le droit de frapper des monnaies en son nom, sauf à y mentionner aussi celui du roi ou du peuple conquérant. On trouve aussi sur les monnaies l'indication des titres que les villes ou les peuples se donnaient en signe de leurs droits ou de leurs suprématies, la qualification des magistrats, et une foule d'allusions aux rites, aux usages, à l'histoire ou aux origines de chaque ville ou de chaque peuple ; elles indiquent les fondations des temples, des fêtes ou des spectacles, le droit d'asile, la situation des villes, leurs titres honorifiques, leurs alliances, les noms ou la représentation des dieux ou des héros dont elles prétendaient tirer leur origine, etc. (1) »

La numismatique étrusque est fort bornée. Les plus anciens monuments que nous en possédions sont les *as*, ou livres de douze onces, en bronze, de forme quadrangulaire alongée, et portant pour type la forme d'un bœuf. Ces pièces sont fondues et sans revers. Plus tard on leur donna la forme ovale, et, en dernier lieu, la forme ronde.

---

(1) Voir sur ce sujet le grand ouvrage de M. Mionnet : Description des Médailles grecques et romaines, Paris, 1803, 6 vol. in-8º, et 3 vol. de supplément.

Chaque ville étrusque eut sa monnaie et adopta un type particulier : celle-ci, une roue ; celle-là, un sanglier ; une troisième, un aigle ; une quatrième, une tête de cheval, etc... Quelques-unes de ces médailles portent des légendes, écrites ordinairement de droite à gauche, et indiquant le nom de la ville qui les a fait frapper.

On divise les médailles romaines en trois grandes classes : 1° les *as*, ou première monnaie de la république, tous en bronze, et remarquables tant par leur ancienneté que par la variété des types ; 2° les *médailles* des familles romaines consulaires du temps de la république, en or, en argent et en bronze ; 3° les *médailles impériales*, ou des empereurs, des impératrices, des Césars et de ces souverains plus ou moins éphémères que les révoltes ou le caprice des légions créait dans les provinces, depuis le grand Pompée jusqu'au dernier des Paléologue, chassé de Constantinople par les Turcs. Ce vaste intervalle de dix-huit siècles, qui embrasse la dernière partie de l'antiquité et qui traverse tout le moyen-âge, a fourni une quantité prodigieuse de types et de médailles : aussi celles de ce genre sont-elles les plus communes et les plus abondantes dans les collections.

Les *as* sont de plusieurs sortes : le *decussis*, qui a quatre pouces de diamètres ; le *quadrussis*, carré long, de six pouces de long sur trois de large ; le *tripondius*, de deux pouces cinq lignes de diamètre ; le *dupondius*, d'un pouce trois lignes ; enfin l'*as* proprement dit, en bronze et de grand module.

Les *médailles des familles* sont fort nombreuses et variées, et tous les grands noms de l'histoire de la république y sont rappelés. Il y a quelques familles, en très-petit nombre, dont on a des médailles des trois métaux; quelques autres, de deux; la plupart n'en ont que d'un seul. Dans ce genre se range la série connue sous le nom de *légions* d'Antoine, série de médailles portant d'un côté une galère avec la légende ANT. AUG. T. R. P. C., etc. (1).

Les *médailles impériales* sont les plus nombreuses; il y en a une grande variété de types, de chacun desquels il existe une quantité plus ou moins considérable d'exemplaires : il y en a dont il en reste plusieurs; d'autres, dont on n'en connait qu'un petit nombre, voire même qu'un seul : celles-ci sont appelées uniques (2). On conçoit qu'elles sont d'autant plus précieuses et plus recherchées que les exemplaires en sont plus rares.

Le sénat faisait frapper la monnaie de bronze, et les empereurs celle d'or et d'argent : on ne devra donc point chercher de médailles de bronze latines des empereurs qui n'ont point été reconnus du sénat. Le titre des médailles impériales va s'abaissant et s'altérant à mesure qu'on avance vers la chute de l'empire : cette altération commença sous Septime-Sévère; sous ses successeurs, depuis Gallien jusqu'à Quiétus, la monnaie n'est plus que de billon; de

---

(1) Antonius Augur Tribunus Reipublicæ constituendæ. *Antoine, Augure, Tribun de la République devant être reconstituée.*

(2) Voir l'ouvrage de M. Mionnet : De la Rareté et du Prix des Médailles, in-8°, 1815.

Claude II à Dioclétien, elle n'est plus que de bronze étamé, et l'argent pur ne reparaît qu'à partir du règne de Dioclétien ; il fut dès-lors employé jusqu'à la fin de l'empire d'Occident, excepté sous Romulus-Augustule, qui employa encore le bronze saussé.

On possède quelques rares médailles de la Gaule, antérieures à la conquête romaine ; on les reconnaît non-seulement à leur type, mais encore à l'extrême imperfection avec lequel celui-ci est dessiné. C'est une tête dont les traits grossiers manquent de toute proportion, et, au revers, un cheval libre au galop, ou quelque autre quadrupède également mal dessiné. Une étoile et quelques lettres sont dans le champ. On trouve encore sur le revers la figure du pentagone, que les druides considéraient comme le symbole de l'immortalité de l'âme. Les flans de ces médailles sont fort irréguliers : ils sont ronds, carrés, triangulaires, et affectent toutes les formes les plus irrégulières, témoin la médaille en bronze de Nîmes, en l'honneur d'Auguste et d'Agrippa, qui a été alongée de manière à avoir la figure de la cuisse d'un quadrupède.

CHAPITRE IX

DE LA PALÉOGRAPHIE.

La paléographie est la science des écritures anciennes : elle se divise, au point de vue du temps, en deux grandes parties, dont la première s'occupe des monuments de l'écriture dans l'antiquité proprement dite, et la seconde, de ces mêmes monuments au moyen-âge. La première seule de ces deux parties entre dans le plan de cet ouvrage ; elle embrasse deux objets principaux : les *écritures des livres ou les manuscrits*, et les *inscriptions monumentales*.

1° DES MANUSCRITS.

« Les peaux des quadrupèdes différemment préparées, celles des poissons, les intestins de quelques animaux, le linge, la soie, les feuilles, le bois, l'écorce, la bourre des plantes et leur moelle, les os, l'ivoire, les pierres communes et précieuses, les métaux, le verre, la cire, la craie, le plâtre, etc., ont fourni, disent les Bénédictins, la matière sur laquelle on écrivait autrefois, ou sur laquelle on écrit encore. »

Ce fut au temps d'Alexandre le Grand que l'usage du papyrus se répandit en Occident; mais cet usage remontait à une bien plus haute antiquité dans l'Egypte. On a découvert dans cette contrée des papyrus enfermés dans des jarres d'argile hermétiquement scellées, et déposés dans des tombeaux : ces papyrus, dont quelques-uns remontent à des temps antérieurs à Moïse, sont fort bien conservés, grâce à la salubrité des lieux où ils ont été déposés, et sans doute aussi à la bonne préparation de cette espèce de papier, dont aucun de nos papiers modernes n'égalera jamais la solidité ni la durée. On connaissait, dans l'antiquité, plusieurs sortes de papyrus : le plus fin et le plus beau était le papyrus royal (*papyrus augustus*), sous les Romains; venait ensuite le papyrus hiératique, servant aux écritures et aux livres qui intéressaient la religion, et que l'on appela plus tard *livius*, en l'honneur de *Livie*, femme d'Auguste. Le papyrus se faisait avec une plante fort commune dans l'antiquité, mais très-rare aujourd'hui, parce qu'on ne la cultive plus; elle croît dans les lacs et les marais, et s'élève à une hauteur de trois mètres environ. Sa tige porte au sommet une chevelure qui n'est d'aucun usage. C'est avec la tige que se faisait le papyrus. Voici comment on procédait: on enlevait les deux extrémités de la tige, on coupait le reste en deux parties égales dans le sens de la longueur, et on séparait successivement, avec une pointe, les tuniques, au nombre de vingt environ, qui formaient cette tige, dont le diamètre est de deux ou trois pouces. La blancheur des tuniques croissait à mesure qu'on approchait du centre. On les étendait séparément: chacune d'elles formait une feuille; après diverses préparations, on collait deux de ces feuilles l'une sur l'autre, en ayant soin que leurs fibres se croisassent; en soumettant ces feuilles à l'action d'une presse, et en l'enduisant d'huile de cèdre, que l'on considérait comme très-propre à le préserver de la corruption, on faisait un papier excellent, bien supérieur, sous tous les rapports, à celui qu'on lui a substitué. Saint Jérôme dit que, de son temps, on ne se servait guère que de papyrus: aussi avait-on grevé cette matière d'impôts fort pesants, au point que Cassiodore félicita, par une épître bien connue, le genre humain tout entier sur la diminution opérée par Théodoric dans le tarif de l'impôt établi sur une production aussi utile (1).

---

(1) Voir M. Champollion-Figeac, l'Égypte ancienne.

On dit que l'un des Ptolémée, jaloux d'Eumènes, roi de Pergame, qui cherchait à l'égaler dans la magnificence de ses bibliothèques, arrêta l'exportation des papyrus dans ses États; mais Eumènes découvrit ou plutôt perfectionna la manière d'apprêter le parchemin. Cette matière, qui, dans l'antiquité, ne fut jamais d'un usage aussi général que le papyrus, recevait diverses nuances, selon la manière dont on le préparait (1).

On n'écrivait ordinairement que sur un côté du papier ou du parchemin; quand un feuillet ne suffisait pas, on en attachait un second ou plusieurs autres les uns au bout des autres, jusqu'à la fin de l'ouvrage : on les roulait ensuite autour d'un cylindre ou d'un bâton. De là le nom de *volume* (qui signifie en latin *rouleau*) que l'on donnait aux livres. Les papiers ou les parchemins sur les deux côtés desquels on avait écrit s'appelaient *opisthographes*.

Les matières d'une importance éphémère s'inscrivaient sur des tablettes de forme oblongue, et faites de parchemin, ou plus souvent de bois recouvert d'une couche de cire, sur laquelle on écrivait avec un poinçon; quand on voulait effacer ce qu'on avait écrit, on retournait le poinçon, et on en passait le gros bout sur les caractères. Le poinçon servait, du reste, à un autre usage moins pacifique :

---

(1) Le mot de parchemin n'est qu'une dérivation de celui de Pergame. Il ne faut pas confondre le vélin et le parchemin : celui-ci se fabrique avec de la peau de mouton, et celui-là, avec de la peau de veau.

c'était une arme dont on faisait usage au besoin, et que l'on avait toujours sur soi (1).

Quant on écrivait sur le papyrus ou sur le parchemin, on se servait de roseaux d'une certaine espèce en guise de plume. David compare sa langue au roseau d'un écrivain qui écrit rapidement. C'était l'Egypte qui fournissait cette espèce de roseaux. Ce ne fut guère que vers le cinquième siècle qu'on commença à se servir de plumes. On l'employa d'abord uniquement sur les lettres majuscules, et ce ne fut qu'au huitième siècle qu'elle fut entièrement substituée au roseau. Quant à l'encre dont on se servait, tantôt c'était de la couleur à l'eau, tantôt cette liqueur noire que la sèche (espèce de poisson) projette autour d'elle lorsqu'elle craint d'être prise. Il ne paraît point que l'encre des anciens contînt des acides, puisqu'on pouvait effacer avec une éponge les caractères qu'elle avait tracés.

Les anciens étaient parvenus, malgré l'imperfection de leurs moyens graphiques, à écrire très-rapidement, ainsi que l'atteste la grande multiplicité des livres dans l'antiquité. Ils avaient d'ailleurs imaginé des procédés sténographiques au moyen desquels l'écriture pouvait suivre la parole. L'écriture de ce genre est désignée sous le nom de *notes tyronniennes*, parce que Tullius Tiro, affranchi de Cicéron, passe pour avoir fait de nombreuses additions

---

(1) Les Grecs et les Romains ne portaient jamais d'autre arme sur eux en ville. C'est du poinçon ou stylet des anciens que descend en ligne directe le stylet ou poignard moderne.

aux onze cents premières notes qu'avait inventées Ennius, et surtout pour avoir indiqué le premier la méthode la plus convenable d'employer ces signes abréviatifs à recueillir les discours que l'on prononçait en public. Des additions successives avaient porté le nombre de ces notes à cinq mille, lorsque, au commencement du troisième siècle, saint Cyprien, évêque de Carthage, étendit encore ce recueil, en y ajoutant les signes qui convenaient à l'usage particulier des chrétiens.

C'est en notes tyronniennes que fut recueillie la réponse de Caton à Jules César, dans la discussion qui eut lieu dans le sénat romain au sujet de la conspiration de Catilina. Il y a tout lieu de croire que plusieurs entretiens de Socrate avec ses disciples furent recueillis par Xénophon au moyen de procédés analogues. Saint Augustin nous fait connaître lui-même que ses auditeurs écrivaient ainsi ce qu'il disait en chaire (1).

2° DES INSCRIPTIONS.

Toutes les matières solides connues des anciens, et surtout le bronze, furent employées par eux pour *écrire* ou *graver* des inscriptions.

On distingue trois sortes d'inscriptions : 1° celles qui sont *écrites*, c'est-à-dire simplement tracées au pinceau

---

(2) Voir, outre les ouvrages des Bénédictins sur cette matière, tels que dom Mabillon, dom Carpentier, etc., Eléments de Paléographie par M. Natalis de Vailly; 2 vol. in-4°, 1838.

sur des matières dures; 2° celles qui sont *gravées*, dont les lettres sont tracées en creux sur la pierre ou sur le métal : presque toutes les inscriptions anciennes, à l'exception de celles de l'Egypte, sont faites d'après ce procédé; 3° celles qui sont *ajustées*, ou composées de lettres en bronze, travaillées isolément, et attachées ensuite par des crampons au monument qu'elles décoraient. La plupart de celles-ci ont disparu, soit par l'effet du temps, soit plus souvent encore par l'effet de la cupidité; mais la place des crampons en tient lieu en quelque sorte; et c'est par ce moyen que l'on est parvenu à restituer l'inscription de la Maison-Carrée de Nîmes.

De toutes les inscriptions, les plus intéressantes sont incontestablement celles qui, en nous offrant le même contexte produit en deux langues différentes, et dont l'une nous est connue, tandis que l'autre nous est plus ou moins inconnue, nous offrent, par ces termes de comparaison, le moyen de rétablir des alphabets jusqu'alors indéchiffrables, parfois même de comprendre le sens des mots. Telles sont : 1° l'inscription latine et étrusque trouvée à Eugubium; 2° la célèbre inscription de Rosette, en égyptien et en grec. On sait que, pour la lecture et l'interprétation des inscriptions égyptiennes, ce qui avait arrêté jusqu'à ce jour toutes les tentatives des archéologues, c'était la connaissance des divers alphabets que les Egyptiens avaient employés. Une fois ces alphabets connus, la lecture et l'interprétation des inscriptions n'offraient plus guère de difficultés insurmontables, parce que la langue égyptienne subsiste encore dans les livres imprimés ou dans les manuscrits des Coptes, qui sont les descendants des anciens Egyptiens, et qui ont conservé cette langue jusqu'à l'avant-dernier siècle.

Le style des inscriptions, ce qu'on appelle le *style lapidaire*, doit être concis, énergique et précis. Il exige une véritable étude, tant pour s'en servir que pour l'interpréter, et le meilleur latiniste peut échouer sur l'inscription latine la plus courte s'il ne s'est pas adonné à cette étude. Ce qui ajoute encore à la difficulté que présente la lecture des inscriptions, ce sont les abréviations qui y abondent, ainsi qu'une foule de particularités contraires à la syntaxe ordinaire des langues. C'est ainsi qu'un sujet au singulier se trouvera uni à un verbe au pluriel ; un cas sera mis pour un autre ; un mot ou une phrase entière ne sera pas à sa place ; des mots essentiels à la clarté du discours seront supprimés ; d'autres, au contraire, répèteront deux fois la même idée, etc.

3° DES INSCRIPTIONS ÉGYPTIENNES ET DES HIÉROGLYPHES.

Aucun peuple, dit M. Champollion-Figeac, ne nous a laissé autant d'inscriptions que le peuple égyptien. Tous ses monuments en sont couverts, et ces monuments sont très-nombreux. L'Egypte est comme un musée de ruines en assez bon état, et quelquefois parfaitement entières. Ce sont les procédés de construction employés par les

Egyptiens qui ont assuré cette durée à leurs monuments; dans l'Egypte même, en effet, les ouvrages d'architecture qui sont d'origine grecque ou romaine se font remarquer par un état de destruction plus avancé que les ouvrages égyptiens, quoiqu'ils leur soient postérieurs de plusieurs siècles.

Ces monuments sont tous plus ou moins chargés d'inscriptions; et il n'est pas en Egypte une seule figure monumentale qui, à de très-rares exceptions près, ne portât à côté d'elle une inscription qui en fît connaître le nom ou le sujet. Mais, avant de nous occuper de ces inscriptions, il ne sera peut-être pas hors de propos de donner ici quelques détails sur les écritures égyptiennes.

Ces écritures sont de trois sortes, savoir : l'*hiéroglyphique*, l'*hiératique* et la *démotique*.

L'*écriture hiéroglyphique* se compose de signes qui représentent des objets du monde physique, des animaux, des plantes, des figures de géométrie, ou des produits de l'industrie humaine. Le nombre de ces signes est d'environ huit cents. Les uns sont simplement FIGURATIFS, c'est-à-dire qu'ils expriment l'idée de l'objet même qu'ils représentent; les autres sont SYMBOLIQUES, en ce qu'ils représentent des objets qui ont des rapports plus ou moins directs, selon l'opinion des Egyptiens, avec l'idée qu'ils sont chargés d'exprimer : c'est ainsi que *des bras élevés* étaient le signe symbolique de l'idée de présenter une offrande; *un vase d'où l'eau s'écoule* signifiait une libation; l'*abeille* était le symbole du roi, etc.; d'autres, enfin, étaient ALPHABÉTIQUES; ils exprimaient les sons de la langue parlée, et avaient, dans l'écriture hiéroglyphique, les mêmes fonctions que les lettres de l'alphabet dans la nôtre. Ces trois sortes de signes, figuratifs, symboliques et alphabétiques, s'employaient à la fois dans le même texte, dans la même phrase et quelquefois jusque dans le même mot. Il n'en résultait néanmoins aucune confusion, parce que l'habitude de lire ces caractères en rendait l'usage facile, et que l'Egyptien qui lisait une phrase écrite en partie en caractères symboliques et en partie en caractères figuratifs ou alphabétiques, la prononçait comme si elle avait été entièrement écrite en signes alphabétiques. Un exemple, que nous emprunterons, comme nous avons fait presque tout ce chapitre, à MM. Champollion frères, le fera mieux comprendre. S'il se fût agi d'écrire en caractères hiéroglyphiques cette phrase : *Dieu a créé les hommes*, on eût procédé ainsi : on eût rendu le mot Dieu par le caractère *symbolique* de l'idée Dieu; A créé, par les signes *alphabétiques*, par les lettres qui formaient le mot *créer* en égyptien, précédées ou suivies des signes grammaticaux qui eussent marqué que le verbe *créer* devait être mis à la troisième personne du prétérit indéfini; les hommes, par le signe *figuratif homme*, suivi de trois points, signe du pluriel en égyptien. Quant aux caractères *alphabétiques*, qui entrent au moins pour les deux tiers dans les inscriptions hiéroglyphiques, voici d'après quel principe on les avait établis : chaque caractère alphabétique représente un objet physique, dont il reproduit plus ou moins fidèlement l'image; cette image prend alors la valeur d'une lettre de l'alphabet, et cette valeur est celle de la première lettre du nom de l'objet représenté dans la langue parlée : c'est ainsi que l'image du lion était mise pour la lettre L, parce que, dans la langue parlée, le nom du lion, *Labo*, commençait par cette lettre. On voit qu'on pourrait employer cet alphabet pour toutes les langues du monde.

L'écriture hiératique se composait des mêmes signes que l'écriture hiéroglyphique ; elle n'en différait qu'en ce que ses signes étaient l'abréviation et souvent la simple indication des signes hiéroglyphiques : l'une était à l'autre à peu près ce que l'écriture cursive est à l'écriture majuscule. L'écriture hiératique avait été imaginée en faveur de ceux qui ne savaient pas le dessin.

L'écriture démotique ou vulgaire n'était guère autre chose que l'écriture hiératique débarrassée de la plupart des signes symboliques et figuratifs : tous les signes en avaient la même valeur que dans les deux autres écritures, mais le nombre en était moindre.

Nous avons vu que presque tous les monuments égyptiens étaient chargés d'inscriptions : celles-ci consistaient toutes en caractères hiéroglyphiques. Ces inscriptions furent pour l'antiquité presque tout entière, ainsi que pour les peuples modernes, autant d'énigmes désespérantes devant lesquelles avaient échoué toutes les tentatives de la science, lorsque enfin ce problème redoutable céda aux efforts et au génie d'un jeune antiquaire. Les voiles d'Isis tombèrent devant lui, et la lumière pénétra enfin dans les mystères de l'antique Egypte.

Ce fut de la célèbre inscription de Rosette que jaillit

cette lumière. On découvrit une pierre, de quelques pieds de hauteur, sur laquelle étaient gravées, à la suite l'une de l'autre, trois inscriptions : la première, tronquée par le haut, en caractères hiéroglyphiques; la seconde, en caractères démotiques; et la troisième, en grec. En outre, cette dernière faisait savoir qu'elle était la traduction des deux autres. On avait donc enfin l'interprète des hiéroglyphes, qui avait manqué jusqu'alors à la science : c'était un instrument, mais il fallait un ouvrier qui sût le manier, qui sût féconder cette heureuse découverte. Cet ouvrier, on l'attendit vingt ans. Ce fut l'œuvre glorieuse d'un Français, de M. Champollion le jeune. Par des procédés d'une admirable simplicité, il parvint, grâce à son heureux génie, à reconnaître et à compléter le mystérieux alphabet des hiéroglyphes : tel fut le fruit de vingt-cinq ans d'un labeur infatigable, fruit glorieux, immortel, et que le jeune et infortuné savant conquit au prix d'une existence abrégée par l'excès de ses travaux.

L'écriture hiéroglyphique est employée dans les monuments de toute espèce, sur les édifices, sur les statues et jusque sur les bandes qui enveloppent les momies. Cette écriture n'a point varié, pas plus que les autres institutions de l'Egypte, à travers toute la suite des siècles; elle est toujours demeurée la même au fond, de sorte qu'il serait impossible d'apprécier, comme on le fait pour les inscriptions des autres pays, la date de celles de l'Egypte par la forme des lettres, si certains détails d'exécution ne donnaient à cet égard quelques renseignements, fort vagues à la vérité. On sait que l'art égyptien atteignit toute sa perfection vers le dix-huitième siècle avant Jésus-Christ, et qu'il s'y maintint jusque vers le quinzième : il il eut donc une période de progrès pour cet art, une autre de perfection et une troisième de décadence. Les monuments de chacune de ces périodes portent des traces qui permettent à une critique éclairée de les ranger dans l'une ou dans l'autre. Ainsi en est-il des inscriptions : celles qui se distinguent par la finesse et la fermeté du trait appartiennent à la belle époque de l'art; les autres, par leur imperfection, accusent, au contraire, une époque d'enfance ou de décadence.

4° INSCRIPTIONS GRECQUES.

Les Grecs, à l'imitation de tous les peuples de l'Orient, écrivirent d'abord de droite à gauche; plus tard, au lieu de reprendre dans le même sens la ligne suivante, ils l'écrivirent de gauche à droite; la troisième ligne, et toutes les lignes impaires, reprenaient ensuite la première direction, tandis que les lignes paires suivaient l'autre direction; imitant ainsi le sillon continu tracé par des bœufs avec la charrue : ce qui fit appeler *boustrophédon* (1) cette manière d'écrire. C'est ainsi que sont dispo-

---

(1) De deux mots grecs, *bous*, bœuf, et *tréphô*, tourner; tourner à la manière des bœufs.

sées les plus anciennes inscriptions grecques ; il n'en existe plus de la première manière, d'après laquelle les lignes étaient tracées de droite à gauche. L'usage des lignes en boustrophédon fut abandonné vers le huitième siècle av. J.-C., et l'on adopta généralement la direction des lignes de gauche à droite.

De ce qui précède on peut tirer les conclusions suivantes, relativement aux caractères qui déterminent l'âge des inscriptions grecques : 1º si l'on en trouvait une dont les caractères, ayant d'ailleurs les formes de l'alphabet primitif, allassent de droite à gauche, il faudrait le ranger dans la première époque ; 2º toute inscription qui, tout en ayant les caractères du temps, sera écrite en boustrophédon, devra être considérée comme antérieure au septième siècle ; 3º toute inscription qui portera l'une ou l'autre des quatre lettres doubles de l'alphabet grec devra être regardée comme postérieure au cinquième siècle, temps où ces lettres furent inventées.

D'autres caractères aident d'ailleurs encore à classer les inscriptions grecques : telles sont la forme des lettres et la manière dont elles sont sculptées ; l'art de graver des inscriptions dut, en effet, subir toutes les vicissitudes de la sculpture.

5º INSCRIPTIONS ÉTRUSQUES.

Les inscriptions étrusques sont toujours écrites de droite à gauche : elles sont, du reste, fort difficiles à lire, non pas tant à cause des abréviations qui y abondent que parce que la langue étrusque est à peu près entièrement perdue, et que ce n'est que par ses analogies avec la langue latine, et au moyen de rapprochements plus ou moins justes avec les mots de cette langue, que l'on peut reconstituer le sens de ces monuments. Pour faire mieux comprendre l'extrême difficulté de cette interprétation, nous donnerons ici un exemple choisi entre ceux où l'on a eu à suppléer le moins de lettres et de mots : ce sont les lignes vingt-huit et vingt-neuf des célèbres *tables eugubines* (découvertes à Goubio, l'antique Eugubium, en 1444), dont un Français, Bourguet, tira le premier alphabet étrusque, et que l'illustre antiquaire Lanzi a interprétées. Le texte de ces tables concernait des cérémonies religieuses : ce sont, selon toute apparence, des fragments de ce que les anciens nommaient *Livres pontificaux et Rituels*. Les cérémonies prescrites par ces livres étaient exécutées par des prêtres qui prenaient le nom de *frères Athériens*, ou d'*Athériates*, et qui faisaient partie d'une tribu nommée *Ikuvina*, qui fut l'alliée fidèle de Rome.

IVICA : MERSUVA : UVIIKUM : GABETU
Jecora (en grec mêria) femora ovium habeto (à)
PHPATRUSTE ATHERIE (1).
fratribus Atheriatibus.

---

(1) Ayez des foies et des cuisses de brebis (reçus) des frères Athériates.

6° DES INSCRIPTIONS ROMAINES

La plus ancienne des inscriptions romaines que l'on connaisse, c'est le chant des *frères Arvales*, découvert dans les fondations de la sacristie de Saint-Pierre de Rome, en 1778, chant en usage dans ce collége de prêtres qui remontait jusqu'à Romulus. Après cet antique monument viennent la colonne que les Romains firent ériger en l'honneur de Duillius, le premier Romain qui remporta une victoire navale, en 260 av. J.-C; l'inscription du tombeau de Scipio Barbatus, dont il a déjà été fait mention plus haut, et qui fut découvert parmi les monuments funèbres des Scipion, en 1780. Ces monuments firent connaître, par les diverses autres inscriptions qu'on y trouva, l'état de l'alphabet et de l'orthographe du latin depuis le quatrième jusqu'au sixième siècle de Rome. A partir de la domination impériale, les inscriptions se multiplient, et il n'est guère de ville jadis romaine qui n'en ait conservé plusieurs. Ces inscriptions sont toutes faciles à lire et à comprendre, ou plutôt elles ne présentent qu'une seule sorte de difficultés, c'est celle qui résulte des abréviations, non qu'il y ait rien d'arbitraire, mais parce qu'elles exigent une étude spéciale. On en trouve d'ailleurs des listes plus ou moins complètes dans les ouvrages qui traitent de cette matière, et notamment dans l'excellent Résumé de M. Champollion-Figeac, que nous avons mis si souvent à contribution dans ces pages, et dont nous ne saurions trop recommander la lecture aux jeunes gens qui voudraient approfondir quelque peu la science des antiquités.

7° DES INSCRIPTIONS CHRÉTIENNES.

Bien que persécutés pendant long-temps, et réduits à se cacher pour célébrer leurs saints mystères, les premiers chrétiens n'en ont pas moins laissé des traces de leur existence dans les inscriptions qu'ils plaçaient sur des autels, sur des vases, sur des tombeaux. Ces inscriptions, qui ont un intérêt tout particulier pour nous, méritent d'ailleurs de fixer l'attention par leur importance historique.

L'idée d'une autre vie y domine ordinairement : quant aux symboles qu'on y trouve le plus communément, ce sont tous ceux qui avaient un rapport avec quelqu'un des événements racontés dans l'Ancien ou dans le Nouveau Testament : tels que la Croix, les instruments de la Passion, le bon Pasteur, le monogramme de Jésus-Christ, le cœur, la couronne, la barque, les poissons, les moineaux, l'alpha et l'oméga, etc. On y trouve encore des personnages du paganisme, employés allégoriquement : tel Orphée attirant les rochers et les animaux au son de sa lyre, était le symbole secret de Jésus-Christ ramenant toutes les nations à la foi.

Quant au texte des inscriptions chrétiennes des premiers temps, nous n'en dirons qu'une chose : c'est qu'on y trouve une admirable preuve de l'unité et de la constance inaltérable des idées de l'Eglise, à travers toutes les phases qu'elle a eues à parcourir, depuis les jours de la persécution jusqu'à ceux de son triomphe et jusqu'à nos temps. Ces inscriptions sont absolument les mêmes que les nôtres ; ce sont les mêmes formules employées dans les mêmes circonstances, à douze, quinze et dix-huit siècles de distance.

Les chrétiens employèrent aussi, à l'instar des païens, un système d'abréviations pour leurs inscriptions ; mais les unes et les autres sont trop connues pour qu'il soit nécessaire d'insister sur ce sujet.

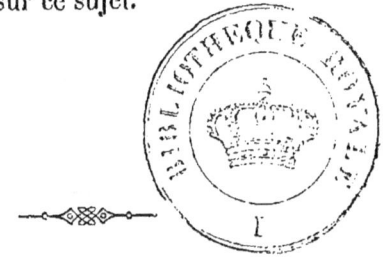

TABLE DES MATIÈRES.

Introduction,   page 7

PREMIÈRE PARTIE.

Du costume.

I.	Des vêtements fixés au corps,	17
II.	Des vêtements non fixés au corps,	20
III.	Des coiffures,	27
IV.	Des boucles d'oreilles,	37
V.	Des colliers,	39
VI.	Des bagues,	41
VII.	Des bracelets,	6
VIII.	Des annaux des jambes,	47
IX.	Des ceintures,	48
X.	Des bordures et des franges,	49
XI.	Des chaussures,	50
XII.	Détails sur la toilette,	57
XIII.	Des repas,	66

DEUXIÈME PARTIE.

Des monuments.

CHAPITRE PREMIER.

De l'architecture chez les Grecs.

PREMIÈRE ÉPOQUE DE L'ART GREC.

1re PÉRIODE.

I. Origines,	85

2e Période.

I. Considérations générales,	98
II. Des ordres d'architecture,	108
III. Des arts dans la Grèce pendant cette période,	124

DEUXIÈME ÉPOQUE DE L'ART GREC.

Des monuments de l'architecture pendant le siècle de Périclès.

CHAPITRE DEUX.

De l'architecture et des arts en Orient.

I. En Égypte,	144
II. Chez les Juifs,	163
III. Chez les Phéniciens,	170
IV. Chez les Assyriens,	171
V. Chez les Mèdes,	182
VI. Chez les Perses,	183

CHAPITRE TROIS.

Des arts et principalement de l'architecture dans l'Italie ancienne.

De l'art étrusque,	185
De l'architecture romaine,	193
I. Des temples,	198
II. Des tombeaux,	200
III. Des portiques,	201
IV. Des habitations particulières,	202
V. Des théâtres,	213
VI. Du Forum,	232
VII. Des arcs de triomphe,	233
VIII. Des trophées,	234
IX. Des colonnes,	235
X. Des routes,	237
XI. Des aqueducs,	239
XII. Des pavés et des mosaïques,	242

CHAPITRE QUATRE.

De la sculpture.

I. Introduction,	247
II. Du style,	249

DES MONUMENTS DE LA SCULPTURE.

I. Égypte,	255
II. Éturie,	268
III. Grèce,	269
IV. Rome,	284

CHAPITRE CINQ.

De la peinture.

I. Introduction,	287
II. Différentes espèces de peintures,	291
III. Peinture chez les Égyptiens,	292
IV. — Étrusques,	294
V. — Grecs,	296
VI. — Romains,	299
Chapitre. VI. Des vases peints,	307
— VII. Des pierres gravées,	313
— VIII. Des médailles,	319
— IX. De la paléographie,	331

FIN.

BARBOU FRÈRES, IMPRIMEURS-LIBRAIRES.

www.ingramcontent.com/pod-product-compliance
Lightning Source LLC
Chambersburg PA
HW070855170426
02CB00012B/2079